KB276019

어휘력을 10배로 늘려주는

파워 일본어 한자 900

제일어학

머리말

序

　　일본어 어휘는 고유어(固有語)와 한자어(漢字語), 그리고 カタカナ로 표기하는 외래어(外来語)로 이루어져 있다. 그 중에서도 한자어는 일본어 어휘의 70% 이상을 차지할 정도로 막대하다. 다행이 우리는 일본과 같은 한자 문화권에 속하여 한자 숙어를 보면 그 쓰임이나 뜻을 알 수 있는 것들이 대부분이다. 따라서 일본어 어휘 실력은 곧 한자를 얼마나 잘 읽고 쓰느냐에 따라 좌우된다고 볼 수 있다. 물론 우리와는 읽는 방법이 다르지만 그 원류는 중국어에서 기인하므로 발음상 매우 유사하다.

　　일본의 한자 학습은 초등학교(小学校)에서 996字, 중학교에서 949字로, 총 1945字를 상용한자(常用漢字)로 정하여 의무교육 기간에 모두 습득하도록 하고 있다. 그러나 외국인이 일본어 한자를 공부할 때는 단기간에 학습성과를 올려야 하기 때문에 상용한자 전체를 익힌다는 것은 아무래도 무리일 것 같아 필자는 일본 国立国語研究所에서 조사한 現代新聞의 漢字 900余字를 토대로 하여 그 음(音)과 숙어를 통해 단기간에 익히도록 하였다.

　　이 책의 구성은 다음과 같이 하였다.

① 표제자의 순서는 일본어 가나(仮名)의 五十音図의 순서에 따라 배열하였다.

② 이 책은 일본어 한자의 음읽기(音読)를 기본으로 하였다. 단 훈읽기(訓読)는 편의상 없는 경우는 「一」로 하였으며, 훈읽기가 있는 경우는 대표적인 것 하나만을 두었다.

③ 각 한자마다 가장 많이 쓰이는 한자숙어를 선정하여 그 쓰임과 발음을 쉽고, 빠르고, 정확하게 익히도록 하였다.

④ 연습을 통해 자신의 한자읽기 실력을 테스트할 수 있도록 하였으며, 그 해답은 본문의 각 해당한자에서 다시 찾아보도록 하였다.

⑤ 참고자료로 일본인의 성(姓)읽기, 주요 지명읽기를 두었다.

　　끝으로 독자 여러분들이 학습할 때는 각 표제자마다 대표적인 발음을 갖는 숙어를 정하여 필히 암기하고, 나머지 숙어는 읽어나가면 저절로 반복과정을 통하여 익힐 수 있게 되므로 처음부터 무리하게 암기하지 말고 각 한자의 음을 정확히 이해하는 데 중점을 두기 바란다.

2000. 3

엮은이 씀

悪	**음훈** ❷ 나쁠 **악**, 미워할 **오**	悪 ❹
	日音 ❸ アク・オ	**日訓** ❺ 悪(わる)い

❶ 悪意(あく い)　　　악의　　　　醜悪(しゅう あく)　　추악

❻ *悪化(あっ か)　　　악화　　　　悪寒(お かん)　　　　오한

❼ 悪臭(あく しゅう)　악취　　　　好悪(こう お)　　　　호오

❽
❾

練習 ① 夏はゴミ箱から悪臭が出やすい。《　　　　》

（여름에는 쓰레기통에서 악취가 나기 쉽다.）

일러두기

❶ 표제자 : 현대 일본에서 쓰이는 신자체(新字体)로 표기하였으며, 五十音図
　의 순으로 배열하였다.

❷ 우리말의 음(音)과 훈(訓)이다.

❸ 일본어로 읽을 때 나는 음(音)이다.

❹ 현대 일본어에서는 쓰지 않는 우리가 쓰는 正字이다.

❺ 일본어로 훈(訓)읽기이다. 단, 훈읽기가 없는 경우는 ―로 표기하였다.

❻ 표제자의 숙어 예(例)이며 (　)는 발음이다.

❼ 音変化로 본래의 음과 다른 경우는 한자 숙어 위에 *로 표시하였다.

❽ 한자 숙어의 우리말 뜻이다.

❾ 예문을 통한 한자숙어 연습란으로, 별색으로 된 한자숙어를 《　》에 써
　넣도록 하였다.

차   례

일본어 한자

따위 일본어 한자 읽기 900

참 고

일본어 한자

1. 일본어 한자의 유래

일본과 중국 사이에는 2, 3세기부터 다소 왕래가 있었지만, 応神天皇 16년 (서기 258년)에 백제의 왕인(王仁) 박사가 논어(論語)와 천자문(千字文)을 가지고 들어와 문자가 없던 일본인은 처음으로 문자라는 것을 접하게 되었다.

한자를 습득한 일본인은 표음문자로 활용하여 일본 고유어나 지명·인명 등에 우리말의 이두문자처럼 표기하게 되었다. 그후 도래인(渡来人)에 의해 한서(漢書)를 통해 지식을 습득하게 되었으며, 오늘날 일본의 문자인 仮名文字(かなもじ)가 한자에 의해 탄생했다.

2. 일본의 한자정책

1946년 일본정부는 당용한자(当用漢字)인 1,850자를 내각고시로 일본어를 표기하기 위해 한자의 사용범위를 제한하였다.

그후 당용한자의 자체(字体)를 정하여 일부 한자의 점이나 획의 복잡함을 정리하여 당용한자의 1,850자 가운데 500여자가 약자화 내지는 변형화되었다.

1981년 다시 일본정부는 당용한자 중에 일부 한자를 삭제하거나 추가하여 현대일본어의 표기에 적합하도록 1,945자로 늘리고 새로이 상용한자(常用漢字)로 명칭을 바꾸어 지금까지 그대로 쓰고 있다.

이 상용한자는 「법령·공용문서·신문·잡지·방송」등 일반사회에서 사용하는 한자의 범위를 정한 것으로, 「전문용어·인명·지명」등에서는 예외로 하고 있다. 인명용 한자는 우리와 마찬가지로 사용범위를 제한하여 별도로 166자를 지정하여 쓰고 있다.

또, 상용한자 가운데 996자를 교육한자로 지정하여 소학교 과정에서 단계적으로 습득하게 하였으며, 나머지 949자는 중학교에서 익히도록 하여 의무교육 기간인 9년간에 걸쳐 1945자를 습득하도록 하였다.

일본어 한자읽기

중국어에서는 一字一音을 원칙으로 하지만, 일본어에서는 한자의 읽는 방법
이 매우 다양하다. 예를 들면 우리는 「生」이라는 한자를 音으로는 「생」이라
고 읽고 「낳다」라는 뜻으로 이해한다. 하지만 일본어에서는 音으로는 せ
い・しょう로 읽고, 訓으로는 いきる・いかす・いける・うむ・うまれる・
おう・はえる・はやす・き・なま 등으로 읽는다. 이 책에서는 편의상 訓읽
기는 대표적인 것 하나만 들었으며, 訓읽기가 없는 것은 「―」로 표시하였다.

音読み

중국에서 일본으로 문자가 전해졌을 때 중국어의 발음을 흉내내어 일본인이
읽었던 발음을 音読(おんよ)み라고 한다. 일본어의 한자음은 중국의 여러
지방에서, 또는 오랜 세월에 걸쳐 일본에 전해진 것으로 시대나 장소에 따
라 발음을 呉音・漢音・唐音・慣用音으로 나눈다.

1. 呉音

한자의 전래와 더불어 전해진 가장 오래된 音이며, 중국 남부의 呉나라에서
전해진 音이다. 呉音은 특히 불교용어에 많고, 현대일본어에는 그다지 많지
않다.

呉音의 例	熟語의 例	意 味
・京(きょう)	上京(じょう きょう)	상 경
・行(ぎょう)	行儀(ぎょう ぎ)	행 의
・経(きょう)	経文(きょう もん)	경 문
・明(みょう)	灯明(とう みょう)	등 명

7세기 이후 중국북부에 파견된 사신(使臣)들에 의해 전해진 음으로, 平安時代에 正音(표준어)으로 정해진 이래 오늘날 한자의 기본적인 음으로 쓰이고 있다.

漢音의 例	熟語의 例	意　味
·京(けい)	京師(けい　し)	경　사
·行(こう)	行動(こう　どう)	행　동
·経(けい)	経営(けい　えい)	경　영
·明(めい)	明月(めい　げつ)	명　월

7세기 이후 平安時代 말부터 전해진 宋時代 이후의 음이며, 중국에 건너간 승려나 상인들에 의해 전해진 음으로 현대 일본어에서는 별로 쓰이지 않는다.

唐音의 例	熟語의 例	意　味
·京(きん)	南京(なん　きん)	남　경
·行(あん)	行脚(あん　ぎゃ)	행　각
·経(きん)	看経(かん　きん)	간　경
·明(みん)	明国(みん　こく)	명나라

呉音·漢音·唐音 이외에 음이 일본에 들어온 후에 일본에서 독자적으로 변한 것을 관용음이라고 한다.

唐音의 例	熟語의 例	意　味
·立(りゅう)	建立(こん　りゅう)	건　립
·院(いん)	病院(びょう　いん)	병　원
·輸(ゆ)	輸出(ゆ　しゅつ)	수　출

② 訓読み

한자의 숙어는 보통 音만으로, 그리고 訓이면 訓만으로 읽는 것이 원칙이다.
그러나 하나의 숙어로서 音과 訓을 섞어 읽는 것도 있다.

音+音	国民(こく みん)	漢字(かん じ)	電気(でん き)
訓+訓	野原(の はら)	草木(くさ き)	市場(いち ば)
音+訓	台所(だい どころ)	役場(やく ば)	本屋(ほん や)
訓+音	手本(て ほん)	雨具(あま ぐ)	夕刊(ゆう かん)

③ 音変化

1) か행의 音에 か행의 音이 이어지면 촉음화(促音化)된다.

本来의 音	音変化	意　味
学校(がく　こう)	学校(がっ　こう)	학 교
国権(こく　けん)	国権(こっ　けん)	국 권
国家(こく　か)	国家(こっ　か)	국 가
国旗(こく　き)	国旗(こっ　き)	국 기

2) か・さ・た・は행의 音 앞에서 つ는 촉음화 된다.

本来의 音	音変化	意　味
殺菌(さつ　きん)	殺菌(さっ　きん)	살 균
達成(たつ　せい)	達成(たっ　せい)	달 성
発達(はつ　たつ)	発達(はっ　たつ)	발 달
発表(はつ　ひょう)	発表(はっ　ぴょう)	발 표

3) ん 다음에 오는 글자의 발음이 일부 탁음(濁音) 또는 반탁음(半濁音)이 된다.

本来의 音	音変化	意 味
三階(さん かい)	三階(さん がい)	3 층
三百(さん ひゃく)	三百(さん びゃく)	3 백
三千(さん せん)	三千(さん ぜん)	3 천
乾杯(かん はい)	乾杯(かん ぱい)	건 배

4) 連濁音 - 숙어가 되는 경우 뒤에 오는 글자에 탁음이 붙는다.

本来의 音	音変化	意 味
浮雲(うき くも)	浮雲(うき ぐも)	뜬구름
親鳥(おや とり)	親鳥(おや どり)	어미닭
重箱(じゅう はこ)	重箱(じゅう ばこ)	찬 합
出口(で くち)	出口(で ぐち)	출 구

5) 転音 - 숙어가 되는 경우 뒤의 음이 다른 음으로 변한다.

本来의 音	音変化	意 味
春雨(はる あめ)	春雨(はる さめ)	봄 비
反応(はん おう)	反応(はん のう)	반 응
因縁(いん えん)	因縁(いん ねん)	인 연
天皇(てん こう)	天皇(てん のう)	천 황

일본은 1949년 당용한자의 자체(字体)를 만들어 글자의 점이나 획의 복잡
함을 정리하여 그 표준을 정하였다. 이것을 신자체(新字体)라고도 하며, 약
500여자가 약자화(略字化) 또는 변형화(変形化), 증자화(增字化)되었다.
따라서 일본어 한자 표기는 반드시 일본에서 제정한 일본식 신자체를 써야
하며, 우리가 쓰고 있는 정자체(正字体)를 쓰면 안된다.

国 字

国字란 중국에서 만든 한자가 아니라 일본에서 독자적으로 만들어진 한자를
말한다. 이 国字는 音은 그다지 없고 訓만으로 읽는 것이 특징이며 약 120
여자가 있다. 대표적인 것을 예로 들면 다음과 같다.

国 字	意 味	国 字	意 味
働(はたら)く	일하다	辻(つじ)	십자로
畑(はたけ)	밭	枠(わく)	테두리
込(こ)む	들어가다	鰯(いわし)	정어리

あ行

<table>
<tr><td colspan="2" align="center">燕雀安んぞ 鴻鵠の志を 知らんや</td></tr>
<tr><td colspan="2" align="center">えんじゃくいずくんぞ こうこくのこころざしを しらんや</td></tr>
<tr><td>出典</td><td>「史記」陳渉世家</td></tr>
<tr><td>場面</td><td>「三国志演義」第四回
董卓暗殺に失敗した曹操が県令（陳宮）に捕まり、なぜ暗殺をしようとしたのか問った時に曹操がこの言葉を引用している。陳宮はこの言葉に多いに感じ、官職を捨てて曹操と一緒に逃げている。</td></tr>
</table>

解　説
ツバメやすずめなどの低い場所しか飛ばない小鳥には、大空を羽ばたく鴻（おおとり）の志がわかろうはずもない。小さな志しか持てない小人に大きな野望など解りませんよという意味である。

用　例
太郎　なんやまた宝くじなんか買って。その分貯金しろよ。 一郎　燕雀安んぞ鴻鵠の志を知らんや！　当たってもやらんからな！ 太郎　はいはい。当たればいいね。

愛	음훈	사랑 애		
	日音	アイ	日訓	―

愛情(あい じょう)	애정	愛読(あい どく)	애독
愛憎(あい ぞう)	애증	恋愛(れん あい)	연애
愛国(あい こく)	애국	博愛(はく あい)	박애

悪	음훈	나쁠 악, 미워할 오	悪	
	日音	アク・オ	日訓	悪(わる)い

悪意(あく い)	악의	醜悪(しゅう あく)	추악
*悪化(あっ か)	악화	悪寒(お かん)	오한
悪臭(あく しゅう)	악취	好悪(こう お)	호오

安	음훈	편안할 안		
	日音	アン	日訓	安(やす)い

安全(あん ぜん)	안전	保安(ほ あん)	보안
安定(あん てい)	안정	不安(ふ あん)	불안
安心(あん しん)	안심	平安(へい あん)	평안

練習

① この頃は見合い結婚より恋愛結婚の方が多い。 《　　　》
(요즘은 중매결혼보다 연애결혼이 많다.)

② 夏はゴミ箱から悪臭が出やすい。 《　　　》
(여름에는 쓰레기통에서 악취가 나기 쉽다.)

③ 物価が安定していれば生活はしやすい。 《　　　》
(물가가 안정되어 있으면 생활하기 편하다.)

案

음훈	책상 **안**		
日音	アン	日訓	―

案内(あん ない)	안내	起案(き あん)	기안
提案(てい あん)	제안	草案(そう あん)	초안
法案(ほう あん)	법안	翻案(ほん あん)	번안

以

음훈	써 **이**		
日音	イ	日訓	―

以外(い がい)	이외	以来(い らい)	이래
以内(い ない)	이내	以後(い ご)	이후
以上(い じょう)	이상	以降(い こう)	이후

位

음훈	자리 **위**		
日音	イ	日訓	位(くらい)

位置(い ち)	위치	地位(ち い)	지위
位階(い かい)	위계	学位(がく い)	학위
各位(かく い)	각위	単位(たん い)	단위

練習

① 日本人の友達に東京を案内してもらった。《　　　　》
(일본인 친구가 도쿄를 안내해 주었다.)

② 九十年以降、円高が続いている。《　　　　》
(90년 이후 엔고가 계속되고 있다.)

③ 彼は社会の指導的な地位にある人だ。《　　　　》
(그는 사회의 지도적인 지위에 있는 사람이다.)

음훈	맡길 **위**		
日音	イ	日訓	委(ゆだ)ねる

委員(い いん)	위원	委嘱(い しょく)	위촉
委任(い にん)	위임	委縮(い しゅく)	위축
委託(い たく)	위탁	委細(い さい)	자세함, 상세

음훈	뜻 **의**		
日音	イ	日訓	—

意見(い けん)	의견	意識(い しき)	의식
意味(い み)	의미	決意(けつ い)	결의
意向(い こう)	의향	注意(ちゅう い)	주의

음훈	어길 **위**		
日音	イ	日訓	違(ちが)う

違反(い はん)	위반	違憲(い けん)	위헌
違法(い ほう)	위법	相違(そう い)	상위, 서로 다름
違約(い やく)	위약	非違(ひ い)	비위

練習

① このビルの掃除(そうじ)は、掃除(そうじ)の会社(かいしゃ)に委託した。《　　　》
(이 빌딩 청소는 청소 회사에 위탁했다.)

② 意見があれば、どなたでも述(の)べて下(くだ)さい。《　　　》
(의견이 있으면, 누구든지 말해 주십시오)

③ 彼(かれ)の言(い)っていることは事実(じじつ)と相違する。《　　　》
(그가 말하고 있는 것은 사실과 다르다.)

囲		圍
음훈 둘레 **위**		**日訓** 囲(かこ)む
日音 イ		

囲碁(い ご)	바둑	包囲(ほう い)	포위
周囲(しゅう い)	주위	広範囲(こう はん い)	광범위
範囲(はん い)	범위	胸囲(きょう い)	흉위

医		醫
음훈 의원 **의**		**日訓** ―
日音 イ		

医者(い しゃ)	의사	医学(い がく)	의학
医師(い し)	의사	医薬(い やく)	의약
医療(い りょう)	의료	名医(めい い)	명의

威		
음훈 위엄 **위**		**日訓** ―
日音 イ		

威圧(い あつ)	위압	威力(い りょく)	위력
威厳(い げん)	위엄	権威(けん い)	권위
威勢(い せい)	위세	脅威(きょう い)	협위, 위협

練習

① 彼の結婚に周囲の人はみんな反対している。《　　　》
　(그의 결혼에 주위 사람은 모두 반대하고 있다.)

② 医師になるには国家試験に合格しなければならない。《　　　》
　(의사가 되려면 국가시험에 합격하지 않으면 안 된다.)

③ 大企業の進出は中小企業に脅威を与えている。《　　　》
　(대기업의 진출은 중소기업에 위협을 주고 있다.)

	음훈	밥통 **위**		
	日音	イ	日訓	―

胃液(い えき)	위액	胃腸(い ちょう)	위장
胃炎(い えん)	위염	胃痛(い つう)	위통
胃酸(い さん)	위산	胃袋(い ぶくろ)	밥통, 위

	음훈	다를 **이**		
	日音	イ	日訓	異(こと)なる

異見(い けん)	이견	異論(い ろん)	이론
異常(い じょう)	이상	驚異(きょう い)	경이
異例(い れい)	이례	特異(とく い)	특이

	음훈	옮길 **이**		
	日音	イ	日訓	移(うつ)す

移転(い てん)	이전	移民(い みん)	이민
移動(い どう)	이동	推移(すい い)	추이
移住(い じゅう)	이주	変移(へん い)	변이

練習

① あの人は胃腸が弱いので痩せています。《　　　》

(저 사람은 위장이 약해서 야위어 있습니다.)

② 今頃、雪が降るなんて異常な天気だ。《　　　》

(이맘때쯤 눈이 내리다니 이상한 날씨다.)

③ 黒板がよく見えない人は席を移動してください。《　　　》

(칠판이 잘 보이지 않는 사람은 자리를 이동하세요.)

維 음훈 맬 **유**

日音 イ 日訓 ―

| 維持(い じ) | 유지 | 繊維(せん い) | 섬유 |
| 維新(い しん) | 유신 | 維管束(い かん そく) | 유관속 |

遺 음훈 끼칠 **유**

日音 イ・ユイ 日訓 ―

遺産(い さん)	유산	遺書(い しょ)	유서
遺族(い ぞく)	유족	遺伝(い でん)	유전
遺体(い たい)	유체	遺言(ゆい ごん)	유언

域 음훈 지경 **역**

日音 イキ 日訓 ―

域内(いき ない)	역내	地域(ち いき)	지역
域外(いき がい)	역외	流域(りゅう いき)	유역
区域(く いき)	구역	領域(りょう いき)	영역

練習

① 財産を維持できなくなって、少しずつ売る。《　　　》
(재산을 유지할 수 없게 되어 조금씩 팔다.)

② 遺体はあそこに安置されています。《　　　》
(사체는 저기에 안치되어 있습니다.)

③ その地域の住民は飛行場の建設を反対している。《　　　》
(그 지역 주민은 비행장 건설을 반대하고 있다.)

育				
음훈 기를 **육**				
日音 イク		**日訓** 育(そだ)てる		

育成(いく せい)	육성	発育(はつ いく)	발육
育児(いく じ)	육아	体育(たい いく)	체육
教育(きょう いく)	교육	保育(ほ いく)	보육

一				
음훈 한 **일**				
日音 イチ・イツ		**日訓** 一(ひと)つ		

一度(いち ど)	한 번	*一般(いっ ぱん)	일반
一番(いち ばん)	일번, 제일	同一(どう いつ)	동일
第一(だい いち)	제일	統一(とう いつ)	통일

引				
음훈 끌 **인**				
日音 イン		**日訓** 引(ひ)く		

引退(いん たい)	인퇴, 은퇴	引率(いん そつ)	인솔
引力(いん りょく)	인력	索引(さく いん)	색인
引用(いん よう)	인용	誘引(ゆう いん)	유인

練習

① 日本では小学校・中学校は義務教育だ。《　　　　》
(일본에서는 초등학교・중학교는 의무교육이다.)

② 一般に日本人は朝寝坊だ。《　　　　》
(일반적으로 일본인은 늦잠꾸러기다.)

③ あの選手はこの試合が終わったら引退するそうだ。《　　　　》
(저 선수는 이 시합이 끝나면 은퇴한다고 한다.)

員	음훈	관원 **원**		
	日音 イン		日訓 ―	

委員(い いん)	위원	会社員(かい しゃ いん)	회사원
会員(かい いん)	회원	特派員(とく は いん)	특파원
満員(まん いん)	만원	代議員(だい ぎ いん)	대의원

院	음훈	집 **원**		
	日音 イン		日訓 ―	

院外(いん がい)	원외	病院(びょう いん)	병원
院内(いん ない)	원내	入院(にゅう いん)	입원
院長(いん ちょう)	원장	衆議院(しゅう ぎ いん)	중의원

印	음훈	도장 **인**		
	日音 イン		日訓 ―	

印刷(いん さつ)	인쇄	調印(ちょう いん)	조인
印象(いん しょう)	인상	捺印(なつ いん)	날인
印鑑(いん かん)	인감	押印(おう いん)	압인

練習

① 商売は嫌いだから、会社員と結婚したい。《　　　》
(장사는 싫어해서 회사원과 결혼하고 싶다.)

② 病気で病院に入院した。《　　　》
(아파서 병원에 입원했다.)

③ 東京の町はどんな印象でしたか。《　　　》
(도쿄 시내는 어떤 인상이었습니까?)

因

음훈 인할 **인**
日音 イン **日訓** 因(よ)る

因縁(いん ねん)	인연	原因(げん いん)	원인
因習(いん しゅう)	인습	要因(よう いん)	요인
因子(いん し)	인자	敗因(はい いん)	패인

飲

음훈 마실 **음** 飲
日音 イン **日訓** 飲(の)む

飲食(いん しょく)	음식	飲用(いん よう)	음용
飲酒(いん しゅ)	음주	暴飲(ぼう いん)	폭음
飲料(いん りょう)	음료	痛飲(つう いん)	통음

右

음훈 오른 **우**
日音 ウ・ユウ **日訓** 右(みぎ)

右翼(う よく)	우익	極右(きょく う)	극우
右派(う は)	우파	左右(さ ゆう)	좌우
右折(う せつ)	우절	座右(ざ ゆう)の 銘(めい)	좌우명

練習

① タバコの火が原因で火事になった。《　　　　　》
(담뱃불이 원인으로 불이 났다.)

② 駅のそばには飲食店が多いです。《　　　　　》
(역 옆에는 음식점이 많습니다.)

③ 彼は右翼で、軍国主義者だ。《　　　　　》
(그는 우익으로 군국주의자이다.)

음훈	집 **우**		
日音	ウ	日訓	―

宇宙(う ちゅう)	우주	気宇(き う)	기우:기량
宇宙船(う ちゅう せん)	우주선	堂宇(どう う)	당우:집을 지음
宇内(う だい)	천하, 세계	眉宇(び う)	눈썹 주위

음훈	비 **우**		
日音	ウ	日訓	雨(あめ)

雨期(う き)	우기	降雨(こう う)	강우
雨天(う てん)	우천	豪雨(ごう う)	호우
雨量(う りょう)	우량	梅雨(ばい う)	장마

음훈	운전할 **운**		
日音	ウン	日訓	―

運転(うん てん)	운전	運命(うん めい)	운명
運動(うん どう)	운동	幸運(こう うん)	행운
運輸(うん ゆ)	운수	海運(かい うん)	해운

練習

① 宇宙は果てしなく広いです。《　　　　　》
(우주는 한없이 넓습니다.)

② 昨日の集中豪雨で橋が流された。《　　　　　》
(어제의 집중호우로 다리가 유실되었다.)

③ 自動車の運転免許を取りたい。《　　　　　》
(자동차 운전면허를 따고 싶다.)

永

음훈	길 **영**
日音 エイ	日訓 永(なが)い

永遠(えい えん)	영원	永劫(えい ごう)	영겁
永久(えい きゅう)	영구	永眠(えい みん)	영면
永続(えい ぞく)	영속	永世(えい せい)	영세

栄

		榮
음훈	영화 **영**	
日音 エイ		日訓 栄(さか)える

栄華(えい が)	영화	繁栄(はん えい)	번영
栄誉(えい よ)	영예	虚栄(きょ えい)	허영
栄養(えい よう)	영양	光栄(こう えい)	광영, 영광

映

음훈	비칠 **영**
日音 エイ	日訓 映(うつ)る

映画(えい が)	영화	反映(はん えい)	반영
映像(えい ぞう)	영상	上映(じょう えい)	상영
映写(えい しゃ)	영사	放映(ほう えい)	방영

練習

① 人間(にんげん)は永久に生(い)きていることはできない。《　　　》
　(인간은 영구히 살 수 없다.)

② 牛乳(ぎゅうにゅう)や卵(たまご)は栄養のある食(た)べ物(もの)だ。《　　　》
　(우유나 달걀은 영양이 있는 음식이다.)

③ 日曜日(にちようび)には映画を見(み)に行(い)こう。《　　　》
　(일요일에는 영화를 보러 가자.)

24　永栄映

음훈	경영할 **영**	營
日音	エイ	
日訓	—	

営業(えい ぎょう)	영업	運営(うん えい)	운영
営利(えい り)	영리	国営(こく えい)	국영
経営(けい えい)	경영	直営(ちょく えい)	직영

음훈	호위할 **위**
日音	エイ
日訓	—

衛生(えい せい)	위생	防衛(ぼう えい)	방위
衛星(えい せい)	위성	護衛(ご えい)	호위
自衛隊(じ えい たい)	자위대	守衛(しゅ えい)	수위

음훈	그림자 **영**
日音	エイ
日訓	影(かげ)

影響(えい きょう)	영향	幻影(げん えい)	환영
撮影(さつ えい)	촬영	陰影(いん えい)	음영
投影(とう えい)	투영		

練習

① デパートは午前九時（ごぜんくじ）から営業する。《　　　　》
　　(백화점은 오전 9시부터 영업한다.)

② スイスは自衛のための軍隊（ぐんたい）がある。《　　　　》
　　(스위스는 자위를 위한 군대가 있다.)

③ あの映画（えいが）は現地（げんち）で撮影したものです。《　　　　》
　　(저 영화는 현지에서 촬영한 것입니다.)

	(음훈) 역 **역**	驛
	(日音) エキ	(日訓) ―

駅員(えき いん)	역원	各駅(かく えき)	각역
駅前(えき まえ)	역전	貨物駅(か もつ えき)	화물역
駅長(えき ちょう)	역장	停車駅(てい しゃ えき)	정차역

	(음훈) 바꿀 **역**, 쉬울 **이**	
	(日音) エキ・イ	(日訓) 易(やさ)しい

易者(えき しゃ)	역자:점장이	容易(よう い)	용이
貿易(ぼう えき)	무역	平易(へい い)	평이
交易(こう えき)	교역	難易度(なん い ど)	난이도

	(음훈) 더할 **익**	益
	(日音) エキ	(日訓) ―

益虫(えき ちゅう)	익충	利益(り えき)	이익
有益(ゆう えき)	유익	収益(しゅう えき)	수익
純益(じゅん えき)	순익	無益(む えき)	무익

練習

① 新宿駅前のデパートでこれを買った。《　　　　　》
(신주쿠 역전 백화점에서 이것을 샀다.)

② 父は貿易会社に勤めています。《　　　　　》
(아버지는 무역회사에 근무하고 있습니다.)

③ この値段で売れば、かなり利益がある。《　　　　　》
(이 가격으로 팔면 상당히 이익이 있다.)

음훈 동산 **원**		
日音 エン	**日訓** 園(その)	

園芸(えん げい)	원예	庭園(てい えん)	청원
公園(こう えん)	공원	動物園(どう ぶつ えん)	동물원
学園(がく えん)	학원	植物園(しょく ぶつ えん)	식물원

음훈 넓힐 **연**		
日音 エン	**日訓** —	

演技(えん ぎ)	연기	主演(しゅ えん)	주연
演説(えん ぜつ)	연설	助演(じょ えん)	조연
演奏(えん そう)	연주	出演(しゅつ えん)	출연

음훈 끌 **연**		
日音 エン	**日訓** 延(の)ばす	

延期(えん き)	연기	延着(えん ちゃく)	연착
延長(えん ちょう)	연장	遅延(ち えん)	지연
延焼(えん しょう)	연소	順延(じゅん えん)	순연

練習

① 上野動物園へ行ってパンダを見た。《　　　　　》
(우에노 동물원에 가서 팬더를 보았다.)

② 七時から公民館で選挙演説がある。《　　　　　》
(7시부터 공민관에서 선거연설이 있다.)

③ 国会の会期が延長された。《　　　　　》
(국회의 회기가 연장되었다.)

음훈 도울 **원**		**援**	
日音 エン		**日訓** ―	

援助(えん じょ)	원조	応援(おう えん)	응원
援護(えん ご)	원호	支援(し えん)	지원
援軍(えん ぐん)	원군	救援(きゅう えん)	구원

음훈 멀 **원**			
日音 エン・オン		**日訓** 遠(とお)い	

遠近(えん きん)	원근	望遠(ぼう えん)	망원
遠征(えん せい)	원정	遠慮(えん りょ)	삼가, 사양
永遠(えい えん)	영원	久遠(く おん)	구원

음훈 임금 **왕**			
日音 オウ		**日訓** ―	

王国(おう こく)	왕국	王位(おう い)	왕위
王座(おう ざ)	왕좌	国王(こく おう)	국왕
王子(おう じ)	왕자	女王(じょ おう)	여왕

練習

① 試合の日には私たちも応援に行きます。《　　　　》
(시합 날에는 우리들도 응원하러 갑니다.)

② 図書館で大きい声で話すのは遠慮して下さい。《　　　　》
(도서관에서 큰 소리로 이야기하는 것은 삼가해 주세요)

③ 開会式に国王がご出席になった。《　　　　》
(개회식에 국왕이 출석하셨다.)

央	음훈 가운데 앙	日音 オウ	日訓 ―

中央(ちゅう おう)	중앙	震央(しん おう)	진앙

応	음훈 응할 응	應	日音 オウ	日訓 ―

応募(おう ぼ)	응모	応急(おう きゅう)	응급
応援(おう えん)	응원	一応(いち おう)	일응, 우선
応用(おう よう)	응용	*反応(はん のう)	반응

横	음훈 가로 횡	横	日音 オウ	日訓 横(よこ)

横断(おう だん)	횡단	横領(おう りょう)	횡령
横暴(おう ぼう)	횡포	専横(せん おう)	전횡
横行(おう こう)	횡행	縦横(じゅう おう)	종횡

練習

① 鼻は顔の中央にある。《　　　　》
(코는 얼굴 중앙에 있다.)

② 新聞の求人広告を見て応募した。《　　　　》
(신문의 구인광고를 보고 응모했다.)

③ 道路を横断するときは左右をよく見なさい。《　　　　》
(도로를 횡단할 때는 좌우를 잘 살피거라.)

欧	음훈 토할 **구**	歐	
	日音 オウ	日訓 —	

欧州(おう しゅう)	구주	欧文(おう ぶん)	구문
欧米(おう べい)	구미	西欧(せい おう)	서구

屋	음훈 집 **옥**		
	日音 オク	日訓 屋(や)	

屋外(おく がい)	옥외	家屋(か おく)	가옥
屋内(おく ない)	옥내	社屋(しゃ おく)	사옥
屋上(おく じょう)	옥상	部屋(へ や)	방

億	음훈 억 **억**		
	日音 オク	日訓 —	

億万(おく まん)	억만	一億(いち おく)	일억
億兆(おく ちょう)	억조	百億(ひゃく おく)	백억
巨億(きょ おく)	거억	千億(せん おく)	천억

練習

① 日本の自動車は欧州にも輸出されている。《　　　》
　(일본의 자동차는 유럽에도 수출되고 있다.)

② 屋上にのぼると富士山がよく見えます。《　　　》
　(옥상에 올라가면 후지산이 잘 보입니다.)

③ 日本の人口は約一億二千万だ。《　　　》
　(일본의 인구는 약 1억 2천만이다.)

音	음훈　소리 **음**		
	日音　オン・イン	日訓　音(おと)	

音楽(おん がく)	음악	騒音(そう おん)	소음
音声(おん せい)	음성	発音(はつ おん)	발음
録音(ろく おん)	녹음	福音(ふく いん)	복음

温	음훈　따뜻할 **온**	温	
	日音　オン	日訓　温(あたた)かい	

温暖(おん だん)	온난	気温(き おん)	기온
温度(おん ど)	온도	水温(すい おん)	수온
温泉(おん せん)	온천	体温(たい おん)	체온

恩	음훈　은혜 **은**		
	日音　オン	日訓　—	

恩恵(おん けい)	은혜	恩情(おん じょう)	은정
恩師(おん し)	은사	謝恩会(しゃ おん かい)	사은회
恩人(おん じん)	은인	報恩(ほう おん)	보은

練習

① 日本語のニュースを録音して聞く。《　　　　》
　(일본어 뉴스를 녹음해서 듣다.)

② 今日は気温が低いので寒い。《　　　　》
　(오늘은 기온이 낮아서 춥다.)

③ 多くの人が恩恵が得られる制度を作る。《　　　　》
　(많은 사람이 혜택을 받을 수 있는 제도를 만들다.)

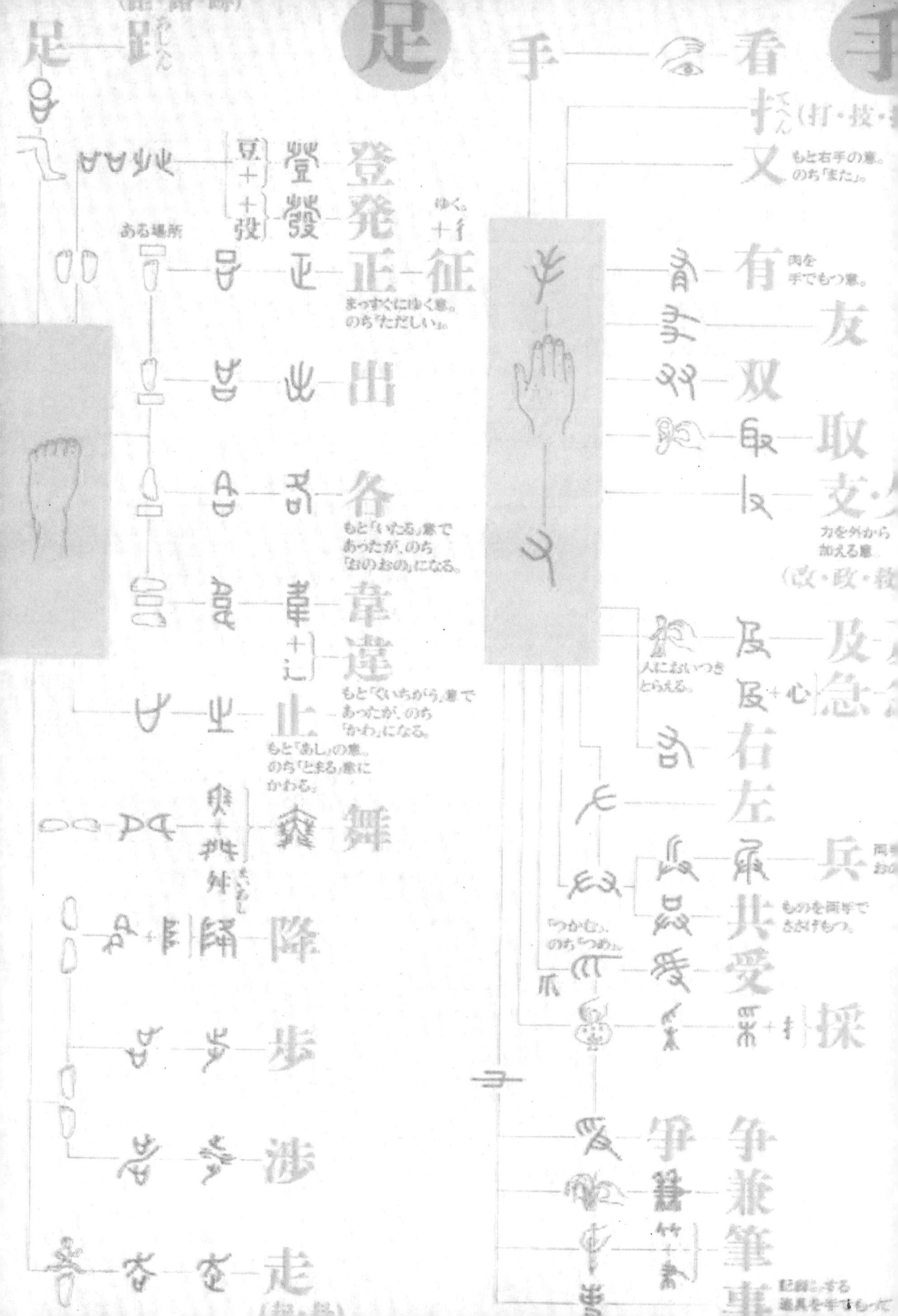
足
手
登 発 正 征
出
各
韋 違
止
舞
降
歩
渉
走
看
又
有 双 取
友 取 支
及 反 右 左
兵
及 急
共 受
争 兼 筆
採
爪

か行

危急存亡の秋
ききゅうそんぼうのあき

出典	「文選」「蜀志・諸葛亮伝」
場面	諸葛孔明は南蛮平定後、後主劉禅に北伐の許しを請う「出師の表」を奏上した。この出師の表の冒頭部分に記述されている。

解　説

意味は、生きるか死ぬかの瀬戸際。せっぱつまった状態のことを指す。出師の表を読んで涙を流さぬものはなかったという。

用　例

一郎　ぐおー！給料日まで１週間もあるのに財布の中は千円札１枚！
太郎　あんたどこでそんなに金使ってるんや？
一郎　このまま持っても死を待つのみ！　まさに危急存亡の秋！　いざパチンコ屋へ！
太郎　はいはい。当たればいいね。

下 음훈 아래 **하**

日音 カ・ゲ 日訓 下(した)

下記(か き)	하기	下水(げ すい)	하수
以下(い か)	이하	下車(げ しゃ)	하차
地下(ち か)	지하	上下(じょう げ)	상하

化 음훈 화할 **화**

日音 カ・ケ 日訓 化(ば)ける

化学(か がく)	화학	変化(へん か)	변화
強化(きょう か)	강화	近代化(きん だい か)	근대화
文化(ぶん か)	문화	化粧(け しょう)	화장

火 음훈 불 **화**

日音 カ 日訓 火(ひ)

火事(か じ)	불	火炎(か えん)	화염
火災(か さい)	화재	消火(しょう か)	소화
火山(か ざん)	화산	防火(ぼう か)	방화

練習

① 地下を走る電車を地下鉄という。《　　　》
（지하를 달리는 전차를 지하철이라고 한다.）

② 薬品を使って化学の実験をする。《　　　》
（약품을 사용해서 화학 실험을 하다.）

③ 火事にならないように火を消しなさい。《　　　》
（불이 나지 않도록 불을 끄거라.）

加

음훈	더할 **가**		
日音	力	日訓	加(くわ)える

加算(か さん)	가산	加害(か がい)	가해
加盟(か めい)	가맹	参加(さん か)	참가
加減(か げん)	가감	増加(ぞう か)	증가

可

음훈	옳을 **가**		
日音	力	日訓	―

可能(か のう)	가능	可否(か ひ)	가부
可変(か へん)	가변	許可(きょ か)	허가
可決(か けつ)	가결	認可(にん か)	인가

価　價

음훈	값 **가**		
日音	力	日訓	価(あたい)

価格(か かく)	가격	物価(ぶっ か)	물가
価値(か ち)	가치	高価(こう か)	고가
定価(てい か)	정가	評価(ひょう か)	평가

練習

① 人口が増加して、学校が足りなくなった。《　　　　》
(인구가 증가하여 학교가 부족해졌다.)

② 今は月へ行くことも可能になった。《　　　　》
(지금은 달에 가는 것도 가능해졌다.)

③ 物価が上がって、生活が苦しくなった。《　　　　》
(물가가 올라서 생활이 힘들어졌다.)

果 | 음훈 과실 **과**
日音 カ　　　日訓 果(は)たす

果実(か じつ)	과실	結果(けっ か)	결과
果敢(か かん)	과감	効果(こう か)	효과
果断(か だん)	과단	成果(せい か)	성과

科 | 음훈 과목 **과**
日音 カ　　　日訓 ―

科学(か がく)	과학	教科(きょう か)	교과
科目(か もく)	과목	理科(り か)	이과
科料(か りょう)	과료	罪科(ざい か)	죄과

家 | 음훈 집 **가**
日音 カ・ケ　　　日訓 家(いえ)

家族(か ぞく)	가족	作家(さっ か)	작가
家庭(か てい)	가정	政治家(せいじ か)	정치가
国家(こっ か)	국가	本家(ほん け)	본가

練習

① 試験の結果が知りたい。《　　　》
（시험 결과를 알고 싶다.）

② 普通、科学というと自然科学のことをさす。《　　　》
（보통 과학이라고 하면 자연과학을 가리킨다.）

③ 家族はみんな健康だ。《　　　》
（가족은 모두 건강하다.）

過

- **음훈** 지날 **과**
- **日音** カ
- **日訓** 過(す)ぎる

過去(か こ)	과거	過剰(か じょう)	과잉
過程(か てい)	과정	通過(つう か)	통과
過失(か しつ)	과실	経過(けい か)	경과

歌

- **음훈** 노래 **가**
- **日音** カ
- **日訓** 歌(うた)

歌手(か しゅ)	가수	国歌(こっ か)	국가
歌曲(か きょく)	가곡	短歌(たん か)	단가
歌詞(か し)	가사	演歌(えん か)	엥카

花

- **음훈** 꽃 **화**
- **日音** カ
- **日訓** 花(はな)

花瓶(か びん)	화병	開花(かい か)	개화
花粉(か ふん)	화분	落花(らっ か)	낙화
花壇(か だん)	화단	造花(ぞう か)	조화

練習

① 特急の電車はこの駅を止まらず、通過する。《　　　》
（특급 전차는 이 역을 서지 않고 통과한다.）

② 彼女は有名なオペラ歌手だ。《　　　》
（그녀는 유명한 오페라 가수이다.）

③ 東京では桜の開花は三月下旬か四月上旬だ。《　　　》
（도쿄에서는 벚꽃 개화는 3월 하순이나 4월 초순이다.）

河	음훈	물 **하**		
	日音	カ・ガ	日訓	河(かわ)

河川(か せん)	하천	運河(うん が)	운하
河口(か こう)	하구	銀河(ぎん が)	은하
河岸(か がん)	하안	氷河(ひょう が)	빙하

華	음훈	화려할 **화**		
	日音	カ・ガ	日訓	華(はな)やかな

華麗(か れい)	화려	中華(ちゅう か)	중화
華僑(か きょう)	화교	繁華(はん か)	번화
豪華(ごう か)	호화	栄華(えい が)	영화

課	음훈	부과할 **과**		
	日音	カ	日訓	―

課題(か だい)	과제	課外(か がい)	과외
課税(か ぜい)	과세	日課(にっ か)	일과
課長(か ちょう)	과장	学課(がっ か)	학과

練習

① 工場が多くなったので河川が汚れてきた。《　　　　》
（공장이 많아져서 하천이 더러워졌다.）

② あれは金持ちの乗る豪華な船です。《　　　　》
（저것은 부자가 타는 호화스런 배입니다.）

③ 外国で買った宝石は入国の時課税される。《　　　　》
（외국에서 산 보석은 입국할 때 과세된다.）

| 음훈 | 그림 **화**, 그을 **획** | | 書 劃 |
| 日音 | ガ・カク | 日訓 | 画(えが)く |

画面(が めん)	화면	計画(けい かく)	계획
映画(えい が)	영화	区画(く かく)	구획
漫画(まん が)	만화	企画(き かく)	기획

| 음훈 | 돌 **회** | | |
| 日音 | カイ | 日訓 | 回(まわ)る |

回転(かい てん)	회전	回想(かい そう)	회상
回答(かい とう)	회답	今回(こん かい)	금회
回復(かい ふく)	회복	最終回(さい しゅう かい)	최종회

| 음훈 | 만날 **회** | | 會 |
| 日音 | カイ | 日訓 | 会(あ)う |

会議(かい ぎ)	회의	面会(めん かい)	면회
会社(かい しゃ)	회사	機会(き かい)	기회
会話(かい わ)	회화	座談会(ざ だん かい)	좌담회

練習

① 暇な時には漫画を見ます。 《　　　　　》

(한가할 때는 만화를 봅니다.)

② あの連続テレビドラマは今回が最終回だ。 《　　　　　》

(저 텔레비전 연속극은 이번 회가 최종회다.)

③ これは学生たちが会議で決めたことだ。 《　　　　　》

(이것은 학생들이 회의로 결정한 것이다.)

改 음훈 고칠 개　日音 カイ　日訓 改(あらた)める

改革(かい かく)	개혁	改造(かい ぞう)	개조
改正(かい せい)	개정	改築(かい ちく)	개축
改善(かい ぜん)	개선	改札(かい さつ)	개찰

海 음훈 바다 해　日音 カイ　**海** 日訓 海(うみ)

海外(かい がい)	해외	海岸(かい がん)	해안
海上(かい じょう)	해상	航海(こう かい)	항해
海水(かい すい)	해수	深海(しん かい)	심해

界 음훈 경계 계　日音 カイ　日訓 ―

世界(せ かい)	세계	学界(がっ かい)	학계
業界(ぎょう かい)	업계	境界(きょう かい)	경계
財界(ざい かい)	재계	芸能界(げい のう かい)	연예계

練習

① 社会を改革する《　　　　　》
(사회를 개혁하다.)

② 石油は主に海上に輸送されている。《　　　　　》
(석유는 주로 해상으로 수송되고 있다.)

③ 新製品を発売するまでは業界の秘密だ。《　　　　　》
(신제품을 발매할 때까지는 업계의 비밀이다.)

開

음훈	열 개		
日音	カイ	日訓	開(あ)ける

開発(かい はつ)	개발	展開(てん かい)	전개
開始(かい し)	개시	公開(こう かい)	공개
開会(かい かい)	개회	再会(さい かい)	재회

階

음훈	계단 계		
日音	カイ	日訓	―

階段(かい だん)	계단	段階(だん かい)	단계
階層(かい そう)	계층	地階(ち かい)	지하층
階級(かい きゅう)	계급	三階(さん がい)	삼층

解

음훈	풀 해		
日音	カイ	日訓	解(と)く

解決(かい けつ)	해결	解答(かい とう)	해답
解散(かい さん)	해산	理解(り かい)	이해
解説(かい せつ)	해설	正解(せい かい)	정답

練習

① 全国で公害反対の運動を展開しよう。《　　　　》

(전국으로 공해반대 운동을 전개하자.)

② 研究は今の段階では成功するかどうか分からない。《　　　》

(연구는 지금 단계로서는 성공할지 어떨지 모르겠다.)

③ 問題を解決するために努力しよう。《　　　　》

(문제를 해결하기 위해 노력하자.)

介	음훈 끼일 **개**		
	日音 カイ	日訓 —	

介在(かい ざい)	개재	紹介(しょう かい)	소개
介入(かい にゅう)	개입	仲介(ちゅう かい)	중개

快	음훈 유쾌할 **쾌**		
	日音 カイ	日訓 快(こころよ)い	

快活(かい かつ)	쾌활	快速(かい そく)	쾌속
快適(かい てき)	쾌적	不快(ふ かい)	불쾌
快晴(かい せい)	쾌청	愉快(ゆ かい)	유쾌

械	음훈 기계 **계**		
	日音 カイ	日訓 —	

機械(き かい)	기계	器械(き かい)	기계

練習

① 先生が新入生を紹介してくださった。 《　　　》
(선생님이 신입생을 소개해 주셨다.)

② 設備がよくて快適なホテルだ。 《　　　》
(설비가 좋아서 쾌적한 호텔이다.)

③ 機械を使えば、仕事がはやくできる。 《　　　》
(기계를 사용하면 일을 빨리 할 수 있다.)

음훈	그림 회	繪
日音	カイ	日訓 絵(え)

絵画(かい が)	회화	絵本(え ほん)	그림책
		油絵(あぶら え)	유화

음훈	길 가	
日音	ガイ	日訓 街(まち)

街頭(がい とう)	가두	商店街(しょう てん がい)	상가
街路(がい ろ)	가로	住宅街(じゅう たく がい)	주택가
市街(し がい)	시가	繁華街(はん か がい)	번화가

음훈	바깥 외	
日音	ガイ・ゲ	日訓 外(そと)

外交(がい こう)	외교	海外(かい がい)	해외
外国(がい こく)	외국	内外(ない がい)	내외
外貨(がい か)	외화	外科(げ か)	외과

練習

① 美術館に近代の絵画も展示してあった。《　　　》
(미술관에 근대 회화도 전시되어 있었다.)

② ここは住宅街だから静かです。《　　　》
(여기는 주택가라서 조용합니다.)

③ この頃は海外旅行に行く人が多い。《　　　》
(요즘은 해외여행을 가는 사람이 많다.)

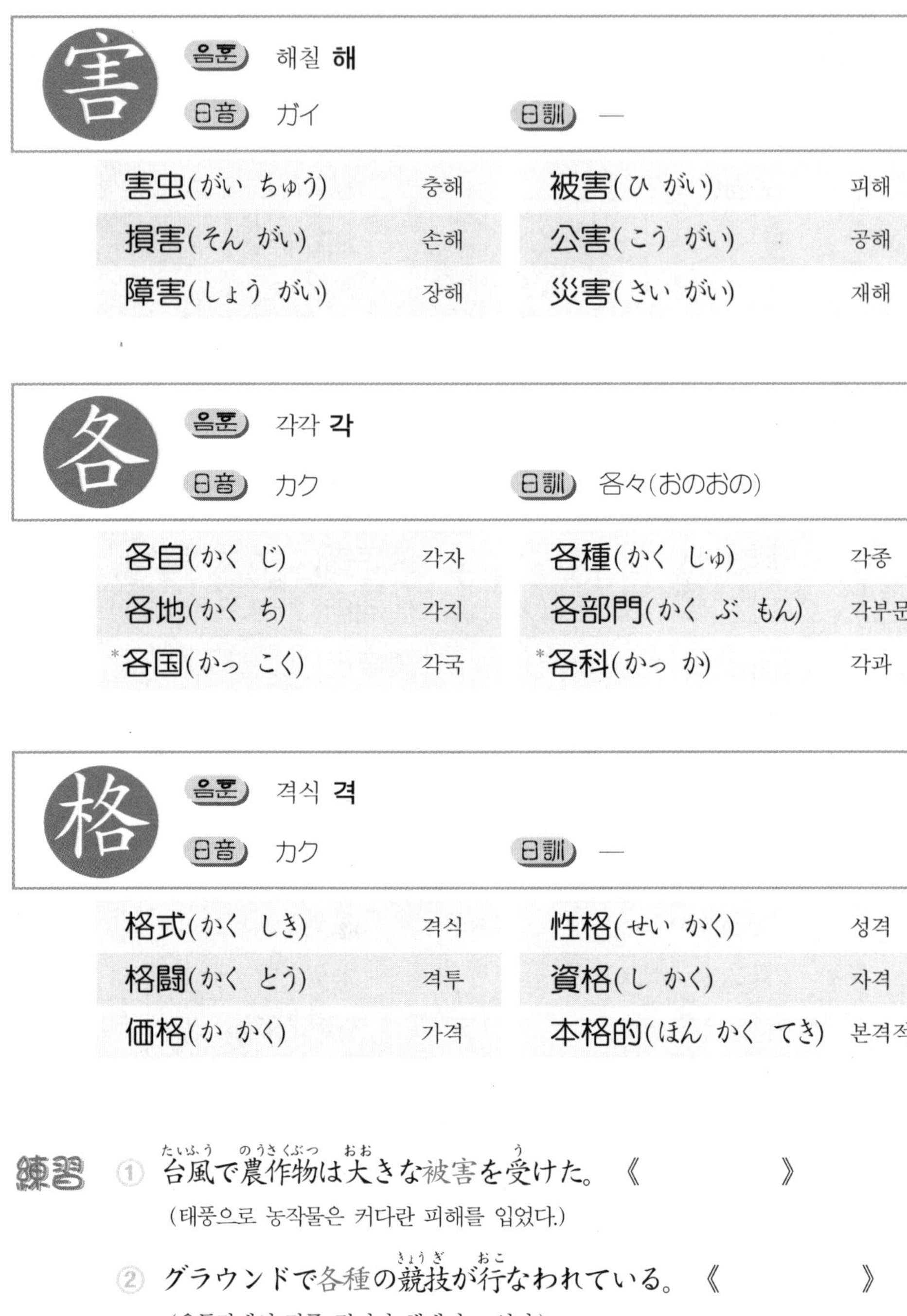

害 음훈 해칠 **해**　日音 ガイ　日訓 —

害虫(がい ちゅう)	충해	被害(ひ がい)	피해
損害(そん がい)	손해	公害(こう がい)	공해
障害(しょう がい)	장해	災害(さい がい)	재해

各 음훈 각각 **각**　日音 カク　日訓 各々(おのおの)

各自(かく じ)	각자	各種(かく しゅ)	각종
各地(かく ち)	각지	各部門(かく ぶ もん)	각부문
*各国(かっ こく)	각국	*各科(かっ か)	각과

格 음훈 격식 **격**　日音 カク　日訓 —

格式(かく しき)	격식	性格(せい かく)	성격
格闘(かく とう)	격투	資格(し かく)	자격
価格(か かく)	가격	本格的(ほん かく てき)	본격적

練習

① 台風で農作物は大きな被害を受けた。《　　　》

（태풍으로 농작물은 커다란 피해를 입었다.)

② グラウンドで各種の競技が行なわれている。《　　　》

（운동장에서 각종 경기가 행해지고 있다.)

③ 彼は明るい性格で、いつも大きな声で笑う。《　　　》

（그는 밝은 성격으로 항상 큰 소리로 웃는다.)

閣	음훈	누각 **각**		
	日音 カク		日訓 ―	

閣議(かく ぎ)	각의	組閣(そ かく)	조각
閣僚(かく りょう)	각료	入閣(にゅう かく)	입각
内閣(ない かく)	내각	楼閣(ろう かく)	누각

確	음훈	확신할 **확**		
	日音 カク		日訓 確(たし)かめる	

確信(かく しん)	확신	確実(かく じつ)	확실
確認(かく にん)	확인	正確(せい かく)	정확
確保(かく ほ)	확보	明確(めい かく)	명확

角	음훈	뿔 **각**		
	日音 カク		日訓 角(つの)	

角度(かく ど)	각도	直角(ちょっ かく)	직각
角逐(かく ちく)	각축	触角(しょっ かく)	촉각
頭角(とう かく)	두각	四角(し かく)	사각

練習

① 閣議で決まったから、もうじき実行されるはずだ。《　　》
（각의에서 결정되었으니까 이제 곧 실행될 것이다.）

② 電子時計は時間が正確だ。《　　　》
（전자시계는 시간이 정확하다.）

③ 富士山はこの角度から見ると、一番綺麗だ。《　　　》
（후지산은 이 각도에서 보면 가장 아름답다.）

	음훈	늘릴 **확**	擴	
拡	日音	カク	日訓	—

拡大 (かく だい)	확대	拡散 (かく さん)	확산
拡張 (かく ちょう)	확장	拡声器 (かく せい き)	확성기
拡充 (かく じゅう)	확충		

	음훈	가죽 **혁**		
革	日音	カク	日訓	革(かわ)

革命 (かく めい)	혁명	改革 (かい かく)	개혁
革新 (かく しん)	혁신	沿革 (えん かく)	연혁
皮革 (ひ かく)	피혁	変革 (へん かく)	변혁

	음훈	씨 **핵**		
核	日音	カク	日訓	—

核心 (かく しん)	핵심	結核 (けっ かく)	결핵
核実験 (かく じっ けん)	핵실험	核兵器 (かく へい き)	핵무기
核分裂 (かく ぶん れつ)	핵분열		

練習

① 顕微鏡で拡大して見る。《　　　　　》

（현미경으로 확대해서 보다.）

② 核兵器が拡散することを防止する。《　　　　　》

（핵무기가 확산되는 것을 방지하다.）

③ 日本では戦後土地改革が行なわれた。《　　　　　》

（일본에서는 전후 토지개혁이 행해졌다.）

	음훈	깨달을 **각**	覺		
覚	日音	カク	日訓	覚(おぼ)える	

覚悟(かく ご)	각오	感覚(かん かく)	감각
覚醒(かく せい)	각성	錯覚(さっ かく)	착각
知覚(ち かく)	지각	触覚(しょっ かく)	촉각

	음훈	배울 **학**	學		
学	日音	ガク	日訓	学(まな)ぶ	

学生(がく せい)	학생	大学(だい がく)	대학
学習(がく しゅう)	학습	科学(か がく)	과학
*学校(がっ こう)	학교	数学(すう がく)	수학

	음훈	악기 **악**, 즐거울 **락**	樂		
楽	日音	ガク・ラク	日訓	楽(たの)しい	

楽譜(がく ふ)	악보	娯楽(ご らく)	오락
*楽器(がっ き)	악기	安楽(あん らく)	안락
音楽(おん がく)	음악	*楽観(らっ かん)	낙관

練習

① 寒さで手足の感覚がなくなった。《　　　　》
(추위로 손발의 감각이 없어졌다.)

② 大学には四年制大学や短期大学もある。《　　　　》
(대학에는 4년제 대학과 전문대학도 있다.)

③ 趣味は、音楽を聞くことです。《　　　　》
(취미는 음악을 듣는 것입니다.)

額	음훈 이마 **액**		
	日音 ガク	日訓 額(ひたい)	

額縁(がく ぶち)	액자	総額(そう がく)	총액
額面(がく めん)	액면	多額(た がく)	다액
金額(きん がく)	금액	援助額(えん じょ がく)	원조액

活	음훈 살 **활**		
	日音 カツ	日訓 活(い)かす	

活用(かつ よう)	활용	活躍(かつ やく)	활약
活動(かつ どう)	활동	生活(せい かつ)	생활
*活発(かっ ぱつ)	활발	快活(かい かつ)	쾌활

割	음훈 나눌 **할**		
	日音 カツ	日訓 割(わ)る	

割愛(かつ あい)	할애	*割腹(かっ ぷく)	할복
割譲(かつ じょう)	할양	分割(ぶん かつ)	분할
*割賦(かっ ぷ)	할부		

練習

① 切手には金額が書いてある。 《　　　　》
（우표에는 금액이 적혀 있다.）

② 朝になると、町は活動を始める。 《　　　　》
（아침이 되면 도시는 활동을 시작한다.）

③ 月賦というのは、お金を分割して払うことです。 《　　　　》
（월부라는 것은 돈을 분할해서 지불하는 것입니다.）

完 음훈 완전할 **완**　日音 カン　日訓 ―

完成(かん せい)	완성	完璧(かん ぺき)	완벽
完全(かん ぜん)	완전	完了(かん りょう)	완료
完備(かん び)	완비	未完(み かん)	미완

官 음훈 벼슬 **관**　日音 カン　日訓 ―

官吏(かん り)	관리	警官(けい かん)	경관
官庁(かん ちょう)	관청	長官(ちょう かん)	장관
官僚(かん りょう)	관료	外交官(がい こう かん)	외교간

間 음훈 사이 **간**　日音 カン　日訓 間(あいだ)

間隔(かん かく)	간격	時間(じ かん)	시간
間接(かん せつ)	간접	週間(しゅう かん)	주간
期間(き かん)	기간	民間(みん かん)	민간

練習

① ビルの工事は来月完成する。《　　　》
(빌딩 공사는 다음 달 완성된다.)

② 今年、政府は警官の増員をしない。《　　　》
(올해 정부는 경관의 증원을 하지 않는다.)

③ この証明書が使える期間は一年間だ。《　　　》
(이 증명서를 사용할 수 있는 기간은 1년간이다.)

	음훈	느낄 **감**		
感	日音	カン	日訓	—

感覚(かん かく)	감각	好感(こう かん)	호감
感情(かん じょう)	감정	反感(はん かん)	반감
感激(かん げき)	감격	共感(きょう かん)	공감

	음훈	대롱 **관**		
管	日音	カン	日訓	—

管理(かん り)	관리	保管(ほ かん)	보관
管制塔(かん せい とう)	관제탑	血管(けっ かん)	혈관
管楽器(かん がっ き)	관악기		

	음훈	빗장 **관**	關	
関	日音	カン	日訓	関(せき)

関係(かん けい)	관계	関心(かん しん)	관심
関税(かん ぜい)	관세	機関(き かん)	기관
関連(かん れん)	관련	玄関(げん かん)	현관

練習

① 日本人は感情を顔に出さないと言われている。《　　　　》
(일본인은 감정을 얼굴에 드러내지 않는다고 알려져 있다.)

② 国立公園は国が管理している。《　　　　》
(국립공원은 나라가 관리하고 있다.)

③ 農作物と天気とは深い関係がある。《　　　　》
(농작물과 날씨와는 깊은 관계가 있다.)

館	음훈 집 관	館
	日音 カン	日訓 ―

館内(かん ない)	관내	図書館(と しょ かん)	도서관
会館(かい かん)	회관	体育館(たい いく かん)	체육관
旅館(りょ かん)	여관	大使館(たい し かん)	대사관

観	음훈 볼 관	觀
	日音 カン	日訓 ―

観光(かん こう)	관광	楽観(らっ かん)	낙관
観測(かん そく)	관측	主観的(しゅ かん てき)	주관적
観察(かん さつ)	관찰	客観的(きゃっ かん てき)	객관적

刊	음훈 책펴낼 간	
	日音 カン	日訓 ―

刊行(かん こう)	간행	発刊(はっ かん)	발간
新刊(しん かん)	신간	朝刊(ちょう かん)	조간
週刊(しゅう かん)	주간	夕刊(ゆう かん)	석간

練習

① 結婚式は野村会館でします。《　　　　　》
(결혼식은 노무라 회관에서 합니다.)

② 観光で日本へ来た人はほとんど京都へ行く。《　　　　　》
(관광으로 일본에 온 사람은 거의 교토에 간다.)

③ ここにある本は今月の新刊です。《　　　　　》
(여기에 있는 책은 이번 달 신간입니다.)

巻	음훈 책 권		卷	
	日音 カン		日訓 巻(ま)く	

巻頭(かん とう)	권두	第一巻(だい いっ かん)	제1권
巻末(かん まつ)	권말	全巻(ぜん かん)	전권

換	음훈 바꿀 환		
	日音 カン	日訓 換(か)わる	

換気(かん き)	환기	交換(こう かん)	교환
換算(かん さん)	환산	転換(てん かん)	전환
換言(かん げん)	환언	変換(へん かん)	변환

幹	음훈 줄기 간		
	日音 カン	日訓 幹(みき)	

幹事(かん じ)	간사	才幹(さい かん)	재간
幹部(かん ぶ)	간부	主幹(しゅ かん)	주간
幹線(かん せん)	간선	基幹(き かん)	기간

練習

① 全集の第一巻が出版された。《　　　　　》
（전집 제1권이 출판되었다.）

② この切手とその切手と交換してください。《　　　　　》
（이 우표와 그 우표와 교환해 주세요.）

③ 忘年会の会場は幹事が決めました。《　　　　　》
（망년회 회장은 간사가 정했습니다.）

監　음훈　볼 **감**　日音　カン　日訓　—

監視(かん し)	감시	監理(かん り)	감리
監督(かん とく)	감독	総監(そう かん)	총감
監獄(かん ごく)	감옥	舎監(しゃ かん)	사감

環　음훈　돌아올 **환**　日音　カン　日訓　—

環境(かん きょう)	환경	循環(じゅん かん)	순환
環状線(かん じょう せん)	환상선	金環食(きん かん しょく)	금환식

簡　음훈　편지 **간**　日音　カン　日訓　—

簡単(かん たん)	간단	簡易(かん い)	간이
簡潔(かん けつ)	간결	簡素(かん そ)	간소
簡便(かん べん)	간편	書簡(しょ かん)	서간

練習

① 彼はあの野球チームの監督です。《　　　　》
(그는 저 야구팀의 감독입니다.)

② 環境にやさしい品物を造る。《　　　　》
(환경 친화적인 물건을 만들다.)

③ この料理は簡単にできます。《　　　　》
(이 요리는 간단히 할 수 있습니다.)

	음훈	한수 **한**		漢	
	日音	カン		日訓	―

漢字(かん じ)	한자	悪漢(あっ かん)	악한
漢学(かん がく)	한학	痴漢(ち かん)	치한
漢文(かん ぶん)	한문	門外漢(もん がい かん)	문외한

	음훈	언덕 **안**			
	日音	ガン		日訓	岸(きし)

岸壁(がん ぺき)	안벽	対岸(たい がん)	대안
海岸(かい がん)	해안	両岸(りょう がん)	양안
沿岸(えん がん)	연안	河岸(か がん)	하안

	음훈	바랄 **원**			
	日音	ガン		日訓	願(ねが)う

願書(がん しょ)	원서	志願(し がん)	지원
願望(がん ぼう)	원망	祈願(き がん)	기원
念願(ねん がん)	염원	懇願(こん がん)	간원

練習

① 漢字を習うことはあまり難しくない。《　　　　》
（한자를 익히는 것은 별로 어렵지 않다.）

② 海岸へ行くと海のにおいがする。《　　　　》
（해안에 가면 바다 냄새가 난다.）

③ 念願がかなって新しい家が買えた。《　　　　》
（염원이 이루어져 새 집을 살 수 있었다.）

危 | 음훈 위태할 **위**
日音 キ　　日訓 危(あぶ)ない

| 危険(き けん) | 위험 | 危害(き がい) | 위해 |
| 危機(き き) | 위기 | 危篤(き とく) | 위독 |

希 | 음훈 바랄 **희**
日音 キ　　日訓 ―

| 希望(き ぼう) | 희망 | 希薄(き はく) | 희박 |
| 希少(き しょう) | 희소 | 希代(き だい) | 희대 |

季 | 음훈 철 **계**
日音 キ　　日訓 ―

季節(き せつ)	계절	冬季(とう き)	동계
季刊(き かん)	계간	夏季(か き)	하계
四季(し き)	사계	雨季(う き)	우계

練習

① 子供が道で遊ぶのは危険だ。《　　　　　》
(어린이가 길에서 노는 것은 위험하다.)

② 旅行は彼の希望で温泉に決めました。《　　　　　》
(여행은 그의 희망으로 온천으로 정했습니다.)

③ 春はいろいろな花が咲く季節だ。《　　　　　》
(봄은 여러 가지 꽃이 피는 계절이다.)

紀　음훈 벼리 **기**　日音 キ　日訓 —

| 紀行(き こう) | 기행 | 風紀(ふう き) | 풍기 |
| 紀元(き げん) | 기원 | 世紀(せい き) | 세기 |

寄　음훈 부칠 **기**　日音 キ　日訓 寄(よ)る

寄稿(き こう)	기고	寄贈(き ぞう)	기증
寄港(き こう)	기항	寄付(き ふ)	기부
寄生虫(き せい ちゅう)	기생충	寄宿舎(き しゅく しゃ)	기숙사

揮　음훈 휘두를 **휘**　日音 キ　日訓 —

| 揮発油(き はつ ゆ) | 휘발유 | 発揮(はっ き) | 발휘 |
| 指揮(し き) | 지휘 | | |

練習

① 西暦2000先年から21世紀だ。《　　　》

（서력 2000년부터 21세기이다.）

② 彼は財産を全部病院に寄付した。《　　　》

（그는 재산을 전부 병원에 기부했다.）

③ その仕事の指揮は彼がしています。《　　　》

（그 일의 지휘는 그이가 하고 있습니다.）

企		
음훈 꾀할 **기**		
日音 キ		日訓 企(くわだ)てる

企業(き ぎょう)	企図(き と)
企画(き かく)	

気		氣
음훈 기운 **기**		
日音 キ・ケ		日訓 ―

気分(き ぶん)	기분	天気(てん き)	날씨
景気(けい き)	경기	電気(でん き)	전기
気配(け はい)	기미	人気(にん き)	인기

記		
음훈 기록할 **기**		
日音 キ		日訓 記(しる)す

記者(き しゃ)	기자	記念(き ねん)	기념
記事(き じ)	기사	書記(しょ き)	서기
記録(き ろく)	기록	暗記(あん き)	암기

練習

① 日本には大企業はあまりなく、中小企業が多い。《 　　　 》
（일본에는 대기업은 별로 없고, 중소기업이 많다.）

② 今日は気持ちのいい天気だ。《 　　　 》
（오늘은 기분이 좋은 날씨다.）

③ 会議の記録をもう一度読んでみた。《 　　　 》
（회의 기록을 다시 한번 읽어 보았다.）

起	음훈 일어날 **기**		
	日音 キ	日訓 起(お)きる	

起工(き こう)	기공	起訴(き そ)	기소
起立(き りつ)	기립	再起(さい き)	재기
起用(き よう)	기용	発起(はっ き)	발기

帰	음훈 돌아올 **귀**	歸	
	日音 キ	日訓 帰(かえ)る	

帰還(き かん)	귀환	帰着(き ちゃく)	귀착
帰国(き こく)	귀국	復帰(ふっ き)	복귀
帰宅(き たく)	귀택	回帰(かい き)	회귀

基	음훈 터 **기**		
	日音 キ	日訓 基(もと)	

基礎(き そ)	기초	基金(き きん)	기금
基本(き ほん)	기본	基準(き じゅん)	기준
基地(き ち)	기지	基盤(き ばん)	기반

練習

① 彼は汚職事件で起訴された。《　　　》
　(그는 독직사건으로 기소되었다.)

② 病気が治ったので前の仕事に復帰した。《　　　》
　(병이 나았기 때문에 전에 했던 일에 복귀했다.)

③ 小学校の勉強はいろいろの基礎の勉強だ。《　　　》
　(초등학교 공부는 여러 가지 기초 공부다.)

規

음훈 법 **규**
日音 キ　　　**日訓** ―

規格(き かく)	규격	規模(き ぼ)	규모
規則(き そく)	규칙	規制(き せい)	규제
規範(き はん)	규범	規定(き てい)	규정

期

음훈 기억할 **기**
日音 キ　　　**日訓** ―

期間(き かん)	기간	時期(じ き)	시기
期待(き たい)	기대	長期(ちょう き)	장기
期限(き げん)	기한	定期(てい き)	정기

器

음훈 그릇 **기**　器
日音 キ　　　**日訓** 器(うつわ)

器具(き ぐ)	기구	食器(しょっ き)	식기
器物(き ぶつ)	기물	容器(よう き)	용기
器官(き かん)	기관	楽器(がっ き)	악기

練習

① これは規定の料金で、どこの店も同じです。《　　　》
(이것은 규정 요금으로 어느 가게도 마찬가지입니다.)

② 彼は今重い病気で長期欠席している。《　　　》
(그는 지금 중병으로 장기결석하고 있다.)

③ 食べたら、食器は自分で洗ってください。《　　　》
(먹으면 식기는 스스로 씻으세요.)

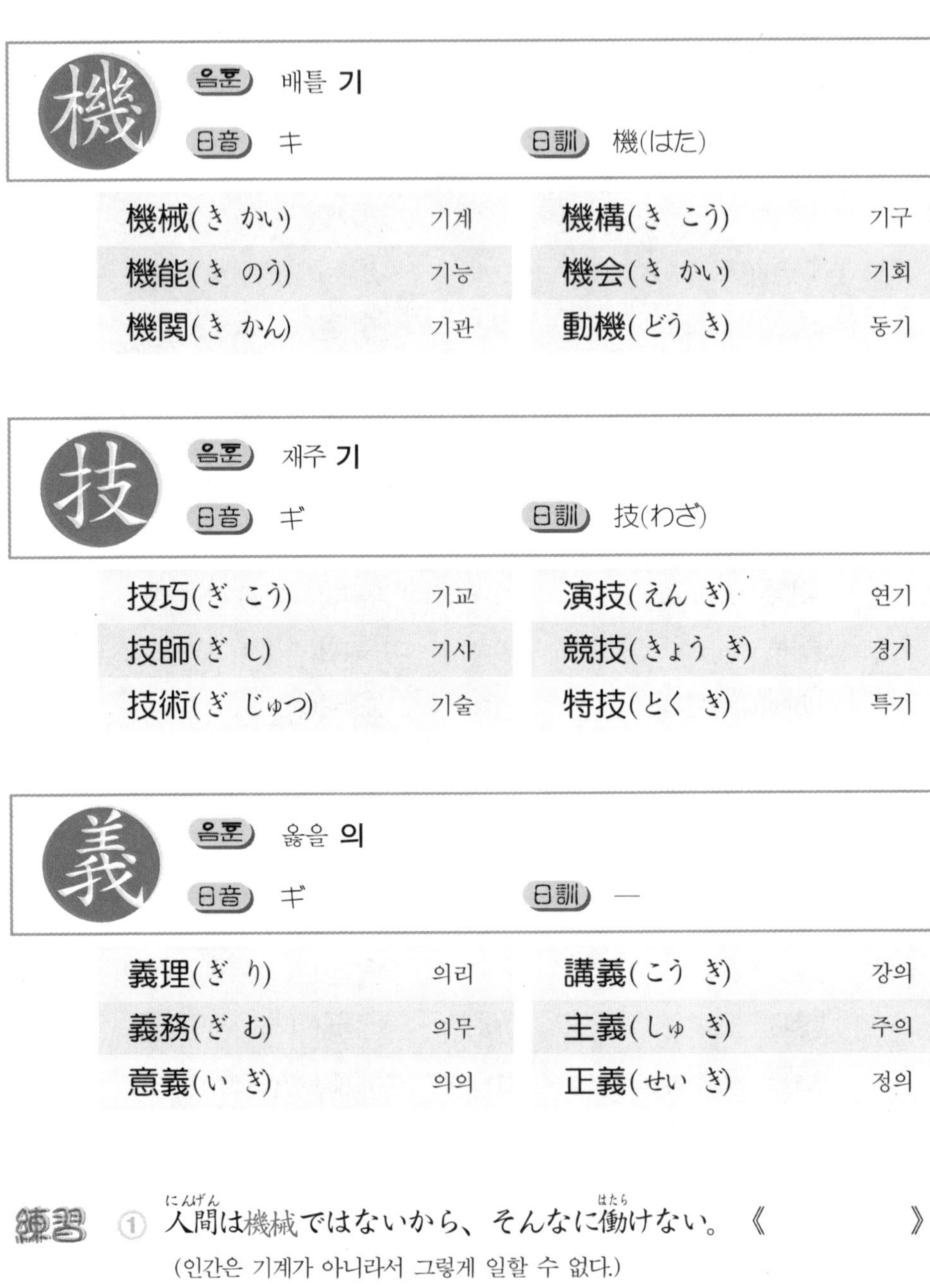

음훈	배틀 **기**		
日音	キ	日訓	機(はた)

機械(き かい)	기계	機構(き こう)	기구
機能(き のう)	기능	機会(き かい)	기회
機関(き かん)	기관	動機(どう き)	동기

음훈	재주 **기**		
日音	ギ	日訓	技(わざ)

技巧(ぎ こう)	기교	演技(えん ぎ)	연기
技師(ぎ し)	기사	競技(きょう ぎ)	경기
技術(ぎ じゅつ)	기술	特技(とく ぎ)	특기

음훈	옳을 **의**		
日音	ギ	日訓	―

義理(ぎ り)	의리	講義(こう ぎ)	강의
義務(ぎ む)	의무	主義(しゅ ぎ)	주의
意義(い ぎ)	의의	正義(せい ぎ)	정의

練習

① 人間は機械ではないから、そんなに働けない。《　　　》
(인간은 기계가 아니라서 그렇게 일할 수 없다.)

② 日本は造船の技術が進んでいる。《　　　》
(일본은 조선 기술이 발달되어 있다.)

③ 親は子供を学校へ行かせる義務がある。《　　　》
(부모는 아이를 학교에 보낼 의무가 있다.)

음훈 의논할 **의**			
日音 ギ		**日訓** ―	

議員(ぎ いん)	의원	協議(きょう ぎ)	협의
議論(ぎ ろん)	의논	審議(しん ぎ)	심의
会議(かい ぎ)	회의	討議(とう ぎ)	토의

음훈 의심할 **의**			
日音 ギ		**日訓** 疑(うたが)う	

疑問(ぎ もん)	의문	容疑(よう ぎ)	용의
疑惑(ぎ わく)	의혹	質疑(しつ ぎ)	질의
懐疑(かい ぎ)	회의	嫌疑(けん ぎ)	혐의

음훈 손님 **객**			
日音 キャク・カク		**日訓** ―	

客間(きゃく ま)	객실	乗客(じょう きゃく)	승객
来客(らい きゃく)	방문객	顧客(こ きゃく)	고객
観客(かん きゃく)	관객	旅客(りょ かく)	여객

練習

① 国会議員は全国から選ばれる。《　　　　》
(국회의원은 전국에서 선출된다.)

② 彼は殺人の容疑で調べられている。《　　　　》
(그는 살인 용의로 조사받고 있다.)

③ 映画が終わって観客が映画館から出てきた。《　　　　》
(영화가 끝나고 관객이 영화관에서 나왔다.)

| 음훈 | 거스릴 **역** | | |
| 日音 | ギャク | 日訓 | 逆(さか)らう |

逆転(ぎゃく　てん)	역전	逆説(ぎゃく　せつ)	역설
逆襲(ぎゃく　しゅう)	역습	*逆行(ぎゃっ　こう)	역행
逆順(ぎゃく　じゅん)	역순	反逆(はん　ぎゃく)	반역

| 음훈 | 구할 **구** | | |
| 日音 | キュウ | 日訓 | 求(もと)める |

求婚(きゅう　こん)	구혼	要求(よう　きゅう)	요구
求人(きゅう　じん)	구인	請求(せい　きゅう)	청구
求職(きゅう　しょく)	구직	追求(つい　きゅう)	추구

| 음훈 | 궁구할 **구** | | |
| 日音 | きゅう | 日訓 | 究(きわ)める |

究明(きゅう　めい)	구명	研究(けん　きゅう)	연구
究極(きゅう　きょく)	구극	探究(たん　きゅう)	탐구
学究(がっ　きゅう)	학구	論究(ろん　きゅう)	논구

① 負けていたが、ホームランを打ったので逆転した。《　　　》
　　（지고 있었는데 홈런을 쳐서 역전했다.）

② 賃金の値上げを要求してストライキをする。《　　　》
　　（임금 인상을 요구하며 파업을 하다.）

③ 彼は大学で新素材を研究している。《　　　》
　　（그는 대학에서 신소재를 연구하고 있다.）

急 음훈 급할 **급**	**急**
日音 キュウ	日訓 急(いそ)ぐ

急行(きゅう こう)	급행	緊急(きん きゅう)	긴급
急速(きゅう そく)	급속	早急(そう きゅう)	조급
急激(きゅう げき)	급격	特急(とっ きゅう)	특급

級 음훈 등급 **급**	
日音 キュウ	日訓 －

級数(きゅう すう)	급수	高級(こう きゅう)	고급
級友(きゅう ゆう)	급우	進級(しん きゅう)	진급
階級(かい きゅう)	계급	同級(どう きゅう)	동급

球 음훈 구슬 **구**	
日音 キュウ	日訓 球(たま)

球技(きゅう ぎ)	구기	球場(きゅう じょう)	구장
球団(きゅう だん)	구단	野球(や きゅう)	야구
電球(でん きゅう)	전구	地球(ち きゅう)	지구

練習

① 急行は小さい駅には止まらない。《　　　》
(급행은 작은 역에는 서지 않는다.)

② あのレストランは高級だから、とても高いです。《　　　》
(저 레스토랑은 고급이라서 매우 비쌉니다.)

③ 地球は太陽を回る惑星の一つである。《　　　》
(지구는 태양을 도는 혹성의 하나이다.)

	음훈	오랠 **구**		
久	日音	キュウ・ク	日訓	久(ひさ)しい

永久(えい きゅう)	영구	悠久(ゆう きゅう)	유구
持久力(じ きゅう りょく)	지구력	恒久(こう きゅう)	항구
耐久(たい きゅう)	내구	久遠(く おん)	구원

	음훈	미칠 **급**		
及	日音	キュウ	日訓	及(およ)ぶ

及第(きゅう だい)	급제	追及(つい きゅう)	추급
及落(きゅう らく)	급락	普及(ふ きゅう)	보급
言及(げん きゅう)	언급	波及(は きゅう)	파급

	음훈	옛 **구**	舊
旧	日音	キュウ	日訓 —

旧家(きゅう か)	구가	旧勢力(きゅう せい りょく)	구세력
旧暦(きゅう れき)	구력	新旧(しん きゅう)	신구
旧友(きゅう ゆう)	옛친구	復旧(ふっ きゅう)	복구

練習

① 結婚式で永久に変わらない愛を誓った。《　　　》
(결혼식에서 영구히 변치 않는 사랑을 맹세했다.)

② 警察に追及されて本当のことを言ってしまった。《　　　》
(경찰에게 추궁받고 사실을 말해 버렸다.)

③ 新政府ができたが、旧勢力はまだかなり強い。《　　　》
(신정부가 생겼지만, 구세력은 아직 상당히 강하다.)

음훈	쉴 **휴**
日音	キュウ
日訓	休(やす)む

休暇(きゅう か)	휴가	休業(きゅう ぎょう)	휴업
休憩(きゅう けい)	휴게	定休(てい きゅう)	정휴
休養(きゅう よう)	휴양	連休(れん きゅう)	연휴

음훈	줄 **급**
日音	キュウ
日訓	―

給水(きゅう すい)	급수	給与(きゅう よ)	급여
給仕(きゅう じ)	급사	供給(きょう きゅう)	공급
給料(きゅう りょう)	급료	補給(ほ きゅう)	보급

음훈	소 **우**
日音	ギュウ
日訓	うし

牛乳(ぎゅう にゅう)	우유	水牛(すい ぎゅう)	물소
牛肉(ぎゅう にく)	쇠고기	闘牛(とう ぎゅう)	투우
牛馬(ぎゅう ば)	우마	乳牛(にゅう ぎゅう)	젖소

練習

① 毎週水曜日が定休です。《　　　　》

（매주 수요일이 정기휴일입니다.）

② 制服は会社が社員に給与します。《　　　　》

（제복은 회사가 사원에게 급여합니다.）

③ 牛乳は体にいい飲み物だ。《　　　　》

（우유는 몸에 좋은 음료다.）

挙 擧
- 음훈: 들 거
- 日音: キョ
- 日訓: 挙(あ)げる

挙行(きょ こう)	거행	選挙(せん きょ)	선거
挙手(きょ しゅ)	거수	検挙(けん きょ)	검거
挙動(きょ どう)	거동	列挙(れっ きょ)	열거

去
- 음훈: 갈 거
- 日音: キョ・コ
- 日訓: 去(さ)る

去年(きょ ねん)	작년	除去(じょ きょ)	제거
去就(きょ しゅう)	거취	撤去(てっ きょ)	철거
退去(たい きょ)	퇴거	過去(か こ)	과거

居
- 음훈: 살 거
- 日音: キョ
- 日訓: 居(い)る

居室(きょ しつ)	거실	転居(てん きょ)	전거
居住(きょ じゅう)	거주	同居(どう きょ)	동거
居所(きょ しょ)	거처	皇居(こう きょ)	황거;궁성

練習

① 犯人が三年ぶりに検挙された。《　　　》
（범인이 3년만에 검거되었다.）

② 去年日本へ来てもう一年経ちました。《　　　》
（작년에 일본에 와서 벌써 1년이 지났습니다.）

③ 江戸城が明治になって皇居になった。《　　　》
（에도 성이 메이지가 되어 궁성이 되었다.）

巨	음훈) 클 거		
	日音) キョ	日訓) ―	

巨額(きょ がく)	거액	巨匠(きょ しょう)	거장
巨人(きょ じん)	거인	巨額(きょ がく)	거액
巨大(きょ だい)	거대	巨富(きょ ふ)	거부

拠	음훈) 의지할 거	據	
	日音) キョ・コ	日訓) ―	

拠点(きょ てん)	거점	準拠(じゅん きょ)	준거
根拠(こん きょ)	근거	証拠(しょう こ)	증거
論拠(ろん きょ)	논거		

許	음훈) 허락할 허		
	日音) キョ	日訓) 許(ゆる)す	

許可(きょ か)	허가	特許(とっ きょ)	특허
許諾(きょ だく)	허락	免許(めん きょ)	면허
許容(きょ よう)	허용	官許(かん きょ)	관허

練習

① ピラミットは石で拵えた巨大な墓だ。《　　　》
(피라미드는 돌로 만들어진 거대한 묘이다.)

② 民主化運動のとき大学が拠点となった。《　　　》
(민주화운동 때 대학이 거점이 되었다.)

③ 国会の見学を許可してもらった。《　　　》
(국회 견학을 허락받았다.)

음훈	어거할 **어**		
日音	ギョ・ゴ	日訓	―

御意（ぎょ い）	어의	御結婚（ご けっ こん）	결혼
制御（せい ぎょ）	제어	御用（ご よう）	용무
御飯（ご はん）	진지	御殿（ご てん）	어전

음훈	고기잡을 **어**		
日音	ギョ・リョウ	日訓	―

漁船（ぎょ せん）	어선	漁夫（ぎょ ふ）	어부
漁業（ぎょ ぎょう）	어업	漁師（りょう し）	어부
漁村（ぎょ そん）	어촌	禁漁（きん りょう）	금어

음훈	함께 **공**		
日音	キョウ	日訓	共（とも）

共学（きょう がく）	공학	共通（きょう つう）	공통
共産（きょう さん）	공산	公共（こう きょう）	공공
共同（きょう どう）	공동	反共（はん きょう）	반공

練習

① 新幹線はコンピューターで制御している。《　　　　》

（신칸센은 컴퓨터로 제어하고 있다.）

② 日本では漁業が盛んだ。《　　　　》

（일본에서는 어업이 번성하다.）

③ 図書館は公共の建物だ。《　　　　》

（도서관은 공공의 건물이다.）

음훈	이바지할 **공**		
日音	キョウ・ク	日訓	供(そな)える

供給(きょう きゅう)	공급	自供(じ きょう)	자공
供託(きょう たく)	공탁	供物(く もつ)	공물
提供(てい きょう)	제공	供養(く よう)	공양

음훈	화할 **협**		
日音	キョウ	日訓	―

協議(きょう ぎ)	협의	協力(きょう りょく)	협력
協会(きょう かい)	협회	協定(きょう てい)	협정
協賛(きょう さん)	협찬	妥協(だ きょう)	타협

음훈	굳셀 **강**		
日音	キョウ・ゴウ	日訓	強(つよ)い

強化(きょう か)	강화	増強(ぞう きょう)	증강
強調(きょう ちょう)	강조	頑強(がん きょう)	완강
強力(きょう りょく)	강력	勉強(べん きょう)	공부

練習

① ある人が場所を提供してくれた。《　　　　》
(어떤 사람이 장소를 제공해 주었다.)

② みんなで協力して新聞を作ろう。《　　　　》
(모두 함께 협력하여 신문을 만들자.)

③ 毎日うちで三時間ずつ日本語を勉強する。《　　　　》
(매일 집에서 3시간씩 일본어를 공부한다.)

| 음훈 | 가르칠 **교** | | 日訓 | 教(おし)える |

| 日音 | キョウ |

教育(きょう いく)	교육	宗教(しゅう きょう)	종교
教授(きょう じゅ)	교수	説教(せっ きょう)	설교
教会(きょう かい)	교회	仏教(ぶっ きょう)	불교

| 음훈 | 하물며 **황** |
| 日音 | キョウ | 日訓 | ― |

近況(きん きょう)	근황	盛況(せい きょう)	성황
状況(じょう きょう)	상황	不況(ふ きょう)	불황
実況(じっ きょう)	실황	好況(こう きょう)	호황

| 음훈 | 두려울 **공** |
| 日音 | キョウ | 日訓 | 恐(おそ)ろしい |

恐喝(きょう かつ)	공갈	恐竜(きょう りゅう)	공룡
恐慌(きょう こう)	공황	恐縮(きょう しゅく)	공축
恐怖(きょう ふ)	공포		

練習

① 彼は東京大学の教授だ。《　　　》

（그는 도쿄 대학의 교수다.）

② 台風の被害状況をテレビで見た。《　　　》

（태풍 피해상황을 텔레비전으로 보았다.）

③ 子供は医者を見ると恐怖して泣く。《　　　》

（어린이는 의사를 보면 무서워서 운다.）

境	음훈 경계 **경**
	日音 キョウ・ケイ　　日訓 境(さかい)

境界(きょう かい)	경계	環境(かん きょう)	환경
境遇(きょう ぐう)	경우	逆境(ぎゃっ きょう)	역경
国境(こっ きょう)	국경	境内(けい だい)	경내

競	음훈 다툴 **경**
	日音 キョウ・ケイ　　日訓 競(きそ)う

競争(きょう そう)	경쟁	競走(きょう そう)	경주
競技(きょう ぎ)	경기	競馬(けい ば)	경마
競泳(きょう えい)	경영	競輪(けい りん)	경륜

響	음훈 울릴 **향**
	日音 キョウ　　日訓 響(ひび)く

影響(えい きょう)	영향	反響(はん きょう)	반향
音響(おん きょう)	음향	交響楽(こう きょう がく)	교향악

練習

① イタリアとスイスの国境にはアルプス山脈（さんみゃく）がある。《　　　》
(이탈리아와 스위스 국경에는 알프스 산맥이 있다.)

② あそこに誰（だれ）が一番（いちばん）はやく着（つ）くか競走しよう。《　　　》
(저기에 누가 가장 빨리 도착하는지 경쟁하자.)

③ 台風（たいふう）の影響で魚（さかな）の値段（ねだん）が上（あ）がった。《　　　》
(태풍의 영향으로 생선 값이 올랐다.)

業　〔음훈〕 업 **업**　〔日音〕 ギョウ・ゴウ　〔日訓〕 業(わざ)

業界(ぎょう かい)	업계	事業(じ ぎょう)	사업
企業(き ぎょう)	기업	営業(えい ぎょう)	영업
工業(こう ぎょう)	공업	卒業(そつ ぎょう)	졸업

局　〔음훈〕 판 **국**　〔日音〕 キョク　〔日訓〕 ―

局長(きょく ちょう)	국장	結局(けっ きょく)	결국
局面(きょく めん)	국면	政局(せい きょく)	정국
当局(とう きょく)	당국	放送局(ほう そう きょく)	방송국

曲　〔음훈〕 굽을 **곡**　〔日音〕 キョク　〔日訓〕 曲(ま)がる

曲線(きょく せん)	곡선	作曲(さっ きょく)	작곡
曲芸(きょく げい)	곡예	歪曲(わい きょく)	왜곡
歌曲(か きょく)	가곡	名曲(めい きょく)	명곡

練習

① 自動車業界は競争が激しい。《　　　》
(자동차 업계는 경쟁이 심하다.)

② いろいろ考えたが、結局やめることにした。《　　　》
(여러 가지 생각했지만, 결국 그만두기로 했다.)

③ 彼は作曲家として有名だ。《　　　》
(그는 작곡가로서 유명하다.)

음훈	자극할 **극**		
日音	キョク・ゴク	日訓	極(きわ)める

極限(きょく げん)	극한	積極(せっ きょく)	적극
極端(きょく たん)	극단	消極(しょう きょく)	소극
南極(なん きょく)	남극	極秘(ごく ひ)	극비

음훈	가까울 **근**		
日音	キン	日訓	近(ちか)い

近代(きん だい)	근대	最近(さい きん)	최근
近所(きん じょ)	근처	付近(ふ きん)	부근
近海(きん かい)	근해	遠近(えん きん)	원근

음훈	쇠 **금**		
日音	キン・ゴン	日訓	金(かね)

金額(きん がく)	금액	現金(げん きん)	현금
金融(きん ゆう)	금융	料金(りょう きん)	요금
資金(し きん)	자금	黄金(おう ごん)	황금

練習

① これから積極的に努力します。《　　　　　》
(이제부터 적극적으로 노력하겠습니다.)

② 駅の付近には店が多い。《　　　　　》
(역 부근에는 가게가 많다.)

③ 商売をやりたいが資金がありません。《　　　　　》
(장사를 하고 싶지만 자금이 없습니다.)

	음훈 고를 **균**	
	日音 キン	日訓 均(な)らす

均一(きん いつ)	균일	均整(きん せい)	균정
均衡(きん こう)	균형	均分(きん ぶん)	균분
均等(きん とう)	균등	平均(へい きん)	평균

	음훈 부지런할 **근**	勤
	日音 きん	日訓 勤(つと)める

勤勉(きん べん)	근면	出勤(しゅっ きん)	출근
勤務(きん む)	근무	通勤(つう きん)	통근
勤労(きん ろう)	근로	転勤(てん きん)	전근

	음훈 힘줄 **근**	
	日音 きん	日訓 筋(すじ)

筋骨(きん こつ)	근골	鉄筋(てっ きん)	철근
筋肉(きん にく)	근육	腹筋(ふっ きん)	복근
筋力(きん りょく)	근력		

練習

① 東京の八月の平均気温は 27度だ。《　　　　　》

（도쿄의 8월 평균 기온은 27도이다.）

② 朝の電車は通勤の人でいっぱいだ。《　　　　　》

（아침 전철은 통근하는 사람으로 가득하다.）

③ マラソンをすると足の筋肉が発達する。《　　　　　》

（마라톤을 하면 다리 근육이 발달한다.）

禁

음훈	금할 **금**	
日音	キン	日訓 —

禁忌(きん　き)	금기		監禁(かん　きん)	감금
禁止(きん　し)	금지		解禁(かい　きん)	해금
禁煙(きん　えん)	금연		厳禁(げん　きん)	엄금

緊

음훈	요긴할 **긴**	
日音	キン	日訓 —

緊急(きん　きゅう)	긴급		緊迫(きん　ぱく)	긴박
緊縮(きん　しゅく)	긴축		緊密(きん　みつ)	긴밀
緊張(きん　ちょう)	긴장		緊要(きん　よう)	긴요

銀

음훈	은 **은**	
日音	ギン	日訓 —

銀行(ぎん　こう)	은행		銀髪(ぎん　ぱつ)	은발
銀貨(ぎん　か)	은화		金銀銅(きん　ぎん　どう)	금은동
銀河(ぎん　が)	은하		水銀(すい　ぎん)	수은

練習

① 工事をしているので、この道は通行禁止だ。《　　　　》
（공사를 하고 있기 때문에 이 도로는 통행금지다.）

② 大勢の前で話したことがないので、緊張した。《　　　　》
（많은 사람 앞에서 이야기한 적이 없어서 긴장했다.）

③ 今使わないお金は銀行に預けておく。《　　　　》
（지금 쓰지 않는 돈은 은행에 맡겨 둔다.）

区	음훈 구역 **구**	區	
	日音 ク	日訓 ―	

区域(く いき)	구역	区別(く べつ)	구별
区間(く かん)	구간	地区(ち く)	지구
区画(く かく)	구획	選挙区(せん きょ く)	선거구

苦	음훈 괴로울 **고**		
	日音 ク	日訓 苦(くる)しい	

苦戦(く せん)	고전	苦情(く じょう)	불만
苦痛(く つう)	고통	苦心(く しん)	고심
苦労(く ろう)	고생	苦笑(く しょう)	쓴웃음

具	음훈 갖출 **구**		
	日音 グ	日訓 ―	

具現(ぐ げん)	구현	家具(か ぐ)	가구
具備(ぐ び)	구비	器具(き ぐ)	기구
具体的(ぐ たい てき)	구체적	道具(どう ぐ)	도구

練習 ① あの人たちは東京地区 の代表選手だ。 《　　　　》

(저 사람들은 도쿄 지구의 대표선수다.)

② 父が死んでから、母は苦労 して子供を育てた。 《　　　　》

(아버지가 죽고 나서 어머니는 고생하여 아이를 키웠다.)

③ もっと具体的 に説明してください。 《　　　　》

(더 구체적으로 설명해 주세요)

| 음훈 | 빌 **공** | | |
| 日音 | クウ | 日訓 | 空(あ)く・空(そら) |

空気(くう き)	공기	空転(くう てん)	공전
空間(くう かん)	공간	航空(こう くう)	항공
空港(くう こう)	공항	上空(じょう くう)	상공

| 음훈 | 군사 **군** | | |
| 日音 | グン | 日訓 | — |

軍隊(ぐん たい)	군대	海軍(かい ぐん)	해군
軍事(ぐん じ)	군사	空軍(くう ぐん)	공군
軍備(ぐん び)	군비	陸軍(りく ぐん)	육군

| 음훈 | 무리 **군** | | |
| 日音 | グン | 日訓 | 群(む)れる |

群居(ぐん きょ)	군거	群集(ぐん しゅう)	군집
群島(ぐん とう)	군도	群雄(ぐん ゆう)	군웅
群衆(ぐん しゅう)	군중	抜群(ばつ ぐん)	발군

練習

① 空（そら）から撮（と）った写真（しゃしん）を航空写真（しゃしん）という。《　　　　》
（하늘에서 찍은 사진을 항공사진이라고 한다.）

② ここにはアメリカの海軍の基地（きち）がある。《　　　　》
（여기에는 미국 해군 기지가 있다.）

③ 兄（あに）は服（ふく）のセンスが抜群だ。《　　　　》
（형은 옷 입는 센스가 뛰어나다.）

음훈 형상 **형**
日音 ケイ・ギョウ　　　**日訓** 形(かたち)

形式(けい しき)	형식	形成(けい せい)	형성
形態(けい たい)	형태	造形(ぞう けい)	조형
形勢(けい せい)	형세	人形(にん ぎょう)	인형

음훈 걸릴 **계**
日音 ケイ　　　**日訓** 係(かか)り

係累(けい るい)	계루	関係(かん けい)	관계
係争(けい そう)	계쟁	連係(れん けい)	연계
係留(けい りゅう)	계류		

음훈 셈할 **계**
日音 ケイ　　　**日訓** 計(はか)る

計画(けい かく)	계획	合計(ごう けい)	합계
計算(けい さん)	계산	会計(かい けい)	회계
計略(けい りゃく)	계략	設計(せっ けい)	설계

練習

① 会議(かいぎ)はどんな形式でやりますか。《　　　　》
（회의는 어떤 형식으로 합니까?）

② 彼女(かのじょ)とは何(なん)の関係もない。《　　　　》
（그녀와는 아무런 관계도 없다.）

③ この家(いえ)は日(ひ)がよく当(あ)たるように設計した。《　　　　》
（이 집은 햇볕이 잘 들도록 설계했다.）

음훈	지날 **경**		經
日音	ケイ・キョウ	日訓	経(へ)る

経済(けい ざい)	경제	経過(けい か)	경과
経営(けい えい)	경영	神経(しん けい)	신경
経験(けい けん)	경험	経典(きょう てん)	경전

음훈	경계할 **경**		
日音	ケイ	日訓	—

警戒(けい かい)	경계	警察(けい さつ)	경찰
警告(けい こく)	경고	警備(けい び)	경비
警官(けい かん)	경관	警報(けい ほう)	경보

음훈	형벌 **형**		
日音	ケイ	日訓	—

刑罰(けい ばつ)	형벌	求刑(きゅう けい)	구형
刑法(けい ほう)	형법	死刑(し けい)	사형
刑事(けい じ)	형사	終身刑(しゅう しん けい)	종신형

練習

① 父は会社を経営している。《　　　　》

(아버지는 회사를 경영하고 있다.)

② デモがあるので、警官が大勢道に立っている。《　　　　》

(데모가 있어서 많은 경관이 길에 서 있다.)

③ 殺人があった家へ刑事が調べに来た。《　　　　》

(살인이 있었던 집에 형사가 조사하러 왔다.)

系 _{음훈} 이을 **계**　　日音 ケイ　　日訓 ―

系図(けい ず)	계도	家系(か けい)	가계
系統(けい とう)	계통	体系(たい けい)	체계
系列(けい れつ)	계열	文化系(ぶん か けい)	문화계

恵 _{음훈} 은혜 **혜**　　日音 ケイ・エ　　惠　　日訓 恵(めぐ)む

恵贈(けい ぞう)	혜증	互恵(ご けい)	호혜
恵与(けい よ)	혜여	知恵(ち え)	지혜
恩恵(おん けい)	은혜		

景 _{음훈} 볕 **경**　　日音 ケイ　　日訓 ―

景観(けい かん)	경관	光景(こう けい)	광경
景気(けい き)	경기	背景(はい けい)	배경
景品(けい ひん)	경품	風景(ふう けい)	풍경

練習

① 彼の学説には体系がない。《　　　　　》
(그의 학설에는 체계가 없다.)

② 知恵を使って行動する。《　　　　　》
(지혜를 써서 행동하다.)

③ あの会社は景気がいいので、ボーナスが多い。《　　　　　》
(저 회사는 경기가 좋아서 보너스가 많다.)

| 軽 | 음훈 | 가벼울 **경** | 軽 | | |
| 日音 | ケイ | | 日訓 | 軽(かる)い | |

軽快(けい かい)	경쾌	軽蔑(けい べつ)	경멸
軽視(けい し)	경시	軽量(けい りょう)	경량
軽率(けい そつ)	경솔	軽金属(けい きん ぞく)	경금속

| 傾 | 음훈 | 기울어질 **경** | | | |
| 日音 | ケイ | | 日訓 | 傾(かたむ)く | |

傾向(けい こう)	경향	傾聴(けい ちょう)	경청
傾斜(けい しゃ)	경사	右傾(う けい)	우경
傾倒(けい とう)	경도	左傾(さ けい)	좌경

| 継 | 음훈 | 이을 **계** | 繼 | | |
| 日音 | ケイ | | 日訓 | 続(つづ)く | |

継承(けい しょう)	계승	継父(けい ふ)	계부
継続(けい ぞく)	계속	後継(こう けい)	후계
継母(けい ぼ)	계모	中継(ちゅう けい)	중계

練習

① 人をむやみに軽蔑してはならない。《　　　　》
(사람을 함부로 경멸해서는 안 된다.)

② 日本では交通事故は経る傾向にある。《　　　　》
(일본에서는 교통사고가 줄어드는 경향에 있다.)

③ その雑誌は来年も継続して読みます。《　　　　》
(그 잡지는 내년에도 계속해서 읽겠습니다.)

芸 음훈 재주 **예**　　藝
日音　ゲイ　　日訓　—

芸術(げい じゅつ)	예술	学芸(がく げい)	학예
芸能(げい のう)	예능	農芸(のう げい)	농예
文芸(ぶん げい)	문예	園芸(えん げい)	원예

迎 음훈 맞이할 **영**
日音　ゲイ　　日訓　迎(むか)える

迎合(げい ごう)	영합	歓迎(かん げい)	환영
迎春(げい しゅん)	영춘	送迎(そう げい)	송영
迎賓館(げい ひん かん)	영빈관	奉迎(ほう げい)	봉영

劇 음훈 심할 **극**
日音　ゲキ　　日訓　—

劇場(げき じょう)	극장	演劇(えん げき)	연극
劇団(げき だん)	극단	喜劇(き げき)	희극
劇薬(げき やく)	극약	悲劇(ひ げき)	비극

練習

① 文学・音楽・絵画などは芸能である。《　　　　》
(문학・음악・회화 등은 예능이다.)

② 皆さんが遊びに来るのなら歓迎します。《　　　　》
(여러분이 놀러 온다면 환영하겠습니다.)

③ 国立劇場で歌舞伎を見た。《　　　　》
(국립극장에서 가부키를 보았다.)

撃	음훈 칠 **격**		撃
	日音 ゲキ		日訓 撃(う)つ

撃退(げき たい)	격퇴	打撃(だ げき)	타격
撃沈(げき ちん)	격침	攻撃(こう げき)	공격
目撃(もく げき)	목격	爆撃(ばく げき)	폭격

激	음훈 과격할 **격**	
	日音 ゲキ	日訓 激(はげ)しい

激化(げき か)	격화	過激(か げき)	과격
激減(げき げん)	격감	急激(きゅう げき)	급격
激論(げき ろん)	격론	刺激(し げき)	자극

決	음훈 정할 **결**	
	日音 ケツ	日訓 決(き)める

決意(けつ い)	결의	*決勝(けっ しょう)	결승
決別(けつ べつ)	결별	*決定(けっ てい)	결정
決裂(けつ れつ)	결렬	解決(かい けつ)	해결

練習

① 相手に激しく攻撃をする。《　　　》
(상대에게 심하게 공격을 하다.)

② 戦争が激化して、大勢の人が死んだ。《　　　》
(전쟁이 격화되어 많은 사람이 죽었다.)

③ 決勝で勝った人がいちばん強い。《　　　》
(결승에서 이긴 사람이 가장 강하다.)

結	음훈 맺을 **결**		
	日音 ケツ	日訓 結(むす)ぶ	

*結果(けっ か)	결과	*結婚(けっ こん)	결혼
結論(けつ ろん)	결론	*結局(けっ きょく)	결국
結末(けつ まつ)	결말	終結(しゅう けつ)	종결

欠	음훈 이지러질 **결**	缺	
	日音 ケツ	日訓 欠(か)ける	

欠員(けつ いん)	결원	*欠損(けっ そん)	결손
*欠陥(けっ かん)	결함	補欠(ほ けつ)	보결
*欠席(けっ せき)	결석	不可欠(ふ か けつ)	불가결

血	음훈 피 **혈**		
	日音 ケツ	日訓 血(ち)	

血液(けつ えき)	혈액	輸血(ゆ けつ)	수혈
血圧(けつ あつ)	혈압	出血(しゅっ けつ)	출혈
血縁(けつ えん)	혈연	鮮血(せん けつ)	선혈

練習

① 試験の結果が知りたい。《　　　　》
　(시험 결과를 알고 싶다.)

② 風邪を引いて学校を欠席した。《　　　　》
　(감기가 들어서 학교를 결석했다.)

③ 年寄りになるとだんだん血圧が高くなる。《　　　　》
　(노인이 되면 점점 혈압이 높아진다.)

月	음훈 달 **월**
	日音 ゲツ・ガツ 　　日訓 月(つき)

月末(げつ まつ)	월말	今月(こん げつ)	이번달
月刊(げっ かん)	월간	歳月(さい げつ)	세월
月賦(げっ ぷ)	월부	正月(しょう がつ)	정월

件	음훈 사건 **건**
	日音 ケン 　　日訓 ―

件数(けん すう)	건수	条件(じょう けん)	조건
案件(あん けん)	안건	用件(よう けん)	용건
事件(じ けん)	사건	人件費(じん けん ひ)	인건비

見	음훈 볼 **견**
	日音 ケン 　　日訓 見(み)る

見解(けん かい)	견해	意見(い けん)	의견
見学(けん がく)	견학	会見(かい けん)	회견
見物(けん ぶつ)	구경	発見(はっ けん)	발견

練習

① 今月はボーナスがもらえる月(つき)だ。《　　　》

　(이번 달은 보너스를 받을 수 있는 달이다.)

② シベリアは条件が悪(わる)くて、人(ひと)はあまり住(す)めない。《　　　》

　(시베리아는 조건이 나빠서 사람은 별로 살 수 없다.)

③ 今日(きょう)は総理大臣(そうりだいじん)の記者(きしゃ)会見がある。《　　　》

　(오늘은 총리대신의 기자회견이 있다.)

建

음훈 세울 **건**

日音 ケン・コン 　日訓 建(た)てる

建設(けん せつ)	건설	再建(さい けん)	재건
建築(けん ちく)	건축	封建(ほう けん)	봉건
創建(そう けん)	창건	建立(こん りゅう)	건립

研

음훈 갈 **연**　　　　研

日音 ケン　　　　日訓 研(と)ぐ

| 研究(けん きゅう) | 연구 | 研磨(けん ま) | 연마 |
| 研修(けん しゅう) | 연수 | | |

県

음훈 고을 **현**　　　縣

日音 ケン　　　　日訓 —

県庁(けん ちょう)	현청	鄰接県(りん せつ けん)	인접현
県立(けん りつ)	현립	都道府県(と どう ふ けん)	
県議会(けん ぎ かい)	현의회		

練習

① 金閣寺は火事で焼けたが、その後、再建された。《　　　　》
(금각사는 화재로 불탔지만, 그 후 재건되었다.)

② キュリー夫人はラジウムを研究した。《　　　　》
(퀴리 부인은 라듐을 연구했다.)

③ 千葉県は東京都の鄰接県だ。《　　　　》
(치바현은 도쿄도의 인접현이다.)

음훈	검사 **검**	檢
日音	ケン	日訓 —

検査(けん さ)	검사	検問(けん もん)	검문
検察(けん さつ)	검찰	探検(たん けん)	탐험
検討(けん とう)	검토	点検(てん けん)	점검

음훈	권세 **권**	權
日音	ケン・ゴン	日訓 —

権威(けん い)	권위	人権(じん けん)	인권
権利(けん り)	권리	政権(せい けん)	정권
権力(けん りょく)	권력	権化(ごん げ)	권화

음훈	시험할 **험**	験
日音	ケン	日訓 —

経験(けい けん)	경험	体験(たい けん)	체험
試験(し けん)	시험	効験(こう けん)	효험
実験(じっ けん)	실험	霊験(れい けん)	영험

練習

① 川の水がきれいかどうかを検査する。《　　　　》
　（강물이 깨끗한지 아닌지를 검사하다.）

② あの博士は物理学の権威者だ。《　　　　》
　（저 박사는 물리학의 권위자다.）

③ あの先生は経験が長いので、教えるのがうまい。《　　　　》
　（저 선생은 경험이 풍부해서 잘 가르친다.）

	음훈	문서 **권**			
	日音	ケン	日訓	―	

債券(さい けん)	채권	乗車券(じょう しゃ けん)	승차권
証券(しょう けん)	증권	入場券(にゅう じょう けん)	입장권
旅券(りょ けん)	여권		

	음훈	건강할 **건**	
	日音	ケン	日訓 健(すこ)やかな

健康(けん こう)	건강	健忘症(けん ぼう しょう)	건망증
健全(けん ぜん)	건전	保健(ほ けん)	보건
健闘(けん とう)	건투	強健(きょう けん)	강건

	음훈	굳을 **견**	
	日音	ケン	日訓 堅(かた)い

堅固(けん ご)	견고	中堅(ちゅう けん)	중견
堅実(けん じつ)	견실		

練習

① これは貿易会社の株式証券だ。《　　　》
　（이것은 무역회사의 주식증권이다.）

② 私は健康で病院へは行ったことがない。《　　　》
　（나는 건강해서 병원에는 간 적이 없다.）

③ 彼は中堅作家になっているだろう。《　　　》
　（그는 중견 작가가 되어 있을 것이다.）

憲 음훈 법 헌 / 日音 ケン	憲 日訓 —

憲章(けん しょう)	헌장	官憲(かん けん)	관헌
憲兵(けん ぺい)	헌병	護憲(ご けん)	호헌
憲法(けん ぽう)	헌법	立憲(りっ けん)	입헌

元 음훈 으뜸 원 / 日音 ゲン・ガン	日訓 元(もと)

元素(げん そ)	원소	紀元(き げん)	기원
元号(げん ごう)	원호	元祖(がん そ)	원조
元気(げん き)	기운	元年(がん ねん)	원년

言 음훈 말씀 언 / 日音 ゲン・ゴン	日訓 言(い)う

言語(げん ご)	언어	発言(はつ げん)	발언
言及(げん きゅう)	언급	宣言(せん げん)	선언
言明(げん めい)	언명	遺言(ゆい ごん)	유언

練習

① 日本では戦争をしないことを憲法で決めている。《　　　》

（일본에서는 전쟁을 하지 않겠다는 것을 헌법으로 정하고 있다.）

② 子供が元気に庭で遊んでいる。《　　　》

（어린이가 힘차게 뜰에서 놀고 있다.）

③ 皆さん、順に発言してください。《　　　》

（여러분, 순서대로 발언해 주십시오.）

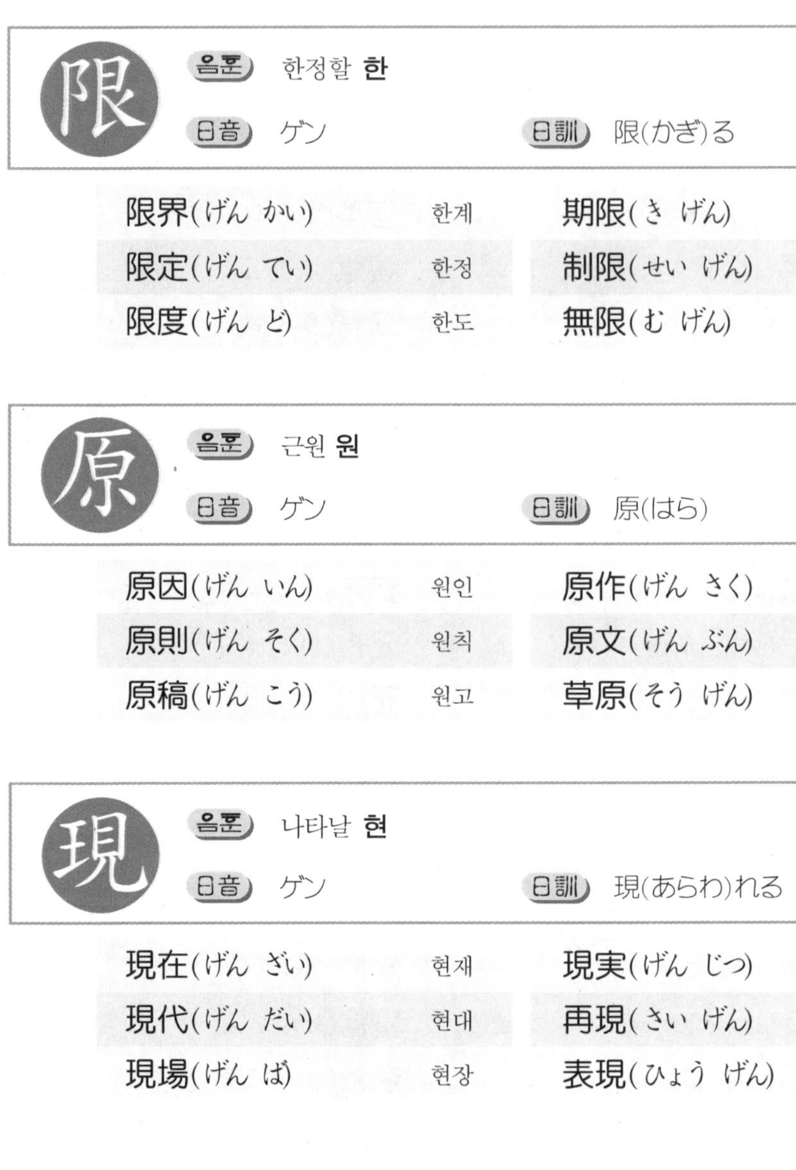

限

음훈 한정할 **한**

日音 ゲン　　　日訓 限(かぎ)る

限界(げん かい)	한계	期限(き げん)	기한
限定(げん てい)	한정	制限(せい げん)	제한
限度(げん ど)	한도	無限(む げん)	무한

原

음훈 근원 **원**

日音 ゲン　　　日訓 原(はら)

原因(げん いん)	원인	原作(げん さく)	원작
原則(げん そく)	원칙	原文(げん ぶん)	원문
原稿(げん こう)	원고	草原(そう げん)	초원

現

음훈 나타날 **현**

日音 ゲン　　　日訓 現(あらわ)れる

現在(げん ざい)	현재	現実(げん じつ)	현실
現代(げん だい)	현대	再現(さい げん)	재현
現場(げん ば)	현장	表現(ひょう げん)	표현

練習

① ○○が限度だから、それ以上（いじょう）はいけない。《　　　》
（○○이 한도이니까 그 이상은 안 된다.）

② タバコの火（ひ）が原因で火事（かじ）になった。《　　　》
（담뱃불이 원인으로 불이 났다.）

③ 事故（じこ）の現場を写真（しゃしん）で撮（と）っておく。《　　　》
（사고현장을 사진으로 찍어 두다.）

減　음훈 덜 **감**

日音　ゲン　　　　　　日訓　減(へ)る

減少(げん しょう)	감소	増減(ぞう げん)	증감
減税(げん ぜい)	감세	半減(はん げん)	반감
減食(げん しょく)	감식	加減(か げん)	가감

源　음훈 근원 **원**

日音　ゲン　　　　　　日訓　源(みなもと)

源泉(げん せん)	원천	財源(ざい げん)	재원
源流(げん りゅう)	원류	資源(し げん)	자원
起源(き げん)	기원	水源(すい げん)	수원

古　음훈 옛 **고**

日音　コ　　　　　　　日訓　古(ふる)い

古人(こ じん)	고인	古代(こ だい)	고대
古典(こ てん)	고전	古墳(こ ふん)	고분
古書(こ しょ)	고서	中古(ちゅう こ)	중고

練習

① 日本では農村の人口は減少している。《　　　　》
（일본에서는 농촌 인구는 감소하고 있다.）

② 韓国は地下資源の乏しい国だ。《　　　　》
（한국은 지하자원이 빈약한 나라이다.）

③ 万葉集は日本が誇る古典だ。《　　　　》
（만요슈는 일본이 자랑하는 고전이다.）

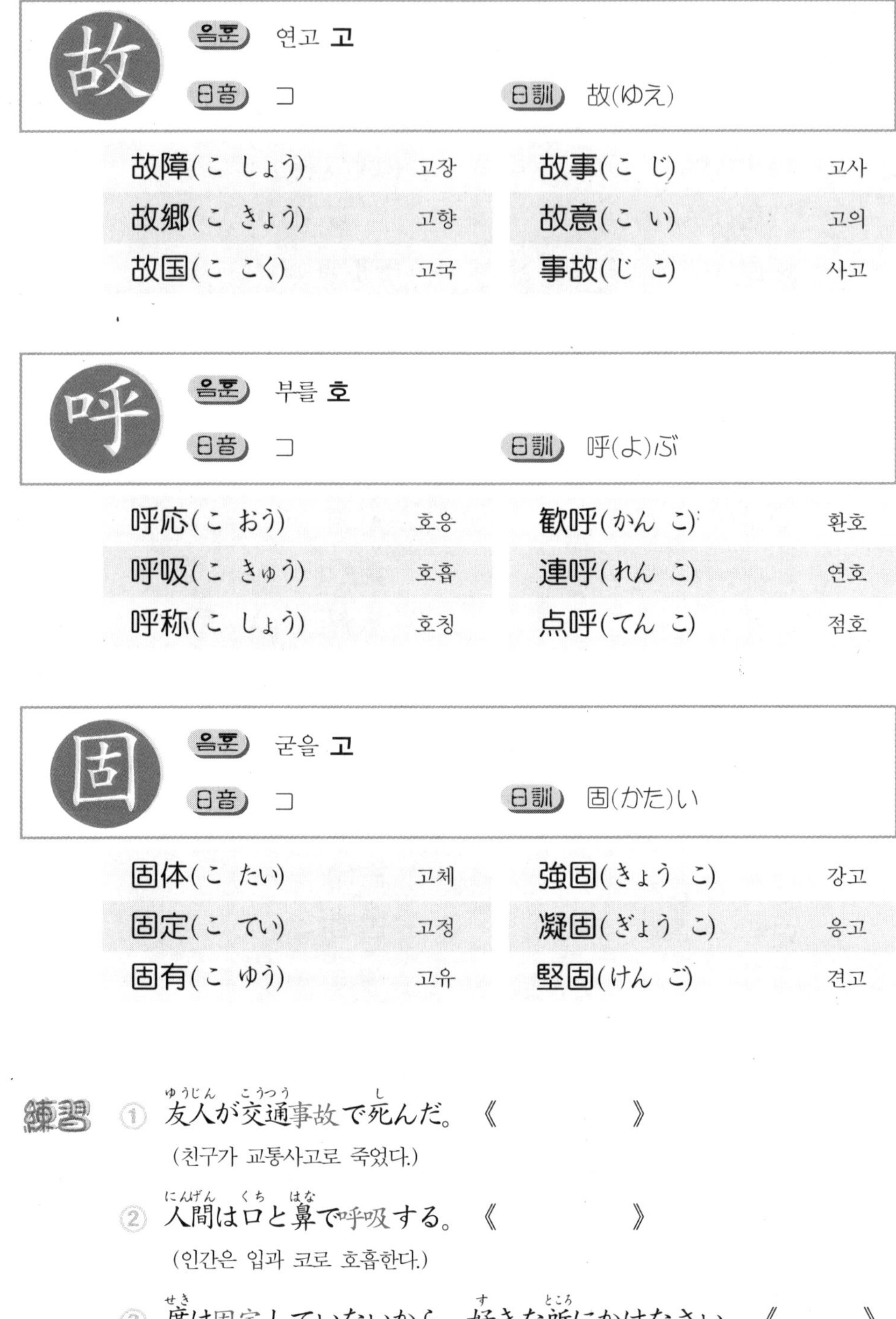

故	음훈 연고 **고**		
	日音 コ	日訓 故(ゆえ)	

故障(こ しょう)	고장	故事(こ じ)	고사
故郷(こ きょう)	고향	故意(こ い)	고의
故国(こ こく)	고국	事故(じ こ)	사고

呼	음훈 부를 **호**		
	日音 コ	日訓 呼(よ)ぶ	

呼応(こ おう)	호응	歓呼(かん こ)	환호
呼吸(こ きゅう)	호흡	連呼(れん こ)	연호
呼称(こ しょう)	호칭	点呼(てん こ)	점호

固	음훈 굳을 **고**		
	日音 コ	日訓 固(かた)い	

固体(こ たい)	고체	強固(きょう こ)	강고
固定(こ てい)	고정	凝固(ぎょう こ)	응고
固有(こ ゆう)	고유	堅固(けん ご)	견고

練習

① 友人(ゆうじん)が交通(こうつう)事故(じ)で死んだ。《　　　　》
　　(친구가 교통사고로 죽었다.)

② 人間(にんげん)は口(くち)と鼻(はな)で呼吸する。《　　　　》
　　(인간은 입과 코로 호흡한다.)

③ 席(せき)は固定していないから、好きな所(ところ)にかけなさい。《　　　　》
　　(자리는 고정되어 있지 않으니까, 좋아하는 곳에 앉거라.)

個

음훈 낱 개

日音 コ　　　日訓 —

個人(こ じん)	개인	個数(こ すう)	갯수
個性(こ せい)	개성	別個(べっ こ)	별개
個体(こ たい)	개체	何個(なん こ)	몇개

庫

음훈 창고 고

日音 コ　　　日訓 庫(くら)

国庫(こっ こ)	국고	文庫(ぶん こ)	문고
金庫(きん こ)	금고	倉庫(そう こ)	창고
在庫(ざい こ)	재고	冷蔵庫(れい ぞう こ)	냉장고

午

음훈 낮 오

日音 ゴ　　　日訓 —

午後(ご ご)	오후	正午(しょう ご)	정오
午前(ご ぜん)	오전	端午(たん ご)	단오
午睡(ご すい)	낮잠	子午線(し ご せん)	자오선

練習

① 個人の生活は自由だ。《　　　　》
(개인 생활은 자유다.)

② 買ってきた肉は冷蔵庫に入れてあります。《　　　　》
(사 온 고기는 냉장고에 넣어 두었습니다.)

③ 日本では夏は午前五時から日が出る。《　　　　》
(일본에서는 여름에는 오전 5시부터 해가 뜬다.)

음훈	뒤 **후**		
日音	ゴ・コウ	日訓	後(あと)・後(うし)ろ

午後(ご ご)	오후	最後(さい ご)	최후
前後(ぜん ご)	전후	後悔(こう かい)	후회
戦後(せん ご)	전후	後輩(こう はい)	후배

음훈	말씀 **어**		
日音	ゴ	日訓	語(かた)る

語学(ご がく)	어학	国語(こく ご)	국어
語感(ご かん)	어감	外国語(がい こく ご)	외국어
英語(えい ご)	영어	敬語(けい ご)	경어

음훈	서로 **호**		
日音	ゴ	日訓	互(たが)い

互角(ご かく)	호각	相互(そう ご)	상호
互助(ご じょ)	호조	交互(こう ご)	교호

練習

① 一日の最後に出る電車を終電車という。《　　　》

（하루 마지막에 떠나는 전철을 막차라고 한다.）

② 今英語は世界の色々の国で使われている。《　　　》

（지금 영어는 세계 여러 나라에서 쓰이고 있다.）

③ 交通の信号機は赤と青が交互につく。《　　　》

（교통 신호기는 빨강과 파랑이 번갈아 켜진다.）

護

음훈 보호할 **호**	
日音 ゴ	日訓 ―

護衛(ご えい)	호위	保護(ほ ご)	보호
護送(ご そう)	호송	弁護(べん ご)	변호
看護(かん ご)	간호	救護(きゅう ご)	구호

口

음훈 입 **구**	
日音 コウ・ク	日訓 口(くち)

口腔(こう こう)	구강	河口(か こう)	하구
口径(こう けい)	구경	人口(じん こう)	인구
口述(こう じゅつ)	구술	口調(く ちょう)	어조

工

음훈 장인 **공**	
日音 コウ・ク	日訓 ―

工業(こう ぎょう)	공업	工作(こう さく)	공작
工事(こう じ)	공사	施工(し こう)	시공
工場(こう じょう)	공장	細工(さい く)	세공

練習

① 子供が小さい時は、親が保護すべきだ。《　　　　》
(아이가 어릴 때는 부모가 보호해야 한다.)

② 東京の人口は約一千万人です。《　　　　》
(도쿄의 인구는 약 천만명입니다.)

③ あれはみんな工場へ働きに行く労働者です。《　　　　》
(저건 모두 공장에 일하러 가는 노동자입니다.)

公

음훈	공변될 **공**		
日音	コウ	日訓	公(おおやけ)

公式(こう しき)	공식	公務(こう む)	공무
公開(こう かい)	공개	公演(こう えん)	공연
公園(こう えん)	공원	公平(こう へい)	공평

広 / 廣

음훈	넓을 **광**		
日音	コウ	日訓	広(ひろ)い

広告(こう こく)	광고	広報(こう ほう)	광보
広義(こう ぎ)	광의	広野(こう や)	광야
広大(こう だい)	광대	広範囲(こう はん い)	광범위

交

음훈	사귈 **교**		
日音	コウ	日訓	交(まじ)わる

交換(こう かん)	교환	交際(こう さい)	교제
交通(こう つう)	교통	国交(こっ こう)	국교
交渉(こう しょう)	교섭	外交(がい こう)	외교

練習

① 普通 小学校の先生は地方公務員だ。《　　　　》
(보통 초등학교 선생은 지방공무원이다.)

② その商品の名前は新聞の広告で見た。《　　　　》
(그 상품의 이름은 신문 광고에서 보았다.)

③ お巡りさんが交通を整理している。《　　　　》
(순경 아저씨가 교통을 정리하고 있다.)

光	음훈	빛 **광**		
	日音 コウ		日訓 光(ひか)る	

光陰(こう いん)	광음	光彩(こう さい)	광채
光栄(こう えい)	광영:영광	光線(こう せん)	광선
光景(こう けい)	광경	観光(かん こう)	관광

向	음훈	향할 **향**		
	日音 コウ		日訓 向(む)かう	

向学(こう がく)	향학	傾向(けい こう)	경향
向後(こう ご)	향후	意向(い こう)	의향
向上(こう じょう)	향상	方向(ほう こう)	방향

好	음훈	좋아할 **호**		
	日音 コウ		日訓 好(この)む	

好意(こう い)	호의	好調(こう ちょう)	호조
好悪(こう お)	호오	好評(こう ひょう)	호평
好感(こう かん)	호감	友好(ゆう こう)	우호

練習

① 日本には温泉の観光地が多い。《　　　》

 (일본에는 온천 관광지가 많다.)

② 本人の意向で結婚式はやらないことにした。《　　　》

 (본인의 의향으로 결혼식은 하지 않기로 했다.)

③ 歌舞伎のアメリカの公演は好評だった。《　　　》

 (가부키의 미국 공연은 호평이었다.)

考

음훈　생각할 **고**

日音　コウ　　　　　日訓　考(かんが)える

考案(こう あん)	고안	参考(さん こう)	참고
考査(こう さ)	고사	思考(し こう)	사고
考慮(こう りょ)	고려	備考(び こう)	비고

行

음훈　갈 **행**

日音　コウ・ギョウ　　　日訓　行(い)く

行進(こう しん)	행진	銀行(ぎん こう)	은행
行動(こう どう)	행동	旅行(りょ こう)	여행
行事(ぎょう じ)	행사	行政(ぎょう せい)	행정

航

음훈　물건널 **항**

日音　こう　　　　　日訓　—

航海(こう かい)	항해	運航(うん こう)	운항
航空(こう くう)	항공	欠航(けっ こう)	결항
航路(こう ろ)	항로	出航(しゅっ こう)	출항

練習

① 皆(みな)さんの意見(いけん)はたいへん参考になりました。《　　　　》

(여러분의 의견은 많은 참고가 되었습니다.)

② あんなに低空(ていくう)を飛行(ひ)すると危(あぶ)ない。《　　　　》

(저렇게 저공을 비행하면 위험하다.)

③ これは空(そら)から撮(と)った航空写真(しゃしん)です。《　　　　》

(이것은 하늘에서 찍은 항공사진입니다.)

| 効 | 음훈 | 본받을 효 | 効 | | |
| | 日音 | コウ | | 日訓 | 効(き)く |

効果(こう か)	효과	時効(じ こう)	시효
効能(こう のう)	효능	特効(とっ こう)	특효
効力(こう りょく)	효력	有効(ゆう こう)	유효

| 校 | 음훈 | 학교 교 | | |
| | 日音 | コウ | 日訓 | ― |

校舎(こう しゃ)	교사	校長(こう ちょう)	교장
校歌(こう か)	교가	学校(がっ こう)	학교
校庭(こう てい)	교정	母校(ぼ こう)	모교

| 高 | 음훈 | 높을 고 | | |
| | 日音 | コウ | 日訓 | 高(たか)い |

高級(こう きゅう)	고급	高卒(こう そつ)	고졸
高校(こう こう)	고교	高齢(こう れい)	고령
高層(こう そう)	고층	最高(さい こう)	최고

練習

① 癌にまだ有効な薬はない。《　　　　》

（암에 아직 유효한 약은 없다.）

② 生徒が多くなったので、新しい校舎を建てた。《　　　　》

（학생이 많아져서 새 교사를 지었다.）

③ 富士山は日本の最高の山だ。《　　　　》

（후지산은 일본 최고의 산이다.）

음훈	항구 **항**		
日音	コウ	日訓	港(みなと)

港内(こう ない)	항내	空港(くう こう)	공항
港湾(こう わん)	항만	出港(しゅっ こう)	출항
漁港(ぎょ こう)	어항	貿易港(ぼう えき こう)	무역항

음훈	얽힐 **구**		
日音	コウ	日訓	構(かま)える

構成(こう せい)	구성	機構(き こう)	기구
構造(こう ぞう)	구조	虚構(きょ こう)	허구
構想(こう そう)	구상	結構(けっ こう)	짜임새

음훈	공 **공**		
日音	コウ・ク	日訓	―

功績(こう せき)	공적	成功(せい こう)	성공
功労(こう ろう)	공로	功徳(く どく)	공덕
功名(こう みょう)	공명		

練習

① 成田国際空港は千葉県にある。 《　　　》
(나리타 국제공항은 치바현에 있다.)

② 社会党の機構を改革する案がある。 《　　　》
(사회당의 기구를 개혁하는 안이 있다.)

③ あれは大学を造るのに功績のあった人の像です。 《　　　》
(저것은 대학을 만든 데 공적이 있었던 사람의 상입니다.)

음훈	대항할 **항**		
日音	コウ	日訓	—

抗議(こう ぎ)	항의	対抗(たい こう)	대항
抗争(こう そう)	항쟁	抵抗(てい こう)	저항
抗弁(こう べん)	항변	反抗(はん こう)	반항

음훈	칠 **공**		
日音	コウ	日訓	攻(せ)める

攻撃(こう げき)	공격	速攻(そっ こう)	속공
攻勢(こう せい)	공세	専攻(せん こう)	전공
攻守(こう しゅ)	공수	猛攻(もう こう)	맹공

음훈	고칠 **갱·경**		
日音	コウ	日訓	更(ふ)ける

更新(こう しん)	갱신	深更(しん こう)	심경
更生(こう せい)	갱생	変更(へん こう)	변경
更迭(こう てつ)	경질	更正(こう せい)	갱정

練習

① 核実験に抗議してデモをする。《　　　　》

(핵실험에 항의하며 데모를 하다.)

② 敵の攻撃があって、沢山の味方が死んだ。《　　　　》

(적의 공격이 있어 많은 아군이 죽었다.)

③ 予定を更新して今日行きます。《　　　　》

(예정을 바꿔 오늘 가겠습니다.)

음훈	다행 **행**		
日音	コウ	日訓	幸(さいわ)い

| 幸福(こう ふく) | 행복 | 多幸(た こう) | 다행 |
| 幸運(こう うん) | 행운 | 不幸(ふ こう) | 불행 |

음훈	두터울 **후**		
日音	コウ	日訓	厚(あつ)い

厚意(こう い)	후의	温厚(おん こう)	온후
厚生(こう せい)	후생	重厚(じゅう こう)	중후
厚情(こう じょう)	후정	濃厚(のう こう)	농후

음훈	임금 **황**		
日音	コウ・オウ	日訓	―

皇居(こう きょ)	황거	皇太子(こう たい し)	황태자
皇后(こう ごう)	황후	皇帝(こう てい)	황제
皇室(こう しつ)	황실	*天皇(てん のう)	천황

練習

① あれは両親が事故で死んだ不幸な子供です。《　　　　》
(저 아이는 부모가 사고로 죽은 불행한 아이입니다.)

② 厚生省は日本の国民の健康を担当している。《　　　　》
(후생성은 일본 국민의 건강을 담당하고 있다.)

③ 皇居は東京駅のそばにあります。《　　　　》
(황거/궁성은 도쿄 역 옆에 있습니다.)

음훈	기후 **후**		
日音	コウ	日訓	候(そうろ)う

候補(こう ほ)	후보	兆候(ちょう こう)	징후
気候(き こう)	기후	時候(じ こう)	시후
天候(てん こう)	날씨		

음훈	내릴 **강**, 항복할 **항**		
日音	コウ	日訓	降(ふ)る

降雨(こう う)	강우	滑降(かっ こう)	활강
降下(こう か)	강하	投降(とう こう)	투항
降参(こう さん)	항복	以降(い こう)	이후

음훈	편안할 **강**		
日音	コウ	日訓	—

健康(けん こう)	건강	小康(しょう こう)	소강

練習

① 今度の選挙に立候補する。《　　　》
(이번 선거에 입후보하다.)

② 卒業式以降には会っていない。《　　　》
(졸업식 이후에는 만나지 못했다.)

③ 健康のためにタバコを止めることにした。《　　　》
(건강을 위해 담배를 끊기로 했다.)

項 　음훈 조목 **항**　　日音 コウ　　日訓 —

項目(こう もく)	항목	別項(べっ こう)	별항
事項(じ こう)	사항	要項(よう こう)	요항
条項(じょう こう)	조항		

鉱 　음훈 쇳돌 **광**　鑛　　日音 コウ　　日訓 —

鉱業(こう ぎょう)	광업	鉱物(こう ぶつ)	광물
鉱山(こう ざん)	광산	鉱脈(こう みゃく)	광맥
鉱石(こう せき)	광석	金鉱(きん こう)	금광

興 　음훈 일어날 **흥**　　日音 コウ・キョウ　　日訓 興(おこ)る

興奮(こう ふん)	홍분	復興(ふっ こう)	부흥
興亡(こう ぼう)	홍망	興味(きょう み)	홍미
振興(しん こう)	진흥	余興(よ きょう)	여흥

練習

① 二つの事項について質問します。《　　　　》
　(두 개의 사항에 대해서 질문하겠습니다.)

② この地域は鉱業が盛んだ。《　　　　》
　(이 지역은 광업이 성하다.)

③ 夜コーヒーを飲むと興奮して眠れなくなる。《　　　　》
　(밤에 커피를 마시면 흥분되어 자지 못하게 된다.)

鋼

음훈	강철 **강**
日音	コウ
日訓	鋼(はがね)

鋼材(こう ざい)	강재	鋼管(こう かん)	강관
鋼鉄(こう てつ)	강철	鉄鋼(てっ こう)	철강
鋼板(こう ばん)	강판	製鋼(せい こう)	제강

講

음훈	익힐 **강**
日音	コウ
日訓	—

講演(こう えん)	강연	講師(こう し)	강사
講義(こう ぎ)	강의	休講(きゅう こう)	휴강
講習(こう しゅう)	강습	聴講(ちょう こう)	청강

号 號

음훈	부르짖을 **호**
日音	ゴウ
日訓	—

号令(ごう れい)	호령	信号(しん ごう)	신호
暗号(あん ごう)	암호	年号(ねん ごう)	연호
記号(き ごう)	기호	番号(ばん ごう)	번호

練習

① 新日鉄は日本一番の鉄鋼会社だ。《　　　　》
　(신일철은 일본 제일의 철강회사이다.)

② 彼女はこのごろ水泳の講習を受けている。《　　　　》
　(그녀는 요즘 수영강습을 받고 있다.)

③ 交通信号を守らないで運転してはならない。《　　　　》
　(교통신호를 지키지 않고 운전해서는 안 된다.)

合

음훈 합할 **합**

日音 ゴウ・ガッ 日訓 合(あ)う

合意(ごう い)	합의	総合(そう ごう)	종합
合同(ごう どう)	합동	連合(れん ごう)	연합
合理(ごう り)	합리	合併(がっ ぺい)	합병

豪

음훈 호걸 **호**

日音 ゴウ 日訓 ―

豪雨(ごう う)	호우	強豪(きょう ごう)	강호
豪華(ごう か)	호화	富豪(ふ ごう)	부호
豪傑(ごう けつ)	호걸	文豪(ぶん ごう)	문호

告

음훈 고할 **고**

日音 コク 日訓 告(つ)げる

告示(こく じ)	고시	報告(ほう こく)	보고
告白(こく はく)	고백	広告(こう こく)	광고
告発(こく はつ)	고발	勧告(かん こく)	권고

練習

① ソウル大学は国立総合大学だ。《　　　》

（서울대학은 국립종합대학이다.）

② 彼女は豪華な装飾を好む。《　　　》

（그녀는 호화스런 장식을 좋아한다.）

③ 会費をどのように使ったか、会計を報告する。《　　　》

（회비를 어떻게 썼는지 회계를 보고하다.）

国	음훈 나라 **국**	國
	日音 コク	日訓 くに

国際(こく さい)	국제	国内(こく ない)	국내
国民(こく みん)	국민	*国交(こっ こう)	국교
国産(こく さん)	국산	外国(がい こく)	외국

黒	음훈 검을 **흑**	
	日音 コク	日訓 黒(くろ)い

黒人(こく じん)	흑인	黒白(こく びゃく)	흑백
黒煙(こく えん)	흑연	暗黒(あん こく)	암흑
黒板(こく ばん)	흑판	漆黒(しっ こく)	칠흑

刻	음훈 새길 **각**	
	日音 コク	日訓 刻(きざ)む

刻印(こく いん)	각인	深刻(しん こく)	심각
*刻苦(こっ く)	각고	時刻(じ こく)	시각
彫刻(ちょう こく)	조각	遅刻(ち こく)	지각

練習

① 国会議員は国民の代表である。 《　　　》
(국회의원은 국민의 대표이다.)

② 「深い川」というのは黒人の有名な歌だ。 《　　　》
(「깊은 강」이라는 것은 흑인의 유명한 노래이다.)

③ 水不足は深刻な問題だ。 《　　　》
(물 부족은 심각한 문제이다.)

음훈	이제 금		
日音	コン・キン	日訓	今(いま)

今回(こん かい)	금회	今月(こん げつ)	금월
今後(こん ご)	금후	昨今(さっ こん)	작금
今日(こん にち)	오늘날	古今(こ きん)	고금

음훈	곤할 곤		
日音	コン	日訓	困(こま)る

困苦(こん く)	곤구	困惑(こん わく)	곤혹
困窮(こん きゅう)	곤궁	貧困(ひん こん)	빈곤
困難(こん なん)	곤란		

음훈	뿌리 근		
日音	コン	日訓	根(ね)

根拠(こん きょ)	근거	根性(こん じょう)	근성
根源(こん げん)	근원	根絶(こん ぜつ)	근절
根本(こん ぽん)	근본	禍根(か こん)	화근

練習

① 人口が増えれば、今後は深刻な問題が起こるだろう。《　　》
(인구가 늘면 앞으로는 심각한 문제가 일어날 것이다.)

② 困難な家庭で育った子供を勉強させる。《　　　》
(곤란한 가정에서 자란 아이를 공부시키다.)

③ 問題を初めから根本的に接近する。《　　　》
(문제를 처음부터 근본적으로 접근하다.)

婚	음훈 혼인 **혼**		
	日音 コン	日訓 —	

婚姻(こん いん)	혼인	結婚(けっ こん)	결혼
婚約(こん やく)	혼약	新婚(しん こん)	신혼
婚礼(こん れい)	혼례		

混	음훈 섞일 **혼**		
	日音 コン	日訓 混(ま)じる	

混合(こん ごう)	혼합	混乱(こん らん)	혼란
混雑(こん ざつ)	혼잡	混同(こん どう)	혼동
混血(こん けつ)	혼혈	混線(こん せん)	혼선

懇	음훈 간절할 **간**		
	日音 コン	日訓 —	

懇意(こん い)	간의	懇望(こん ぼう)	간망
懇願(こん がん)	간원	懇談会(こん だん かい)	간담회
懇切(こん せつ)	간절		

練習

① 結婚式には大勢に親類が招待された。《　　　》
(결혼식에는 많은 친척이 초대되었다.)

② 新宿駅はいつも混雑している。《　　　》
(신주쿠 역은 늘 혼잡하다.)

③ 先生との懇談会を開くことにした。《　　　》
(선생님과의 간담회를 열기로 했다.)

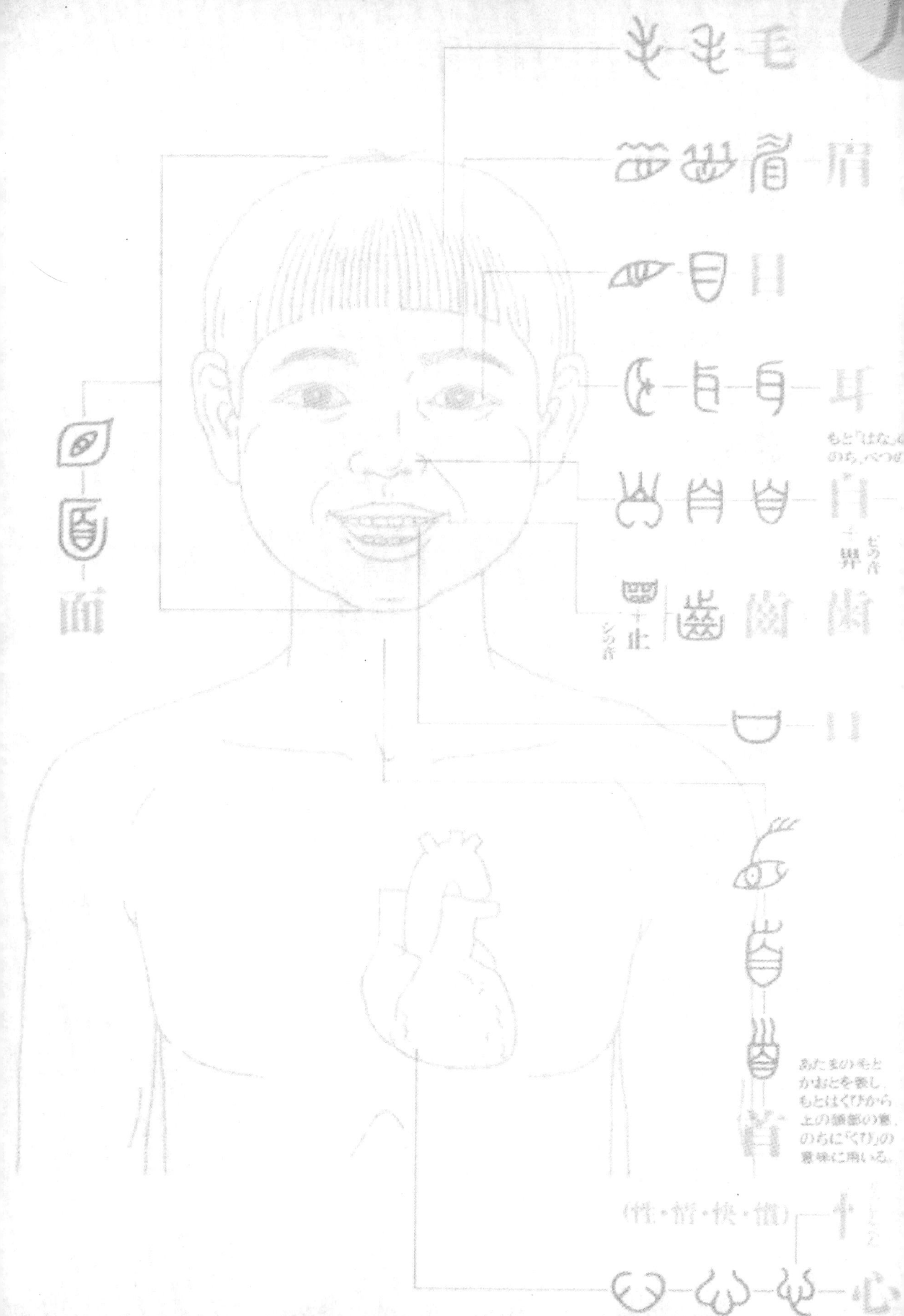

毛
眉
目
自
鼻
歯
耳
口
面
首
心

さ行

<table>
<tr><td colspan="2" align="center">苦肉の策</td></tr>
<tr><td colspan="2" align="center">くにくのさく</td></tr>
<tr><td>出典</td><td>「三国志演義」</td></tr>
<tr><td>場面</td><td>赤壁の戦いの時、呉の老将黄蓋は周瑜にわざと罰せられて傷を負い曹操に投降を申し入れた。呉の関沢の策謀も功を奏し曹操は黄蓋の投降を許す。黄蓋は投降すると見せかけて曹操軍に火計をしかけ緒戦で勝利をものにした。</td></tr>
</table>

<table>
<tr><td align="center">解　説</td></tr>
<tr><td>正史に記述はない。意味は自分の肉体を苦しめて成功を手に入れようとすることである。通常は追いつめられた状態で使う。まぁ多少の犠牲もなしに成功しようと思うほうがおかしいと思うが。</td></tr>
</table>

<table>
<tr><td align="center">用　例</td></tr>
<tr><td>一郎　ぬあー！明日試験だと言うのに何も勉強してねー！
太郎　おいおい、今からどうするつもりなんだ？
一郎　こうなったら苦肉の策。わざと車にひかれて試験を休む！
太郎　そんなことしても試験をずらしてもらえるとはおもえんが。</td></tr>
</table>

差　음훈 어긋날 **차**　日音 サ　日訓 差(さ)す

差異(さ い)	차이	格差(かく さ)	격차
差額(さ がく)	차액	交差(こう さ)	교차
差別(さ べつ)	차별	時差(じ さ)	시차

左　음훈 왼 **좌**　日音 サ　日訓 左(ひだり)

左傾(さ けい)	좌경	左右(さ ゆう)	좌우
左翼(さ よく)	좌익	左折(さ せつ)	좌절
左遷(さ せん)	좌천	極左(きょく さ)	극좌

査　음훈 조사할 **사**　日音 サ　日訓 ―

査察(さ さつ)	사찰	捜査(そう さ)	수사
検査(けん さ)	검사	調査(ちょう さ)	조사
考査(こう さ)	고사	探査(たん さ)	탐사

練習

① 人種のよって差別することはよくない。《　　　　》
　（인종에 따라서 차별하는 것은 좋지 않다.）

② 左翼系の学生たちが試験をボイコットした。《　　　　》
　（좌익계 학생들이 시험을 보이콧했다.）

③ 犯人の捜査に警察では犬を使うこともある。《　　　　》
　（범인 수사에 경찰에서는 개를 사용하는 경우도 있다.）

	음훈	앉을 **좌**		
座	日音 サ		日訓 座(すわ)る	

座席(ざ せき)	좌석	正座(せい ざ)	정좌
座談(ざ だん)	좌담	星座(せい ざ)	성좌
座右(ざ ゆう)	좌우	連座(れん ざ)	연좌

	음훈	두 **재**		
再	日音 サイ		日訓 再(ふたた)び	

再会(さい かい)	재회	再現(さい げん)	재현
再開(さい かい)	재개	再選(さい せん)	재선
再建(さい けん)	재건	再考(さい こう)	재고

	음훈	건널 **제**	濟	
済	日音 サイ		日訓 ―	

救済(きゅう さい)	구제	決済(けっ さい)	결제
共済(きょう さい)	공제	返済(へん さい)	반제
*経済(けい ざい)	경제	弁済(べん さい)	변제

練習

① 朝早く図書館へ行って座席を取る。《　　　　》
　(아침 일찍 도서관에 가서 자리를 잡다.)

② 会議は十分休んで再開された。《　　　　》
　(회의는 10분 쉬고 재개되었다.)

③ 日本の経済は戦後ひじょうに成長した。《　　　　》
　(일본 경제는 전후 무척 성장했다.)

음훈	가장 **최**		
日音	サイ	日訓	最(もっと)も

最近(さい きん)	최근	最初(さい しょ)	최초
最高(さい こう)	최고	最終(さい しゅう)	최종
最後(さい ご)	최후	最大(さい だい)	최대

음훈	마를 **재**		
日音	サイ	日訓	裁(さば)く

裁断(さい だん)	재단	制裁(せい さい)	제재
裁判(さい ばん)	재판	総裁(そう さい)	총재
裁縫(さい ほう)	재봉	仲裁(ちゅう さい)	중재

음훈	사이 **제**		
日音	サイ	日訓	際(きわ)

際会(さい かい)	제회	国際(こく さい)	국제
際限(さい げん)	제한	実際(じっ さい)	실제
交際(こう さい)	교제	*分際(ぶん ざい)	분수

練習

① 最近は男も女も同じような服装をする。《　　　　》
(요즘에는 남자도 여자도 똑같은 복장을 한다.)

② 自民党の総裁は公選で決める。《　　　　》
(자민당의 총재는 공선으로 정한다.)

③ 前から知っていたが、実際に見たのは始めてだ。《　　　　》
(전부터 알고 있었지만, 실제로 본 것은 처음이다.)

才			
음훈 재주 **재**			
日音 サイ		**日訓** —	

才気(さい き)	재기	秀才(しゅう さい)	수재
才能(さい のう)	재능	天才(てん さい)	천재
才幹(さい かん)	재간	頓才(とん さい)	둔재

妻			
음훈 아내 **처**			
日音 サイ		**日訓** 妻(つま)	

妻子(さい し)	처자	恐妻家(きょう さい か)	공처가
愛妻(あい さい)	애처	良妻(りょう さい)	양처
夫妻(ふ さい)	부처	悪妻(あく さい)	악처

採		探	
음훈 캘 **채**			
日音 サイ		**日訓** 採(と)る	

採決(さい けつ)	채결	採用(さい よう)	채용
採鉱(さい こう)	채광	採択(さい たく)	채택
採集(さい しゅう)	채집	伐採(ばっ さい)	벌채

練習

① 彼は子供の時から音楽に才能があった。《　　　　》

(그는 어릴 때부터 음악에 재능이 있었다.)

② キュリー夫妻はラジウムを発見した。《　　　　》

(퀴리 부처는 라듐을 발견했다.)

③ 彼女は銀行の採用試験に合格した。《　　　　》

(그녀는 은행 채용시험에 합격했다.)

음훈	제사 **제**		
日音	サイ	日訓	祭(まつ)り

祭日(さい じつ)	제일	祝祭(しゅく さい)	축제
祭壇(さい だん)	제단	前夜祭(ぜん や さい)	전야제
祭典(さい てん)	제전	文化祭(ぶん か さい)	문화제

음훈	가늘 **세**		
日音	サイ	日訓	細(ほそ)い

細菌(さい きん)	세균	詳細(しょう さい)	상세
細心(さい しん)	세심	微細(び さい)	미세
細胞(さい ぼう)	세포	零細(れい さい)	영세

음훈	빚 **채**		
日音	サイ	日訓	—

債券(さい けん)	채권	国債(こく さい)	국채
債権(さい けん)	채권	公債(こう さい)	공채
債務(さい む)	채무	負債(ふ さい)	부채

練習

① 来週の水曜日は祭日で学校は休みです。《　　　　　》
(다음 주 수요일은 경축일로 학교는 쉽니다.)

② 新聞は事件について詳細に報道した。《　　　　　》
(신문은 사건에 대해서 상세히 보도했다.)

③ 会社が倒産して債権者が殺到した。《　　　　　》
(회사가 도산하여 채권자가 쇄도했다.)

음훈	재촉할 **최**		
日音	サイ	日訓	催(もよお)す

| 催促(さい そく) | 재촉 | 開催(かい さい) | 개최 |
| 催眠(さい みん) | 최면 | 主催(しゅ さい) | 주최 |

음훈	해 **세**		
日音	サイ・セイ	日訓	―

歳月(さい げつ)	세월	歳費(さい ひ)	세비
歳末(さい まつ)	세말	歳暮(せい ぼ)	세모
何歳(なん さい)	몇살		

음훈	있을 **재**		
日音	ザイ	日訓	在(あ)る

在学(ざい がく)	재학	現在(げん ざい)	현재
在宅(ざい たく)	재택	存在(そん ざい)	존재
在留(ざい りゅう)	재류	滞在(たい ざい)	체재

練習

① 大使の主催でパーティーが開かれた。《　　　　》
(대사의 주최로 파티가 열렸다.)

② 知人から今年もお歳暮が送られきた。《　　　　》
(아는 사람이 올해도 세모 선물을 보내왔다.)

③ 宇宙の生命の存在を証明するために努力する。《　　　　》
(우주 생명의 존재를 증명하기 위해 노력하다.)

材

음훈 재목 **재**

日音 ザイ **日訓** —

材質(ざい しつ)	재질	取材(しゅ ざい)	취재
材木(ざい もく)	재목	素材(そ ざい)	소재
材料(ざい りょう)	재료	人材(じん ざい)	인재

剤

음훈 약지을 **제** 劑

日音 ザイ **日訓** —

錠剤(じょう ざい)	정제	薬剤(やく ざい)	약제
洗剤(せん ざい)	세제	消化剤(しょう か ざい)	소화제
調剤(ちょう ざい)	조제	ビタミン剤(ざい)	비타민제

罪

음훈 허물 **죄**

日音 ザイ **日訓** 罪(つみ)

罪悪(ざい あく)	죄악	犯罪(はん ざい)	범죄
罪人(ざい にん)	죄인	謝罪(しゃ ざい)	사죄
罪名(ざい めい)	죄명	無罪(む ざい)	무죄

練習

① アイスクリームの材料は卵と牛乳と砂糖です。《　　　　》
（아이스크림의 재료는 계란과 우유와 설탕입니다.)

② 薬師さんが風邪薬を調剤してくれた。《　　　　》
（약사 아저씨가 감기약을 조제해 주었다.)

③ 青少年の犯罪が多くなった。《　　　　》
（청소년 범죄가 많아졌다.)

음훈	지을 **작**		
日音	サク・サ	日訓	作(つく)る

作成(さく せい)	작성	製作(せい さく)	제작
作品(さく ひん)	작품	創作(そう さく)	창작
作戦(さく せん)	작전	動作(どう さ)	동작

음훈	어제 **작**		
日音	サク	日訓	―

昨年(さく ねん)	작년	昨今(さっ こん)	작금
昨日(さく じつ)	작일		

음훈	꾀 **책**		
日音	サク	日訓	―

策動(さく どう)	책동	画策(かく さく)	획책
策謀(さく ぼう)	책모	政策(せい さく)	정책
策略(さく りゃく)	책략	対策(たい さく)	대책

練習

① この映画は学生が制作した。《　　　　》
(이 영화는 학생이 제작했다.)

② 兄は昨年結婚しました。《　　　　》
(형은 작년에 결혼했습니다.)

③ 総選挙の時、各党は政策や公約を発表する。《　　　　》
(총선거 때 각당은 정책이나 공약을 발표한다.)

札 〔음훈〕 편지 **찰**

〔日音〕 サツ 〔日訓〕 札(ふだ)

改札(かい さつ)	개찰	入札(にゅう さつ)	입찰
鑑札(かん さつ)	감찰	表札(ひょう さつ)	표찰
検札(けん さつ)	검찰	落札(らく さつ)	낙찰

殺 〔음훈〕 죽일 **살**, 감할 **쇄**   殺

〔日音〕 サツ・ソウ・セツ 〔日訓〕 殺(ころ)す

殺人(さつ じん)	살인	自殺(じ さつ)	자살
殺害(さつ がい)	살해	相殺(そう さい)	상쇄
*殺菌(さっ きん)	살균	殺生(せっ しょう)	살생

察 〔음훈〕 살필 **찰**

〔日音〕 サツ 〔日訓〕 —

観察(かん さつ)	관찰	検察(けん さつ)	검찰
考察(こう さつ)	고찰	診察(しん さつ)	진찰
視察(し さつ)	시찰	洞察(どう さつ)	통찰

練習

① 汽車が出る十分前に改札します。《　　　》

(기차가 떠나기 10분전에 개찰하겠습니다.)

② 小学生の自殺は大きな社会問題だ。《　　　》

(초등학생의 자살은 커다란 사회문제이다.)

③ 彼が一ヶ月間海外へ視察旅行に行く。《　　　》

(그가 1개월간 해외에 시찰여행을 간다.)

	음훈	섞일 **잡**	雑
	日音	ザツ・ゾウ	日訓 ―

雑役(ざっ えき)	잡역	複雑(ふく ざつ)	복잡
雑務(ざつ む)	잡무	混雑(こん ざつ)	혼잡
*雑誌(ざっ し)	잡지	雑木(ぞう き)	잡목

	음훈	뫼 **산**	
	日音	サン・ザン	日訓 山(やま)

山河(さん が)	산하	火山(か ざん)	화산
山頂(さん ちょう)	산정	高山(こう ざん)	고산
山脈(さん みゃく)	산맥	登山(と ざん)	등산

	음훈	참여할 **참**	参
	日音	サン	日訓 ―

参加(さん か)	참가	参拝(さん ぱい)	참배
参考(さん こう)	참고	参列(さん れつ)	참렬
参照(さん しょう)	참조	降参(こう さん)	항복

練習

① 電車の中では雑誌を読んでいる人が多い。《　　　》
(전차 안에서는 잡지를 읽고 있는 사람이 많다.)

② 夏休みにはアルプスへ登山に行きます。《　　　》
(여름방학에는 알프스에 등산을 갑니다.)

③ 今日の会は皆が参加して、とても楽しかった。《　　　》
(오늘 모임은 모두가 참가해서 매우 즐거웠다.)

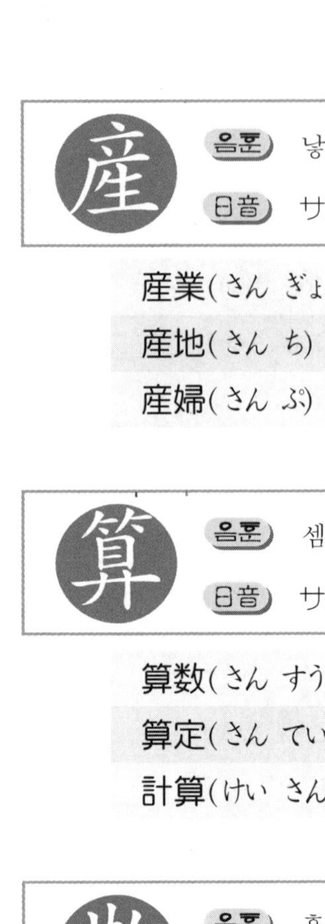

産

음훈 낳을 **산**

日音 サン　　　**日訓** 産(う)む

産業(さん ぎょう)	산업	生産(せい さん)	생산
産地(さん ち)	산지	財産(ざい さん)	재산
産婦(さん ぷ)	산부	国産(こく さん)	국산

算

음훈 셈할 **산**

日音 サン　　　**日訓** ―

算数(さん すう)	산수	予算(よ さん)	예산
算定(さん てい)	산정	決算(けっ さん)	결산
計算(けい さん)	계산	打算(だ さん)	타산

散

음훈 흩어질 **산**

日音 サン　　　**日訓** 散(ち)らす

散会(さん かい)	산회	解散(かい さん)	해산
散在(さん ざい)	산재	拡散(かく さん)	확산
散歩(さん ぽ)	산책		

① 地震のあと、工場は生産をすぐ再開した。《　　　》

(지진 후 공장은 생산을 곧 재개했다.)

② 国の予算は年々大きくなる。《　　　》

(나라의 예산은 해마다 커진다.)

③ 核兵器が拡散することを防止する。《　　　》

(핵무기가 확산되는 것을 방지하다.)

음훈	칭찬할 **찬**		
日音	サン	日訓	―

賛辞(さん じ)	찬사	賛同(さん どう)	찬동
賛成(さん せい)	찬성	協賛(きょう さん)	협찬
賛美(さん び)	찬미	絶賛(ぜっ さん)	절찬

음훈	남을 **잔**		
日音	ザン	日訓	残(のこ)る

残業(ざん ぎょう)	잔업	残高(ざん だか)	잔고
残金(ざん きん)	잔금	残念(ざん ねん)	유감
残酷(ざん こく)	잔혹	残留(ざん りゅう)	잔류

음훈	아들 **자**		
日音	シ・ス	日訓	子(こ)

子孫(し そん)	자손	電子(でん し)	전자
女子(じょ し)	여자	調子(ちょう し)	상태
男子(だん し)	남자	椅子(い す)	의자

練習

① あなたの意見に賛成します。 《　　　》
(당신의 의견에 찬성합니다.)

② 試験に失敗してしまって残念だ。 《　　　》
(시험에 실패해 버려서 유감이다.)

③ 男女共学でも、運動は男子と女子は別々やる。 《　　　》
(남녀공학에서도 운동은 남자와 여자는 따로따로 한다.)

	음훈 선비 **사**	
士	日音 シ	日訓 ―

士官(し かん)	사관	名士(めい し)	명사
紳士(しん し)	신사	武士(ぶ し)	무사
運転士(うん てん し)	운전사	博士(はく し)	박사

	음훈 지탱할 **지**	
支	日音 シ	日訓 支(ささ)える

支給(し きゅう)	지급	支社(し しゃ)	지사
支持(し じ)	지지	支出(し しゅつ)	지출
支店(し てん)	지점	収支(しゅう し)	수지

	음훈 그칠 **지**	
止	日音 シ	日訓 止(と)まる

止血(し けつ)	지혈	停止(てい し)	정지
禁止(きん し)	금지	終止(しゅう し)	종지
防止(ぼう し)	방지	中止(ちゅう し)	중지

練習

① あの紳士がスミス教授です。《　　　》
(저 신사가 스미스 교수입니다.)

② 国民に支持される政党でなければならない。《　　　》
(국민에게 지지받는 정당이 아니면 안 된다.)

③ 料金を払わないと、電話の通話が停止される。《　　　》
(요금을 지불하지 않으면 전화통화가 정지된다.)

음훈	성 **씨**		
日音	シ	日訓	氏(うじ)

氏族(し ぞく)	씨족	諸氏(しょ し)	제씨
氏名(し めい)	씨명	両氏(りょう し)	양씨

음훈	벼슬 **사**		
日音	シ・ジ	日訓	仕(つか)える

仕方(し かた)	방법	奉仕(ほう し)	봉사
仕事(し ごと)	일	給仕(きゅう じ)	급사
仕官(し かん)	사관		

음훈	저자 **시**		
日音	シ	日訓	市(いち)

市街(し がい)	시가	市長(し ちょう)	시장
市場(し じょう)	시장	市内(し ない)	시내
市民(し みん)	시민	都市(と し)	도시

練習

① 申込書には氏名をローマ字で書いてください。《　　　　》

(신청서에는 성명을 로마자로 써 주세요.)

② 日曜日は仕事がないので、朝遅く起きる。《　　　　》

(일요일은 일이 없어서 아침 늦게 일어난다.)

③ 市長はその市民が選ぶ。《　　　　》

(시장은 그 시민이 뽑는다.)

死	음훈	죽을 **사**		
	日音 シ		日訓 死(し)ぬ	

死活(し かつ)	사활	急死(きゅう し)	급사
死者(し しゃ)	사자	決死(けっ し)	결사
死亡(し ぼう)	사망	必死(ひっ し)	필사

私	음훈	사사로울 **사**		
	日音 シ		日訓 私(わたくし)	

私事(し じ)	사사	私立(し りつ)	사립
私設(し せつ)	사설	私鉄(し てつ)	사철
私的(し てき)	사적	公私(こう し)	공사

使	음훈	하여금 **사**		
	日音 シ		日訓 使(つか)う	

使役(し えき)	사역	大使(たい し)	대사
使用(し よう)	사용	駆使(く し)	구사
使節(し せつ)	사절	酷使(こく し)	혹사

練習

① 交通事故の死者は年々少なくなっている。《　　　　》
（교통사고의 사망자는 해마다 줄고 있다.）

② 小田急や京王線は私鉄だ。《　　　　》
（오다큐나 게이오 선은 사철이다.）

③ 学生はこちらの玄関を使用してください。《　　　　》
（학생은 이쪽 현관을 사용해 주세요.）

음훈	비로소 **시**		
日音 シ		日訓 始(はじ)める	

始業(し ぎょう)	시업	開始(かい し)	개시
始終(し じゅう)	시종	原始(げん し)	원시
始末書(し まつ しょ)	시말서	創始(そう し)	창시

음훈	생각 **사**		
日音 シ		日訓 思(おも)う	

思考(し こう)	사고	思慕(し ぼ)	사모
思案(し あん)	사안	意思(い し)	의사
思想(し そう)	사상	不思議(ふ し ぎ)	이상함

음훈	손가락 **지**		
日音 シ		日訓 指(ゆび)	

指圧(し あつ)	지압	指定(し てい)	지정
指揮(し き)	지휘	指導(し どう)	지도
指示(し じ)	지시	指紋(し もん)	지문

練習

① 試験は午前九時に開始します。《　　　　》
(시험은 오전 9시에 개시합니다.)

② きのう不思議な出来事があった。《　　　　》
(어제 이상한 사건이 있었다.)

③ リポートは指定した用紙に書いてください。《　　　　》
(리포트는 지정한 용지에 써 주세요.)

施	음훈	베풀 **시**		
	日音	シ	日訓	施(ほどこ)す

施工(し こう)	시공	施政(し せい)	시정
施行(し こう)	시행	施策(し さく)	시책
施設(し せつ)	시설	実施(じっ し)	실시

師	음훈	스승 **사**		
	日音	シ	日訓	—

師弟(し てい)	사제	教師(きょう し)	교사
恩師(おん し)	은사	医師(い し)	의사
技師(ぎ し)	기사	講師(こう し)	강사

紙	음훈	종이 **지**		
	日音	シ	日訓	紙(かみ)

紙幣(し へい)	지폐	用紙(よう し)	용지
紙面(し めん)	지면	新聞紙(しん ぶん し)	신문지
白紙(はく し)	백지	機関紙(き かん し)	기관지

練習

① 試験は来月の三日に実施する。《　　　》
(시험은 다음 달 3일에 실시한다.)

② この学校には数学の教師が大勢いる。《　　　》
(이 학교에는 수학 교사가 많이 있다.)

③ 「赤旗」は共産党の機関紙だ。《　　　》
(「적기」는 공산당의 기관지이다.)

視

음훈　볼 **시**

日音　シ　　　日訓　—

視覚(し かく)	시각	監視(かん し)	감시
視察(し さつ)	시찰	無視(む し)	무시
視力(し りょく)	시력	警視庁(けい し ちょう)	경시청

試

音訓　시험할 **시**

日音　シ　　　日訓　試(こころ)みる

試験(し けん)	시험	試食(し しょく)	시식
試合(し あい)	시합	試運転(し うん てん)	시운전
試作(し さく)	시작	入試(にゅう し)	입시

資

음훈　재물 **자**

日音　シ　　　日訓　—

資格(し かく)	자격	資料(し りょう)	자료
資金(し きん)	자금	投資(とう し)	투자
資本(し ほん)	자본	融資(ゆう し)	융자

練習

① 警視庁や国会は皇居のそばにある。《　　　　》

（경시청이나 국회는 궁성 옆에 있다.）

② 私立大学の入学試験が始まった。《　　　　》

（사립대학의 입학시험이 시작되었다.）

③ 父とおじが投資して新しい会社を作った。《　　　　》

（아버지와 아저씨가 투자하여 새 회사를 만들었다.）

史

음훈	사기 **사**		
日音	シ	日訓	―

史実(し じつ)	사실	歴史(れき し)	역사
史上(し じょう)	사상	女史(じょ し)	여사
史学(し がく)	사학	国史(こく し)	국사

司

음훈	맡을 **사**		
日音	シ	日訓	―

司会(し かい)	사회	司書(し しょ)	사서
司令(し れい)	사령	司直(し ちょく)	사직
司法(し ほう)	사법	上司(じょう し)	상사

糸

음훈	실 **사**	絲	
日音	シ	日訓	糸(いと)

絹糸(けん し)	견사	生糸(せい し・き いと)	생사
製糸(せい し)	제사	毛糸(け いと)	털실

練習

① 韓国と日本の関係の歴史を勉強する。《　　　　》
　(한국과 일본 관계의 역사를 공부하다.)

② 忘年会の司会は野村さんがやります。《　　　　》
　(망년회의 사회는 노무라 씨가 합니다.)

③ これは生糸で織った絹織物です。《　　　　》
　(이것은 생사로 짠 견직물입니다.)

음훈	뜻 **지**		
日音	シ	日訓	志(こころざ)す

志願(し がん)	지원	有志(ゆう し)	유지
志望(し ぼう)	지망	初志(しょ し)	초지
意志(い し)	의지	同志(どう し)	동지

음훈	찌를 **자**		
日音	シ	日訓	刺(さ)す

刺激(し げき)	자극	風刺(ふう し)	풍자
刺傷(し しょう)	자상	名刺(めい し)	명함
刺繍(し しゅう)	자수		

음훈	맵시 **자**		
日音	シ	日訓	姿(すがた)

姿勢(し せい)	자세	容姿(よう し)	용자
姿態(し たい)	자태	雄姿(ゆう し)	웅자

練習

① 志望していた大学に入れて嬉しい。《　　　　》
(지망했던 대학에 들어가 기쁘다.)

② コーヒーは刺激が強いから、子供にはよくない。《　　　　》
(커피는 자극이 강해서 어린이에게는 좋지 않다.)

③ そんな悪い姿勢で本を読んではいけない。《　　　　》
(그런 나쁜 자세로 책을 읽어서는 안 된다.)

	음훈	기록할 **지**		
誌	日音	シ	日訓	―

誌面(し めん)	지면	月刊誌(げっ かん し)	월간지
雑誌(ざっ し)	잡지	週刊誌(しゅう かん し)	주간지
日誌(にっ し)	일지		

	음훈	보일 **시**		
示	日音	ジ・シ	日訓	示(しめ)す

示威(じ い)	시위	指示(し じ)	지시
示談(じ だん)	시담	示唆(し さ)	시사

	음훈	버금 **차**		
次	日音	ジ・シ	日訓	次(つぎ)

次回(じ かい)	다음 회	次官(じ かん)	차관
次元(じ げん)	차원	目次(もく じ)	목차
次席(じ せき)	차석	次第(し だい)	순서

練習

① 駅の売店で週刊誌を買って読む。《　　　　　》
(역 매점에서 주간지를 사서 읽다.)

② 答えは指示されたところに書いて下さい。《　　　　　》
(답은 지시된 곳에 적으세요)

③ 政務次官が更迭される。《　　　　　》
(정무차관이 경질되다.)

自	음훈 스스로 **자**	
	日音 ジ・シ	日訓 自(みずか)ら

自動(じ どう)	자동	自費(じ ひ)	자비
自分(じ ぶん)	자기	各自(かく じ)	각자
自由(じ ゆう)	자유	自然(し ぜん)	자연

事	음훈 일 **사**	
	日音 ジ・ズ	日訓 事(こと)

事件(じ けん)	사건	事務(じ む)	사무
事故(じ こ)	사고	無事(ぶ じ)	무사
事実(じ じつ)	사실	好事家(こう ず か)	호사가

治	음훈 다스릴 **치**	
	日音 ジ・チ	日訓 治(なお)る

政治(せい じ)	정치	治療(ち りょう)	치료
明治(めい じ)	명치	自治(じ ち)	자치
治安(ち あん)	치안	統治(とう ち)	통치

練習

① 日本では思想や言論は自由である。《　　　　》
(일본에서는 사상과 언론은 자유이다.)

② 明快に事件を解決する。《　　　　》
(명쾌하게 사건을 해결하다.)

③ 日本では政党による政治が行なわれている。《　　　　》
(일본에서는 정당에 의한 정치가 행해지고 있다.)

	음훈	가질 **지**
持	日音 ジ	日訓 持(も)つ

持参(じ さん)	지참	支持(し じ)	지지
持続(じ ぞく)	지속	維持(い じ)	유지
持久力(じ きゅう りょく)	지구력	所持(しょ じ)	소지

	음훈	때 **시**
時	日音 ジ	日訓 とき

時間(じ かん)	시간	時代(じ だい)	시대
時刻(じ こく)	시각	当時(とう じ)	당시
時差(じ さ)	시차	日時(にち じ)	일시

	음훈	글자 **자**
字	日音 ジ	日訓 字(あざ)

字画(じ かく)	자획	文字(も じ)	문자
字体(じ たい)	자체	活字(かつ じ)	활자
英字(えい じ)	영자	数字(すう じ)	숫자

練習

① 健康を維持するために運動をする。《　　　　》
(건강을 유지하기 위해 운동을 하다.)

② 電話のかけ方を知らないなんて時代遅れだ。《　　　　》
(전화 거는 법을 모르다니 시대에 뒤떨어졌다.)

③ 文字を持たない民族もある。《　　　　》
(문자를 갖지 못한 민족도 있다.)

	음훈	절 **사**		
寺	日音	ジ	日訓	寺(てら)

寺院(じ いん)　　　사원　　　東大寺(とう だい じ)　　　동대사

	음훈	아이 **아**	兒	
児	日音	ジ・ニ	日訓	―

児童(じ どう)　　　아동　　　男児(だん じ)　　　남아

育児(いく じ)　　　육아　　　女児(じょ じ)　　　여아

幼児(よう じ)　　　유아　　　小児(しょう に)　　　소아

	음훈	말 **사**	辭	
辞	日音	ジ	日訓	辞(や)める

辞書(じ しょ)　　　사전　　　辞表(じ ひょう)　　　사표

辞典(じ てん)　　　사전　　　辞任(じ にん)　　　사임

辞職(じ しょく)　　　사직　　　祝辞(しゅく じ)　　　축사

練習

① 奈良の東大寺は1200年前に建てられた寺だ。《　　　　》

　　（나라의 동대사는 1200년전에 세워진 절이다.）

② 小学生は児童、中学生は生徒、大学生は学生という。《　　》

　　（초등학생은 아동, 중학생은 생도, 대학생은 학생이라고 한다.）

③ 病気の理由で委員長を辞任する。《　　　　》

　　（병 때문에 위원장을 사임하다.）

式

음훈　법 **식**

日音　シキ　　　　日訓　—

式辞(しき じ)	식사	株式(かぶ しき)	주식
式典(しき てん)	식전	正式(せい しき)	정식
形式(けい しき)	형식	方式(ほう しき)	방식

識

음훈　알 **식**

日音　シキ　　　　日訓　—

識見(しき けん)	식견	常識(じょう しき)	상식
識別(しき べつ)	식별	認識(にん しき)	인식
意識(い しき)	의식	知識(ち しき)	지식

室

음훈　집 **실**

日音　シツ　　　　日訓　室(むろ)

室内(しつ ない)	실내	教室(きょう しつ)	교실
*室長(しつ ちょう)	실장	居室(きょ しつ)	거실
暗室(あん しつ)	암실	寝室(しん しつ)	침실

練習

① 葬式には黒い服装をするのが正式だ。《　　　　　》

（장례식에는 검은 복장을 하는 것이 정식이다.）

② 試合の後半から勝ちを意識しはじめた。《　　　　　》

（시합 후반부터 승리를 의식하기 시작했다.）

③ 私たちはあの教室で勉強します。《　　　　　》

（우리들은 저 교실에서 공부합니다.）

음훈	바탕 **질**		
日音	シツ・チ	日訓	―

質問(しつ もん)	질문	事実(じ じつ)	사실
実質(じっ しつ)	실질	品質(ひん しつ)	품질
性質(せい しつ)	성질	言質(げん ち)	언질

음훈	잡을 **집**		
日音	シツ・シュウ	日訓	執(と)る

執務(しつ む)	집무	*執刀(しっ とう)	집도
*執行(しっ こう)	집행	固執(こ しつ)	고집
執筆(しっ ぴつ)	집필	執念(しゅう ねん)	집념

음훈	열매 **실**	實	
日音	ジツ	日訓	―

実力(じつ りょく)	실력	*実際(じっ さい)	실제
*実験(じっ けん)	실험	現実(げん じつ)	현실
*実施(じっ し)	실시	事実(じ じつ)	사실

練習

① この品物（しなもの）は 品質がよくない。《　　　　》

（이 물건은 품질이 좋지 않다.）

② あの人（ひと）は今（いま）新（あたら）しい小説（しょうせつ）を 執筆している。《　　　　》

（저 사람은 지금 새로운 소설을 집필하고 있다.）

③ 料理（りょうり）は 実際に食（た）べてみなくては 分（わ）からない。《　　　　》

（요리는 실제로 먹어보지 않고서는 모른다.）

음훈	베낄 **사**	寫
日音 シャ	日訓 写(うつ)す	

写真(しゃ しん)	사진	映写(えい しゃ)	영사
写生(しゃ せい)	사생	複写(ふく しゃ)	복사
写実(しゃ じつ)	사실	模写(も しゃ)	모사

음훈	모일 **사**	社
日音 シャ	日訓 社(やしろ)	

社会(しゃ かい)	사회	社長(しゃ ちょう)	사장
社員(しゃ いん)	사원	会社(かい しゃ)	회사
社交(しゃ こう)	사교	本社(ほん しゃ)	본사

음훈	수레 **차·거**	
日音 シャ	日訓 車(くるま)	

車庫(しゃ こ)	차고	下車(げ しゃ)	하차
車輪(しゃ りん)	차륜	列車(れっ しゃ)	열차
電車(でん しゃ)	전차	乗用車(じょう よう しゃ)	승용차

練習

① 卒業式のあとでみんなで写真を撮った。《　　　　》

  (졸업식 후에 모두 함께 사진을 찍었다.)

② 小さい会社でも社長は社長だ。《　　　　》

  (작은 회사라도 사장은 사장이다.)

③ 切符は下車駅の改札口で駅員に渡して下さい。《　　　　》

  (표는 하차역의 개찰구에서 역무원에게 건네 주세요.)

者	음훈 놈 **자**	者	
	日音 シャ	日訓 もの	

記者(き しゃ)	기자	学者(がく しゃ)	학자
読者(どく しゃ)	독자	医者(い しゃ)	의사
*患者(かん じゃ)	환자	関係者(かん けい しゃ)	관계자

射	음훈 쏠 **사**		
	日音 シャ	日訓 射(い)る	

射撃(しゃ げき)	사격	注射(ちゅう しゃ)	주사
射殺(しゃ さつ)	사살	放射(ほう しゃ)	방사능
射出(しゃ しゅつ)	사출	発射(はっ しゃ)	발사

借	음훈 빌릴 **차**		
	日音 シャク	日訓 借(か)りる	

借家(しゃく や)	셋집	*借款(しゃっ かん)	차관
借用(しゃく よう)	차용	仮借(か しゃく)	가차
*借金(しゃっ きん)	빚	貸借(たい しゃく)	대차

練習

① 事件が起こったら、すぐ記者が取材に来た。《　　　》
(사건이 일어나자 금방 기자가 취재하러 왔다.)

② 太陽から放射される熱を利用する。《　　　》
(태양에서 방사되는 열을 이용하다.)

③ お金が足りないので、友達に借金して買った。《　　　》
(돈이 부족해서 친구에게 꿔서 샀다.)

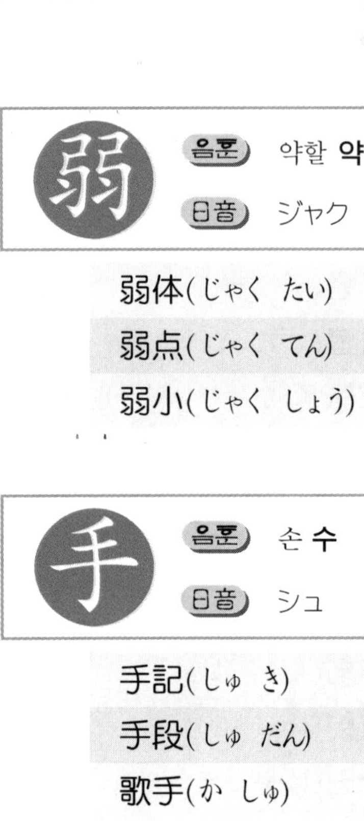

弱		
음훈	약할 **약**	
日音 ジャク	日訓 弱(よわ)い	

弱体(じゃく たい)	약체	強弱(きょう じゃく)	강약
弱点(じゃく てん)	약점	軟弱(なん じゃく)	연약
弱小(じゃく しょう)	약소	貧弱(ひん じゃく)	빈약

手		
음훈	손 **수**	
日音 シュ	日訓 手(て)	

手記(しゅ き)	수기	選手(せん しゅ)	선수
手段(しゅ だん)	수단	投手(とう しゅ)	투수
歌手(か しゅ)	가수	拍手(はく しゅ)	박수

主		
음훈	주인 **주**	
日音 シュ	日訓 主(ぬし)	

主義(しゅ ぎ)	주의	主人(しゅ じん)	주인
主張(しゅ ちょう)	주장	主催(しゅ さい)	주최
主婦(しゅ ふ)	주부	民主(みん しゅ)	민주

① 試合に勝つには相手の弱点を知るべきだ。 《　　　　》
(시합을 이기려면 상대의 약점을 알아야 한다.)

② 目的のためには手段を選ばない。 《　　　　》
(목적을 위해서는 수단을 가리지 않는다.)

③ 権利ばかり主張して義務を忘れてはいけない。 《　　　　》
(권리만 주장하고 의무를 잊어서는 안 된다.)

	음훈	취할 **취**		
	日音 シュ		日訓 取(と)る	

取材(しゅ ざい)	취재	採取(さい しゅ)	채취
取捨(しゅ しゃ)	취사	搾取(さく しゅ)	착취
取得(しゅ とく)	취득	聴取(ちょう しゅ)	청취

	음훈	머리 **수**		
	日音 シュ		日訓 首(くび)	

首相(しゅ しょう)	수상	首都(しゅ と)	수도
首席(しゅ せき)	수석	元首(げん しゅ)	원수
首脳(しゅ のう)	수뇌	自首(じ しゅ)	자수

	음훈	그루 **주**		
	日音 —		日訓 かぶ	

株式(かぶ しき)	주식	株主(かぶ ぬし)	주주
株価(かぶ か)	주가	株券(かぶ けん)	주권

練習

① 水質検査のために湖水を採取する。《　　　　　》

   (수질검사를 위해 호수 물을 채취하다.)

② 首相は国の政治の最高責任者である。《　　　　　》

   (수상은 나라 정치의 최고 책임자이다.)

③ 父の会社は株式会社です。《　　　　　》

   (아버지 회사는 주식회사입니다.)

種	음훈	씨 종		
	日音	シュ	日訓	種(たね)

種類(しゅ るい)	종류	各種(かく しゅ)	각종
種目(しゅ もく)	종목	人種(じん しゅ)	인종
品種(ひん しゅ)	품종	職種(しょく しゅ)	직종

守	음훈	지킬 수		
	日音	シュ・ス	日訓	守(まも)る

守護(しゅ ご)	수호	攻守(こう しゅ)	공수
守備(しゅ び)	수비	保守(ほ しゅ)	보수
守勢(しゅ せい)	수세	留守(る す)	부재

酒	음훈	술 주		
	日音	シュ	日訓	酒(さけ)

酒宴(しゅ えん)	주연	清酒(せい しゅ)	청주
酒席(しゅ せき)	술자리	飲酒(いん しゅ)	음주
酒色(しゅ しょく)	주색	洋酒(よう しゅ)	양주

練習

① 果物には色々な種類がある。《　　　　》

　(과일에는 여러 가지 종류가 있다.)

② 野球は攻撃と守備を交互にするゲームだ。《　　　　》

　(야구는 공격과 수비를 번갈아 하는 게임이다.)

③ 清酒はお米で造ります。《　　　　》

　(청주는 쌀로 만듭니다.)

음훈	받을 **수**	受	
日音	ジュ	日訓	受(う)ける

受益(じゅ えき)	수익	受信(じゅ しん)	수신
受験(じゅ けん)	수험	受容(じゅ よう)	수용
受賞(じゅ しょう)	수상	甘受(かん じゅ)	감수

음훈	줄 **수**	授	
日音	ジュ	日訓	授(さず)ける

授業(じゅ ぎょう)	수업	教授(きょう じゅ)	교수
授受(じゅ じゅ)	수수	伝授(でん じゅ)	전수
授与(じゅ よ)	수여		

음훈	거둘 **수**	収	
日音	シュウ	日訓	収(おさ)める

収入(しゅう にゅう)	수입	収穫(しゅう かく)	수확
収録(しゅう ろく)	수록	回収(かい しゅう)	회수
収容(しゅう よう)	수용	吸収(きゅう しゅう)	흡수

練習

① 彼は大学受験のために東京へ行った。《　　　　》

(그는 대학수험을 위해 도쿄에 갔다.)

② 私は野村先生の授業に出席しています。《　　　　》

(저는 노무라 선생님의 수업에 출석하고 있습니다.)

③ 事故で怪我をした人たちは病院に収容された。《　　　　》

(사고로 다친 사람들은 병원에 수용되었다.)

음훈	마칠 종		
日音	シュウ	日訓	終(お)わる

終止(しゅう し)	종지	終了(しゅう りょう)	종료
終結(しゅう けつ)	종결	最終(さい しゅう)	최종
終戦(しゅう せん)	종전	*臨終(りん じゅう)	임종

음훈	주일 주		
日音	しゅう	日訓	—

週間(しゅう かん)	주간	隔週(かく しゅう)	격주
週刊(しゅう かん)	주간	毎週(まい しゅう)	매주
週末(しゅう まつ)	주말	来週(らい しゅう)	내주

음훈	모일 집		
日音	しゅう	日訓	集(あつ)まる

集計(しゅう けい)	집계	編集(へん しゅう)	편집
集合(しゅう ごう)	집합	募集(ぼ しゅう)	모집
特集(とく しゅう)	특집	収集(しゅう しゅう)	수집

練習

① 今日で今年の授業は終了しました。《　　　　　》
(오늘로 올해 수업은 종료되었습니다.)

② 日曜日には毎週教会へ行く。《　　　　　》
(일요일에는 매주 교회에 간다.)

③ 集めた原稿を編集して本にする。《　　　　　》
(모은 원고를 편집하여 책으로 만들다.)

144　終週集

	음훈 고을 **주**	
	日音 シュウ	**日訓** 州(す)

州立 (しゅう りつ)	주립	六大州 (ろく だい しゅう)	6대주
欧州 (おう しゅう)	유럽	九州 (きゅう しゅう)	큐슈
各州 (かく しゅう)	각주		

	음훈 빼어날 **수**	
	日音 シュウ	**日訓** 秀(ひい)でる

秀逸 (しゅう いつ)	수일	秀作 (しゅう さく)	수작
秀才 (しゅう さい)	수재	優秀 (ゆう しゅう)	우수

	음훈 두루 **주**	
	日音 シュウ	**日訓** 周(まわ)り

周囲 (しゅう い)	주위	周辺 (しゅう へん)	주변
周期 (しゅう き)	주기	一周 (いっ しゅう)	일주
周知 (しゅう ち)	주지	円周 (えん しゅう)	원주

練習

① 九州では雪はあまり降りません。《　　　　》
　　(큐슈에서는 눈은 별로 내리지 않습니다.)

② 彼女は大学を優秀な成績で卒業した。《　　　　》
　　(그녀는 대학을 우수한 성적으로 졸업했다.)

③ 大都市の周辺の農家は野菜を作っている。《　　　　》
　　(대도시 주변의 농가는 야채를 재배하고 있다.)

음훈	가을 **추**		
日音	シュウ	日訓	秋(あき)

秋季(しゅう き)	추계	今秋(こん しゅう)	올가을
秋分(しゅう ぶん)	추분	立秋(りっ しゅう)	입추
初秋(しょ しゅう)	첫가을	春秋(しゅん じゅう)	춘추

음훈	닦을 **수**		
日音	シュウ・シュ	日訓	修(おさ)める

修理(しゅう り)	수리	監修(かん しゅう)	감수
修正(しゅう せい)	수정	補修(ほ しゅう)	보수
研修(けん しゅう)	연수	修行(しゅ ぎょう)	수행

음훈	익힐 **습**		
日音	シュウ	日訓	習(なら)う

習得(しゅう とく)	습득	練習(れん しゅう)	연습
学習(がく しゅう)	학습	講習(こう しゅう)	강습
復習(ふく しゅう)	복습	慣習(かん しゅう)	관습

練習

① 工事は今秋完成します。 《　　　　　》

　(공사는 올 가을 완성하겠습니다.)

② 法案は一部修正されて可決された。 《　　　　　》

　(법안은 일부 수정되어 가결되었다.)

③ ピアノは毎日練習しないと上手にならない。 《　　　　　》

　(피아노는 매일 연습하지 않으면 능숙해지지 않는다.)

음훈	나아갈 **취**		
日音	シュウ・ジュ	日訓	就(つ)く

就職(しゅう しょく)	취직	就任(しゅう にん)	취임
就学(しゅう がく)	취학	去就(きょ しゅう)	거취
就寝(しゅう しん)	취침	成就(じょう じゅ)	성취

음훈	무리 **중**		
日音	シュウ・シュ	日訓	—

群衆(ぐん しゅう)	군중	観衆(かん しゅう)	관중
公衆(こう しゅう)	공중	民衆(みん しゅう)	민중
大衆(たい しゅう)	대중	衆生(しゅ じょう)	중생

음훈	살 **주**		
日音	ジュウ	日訓	住(す)む

住所(じゅう しょ)	주소	移住(い じゅう)	이주
住宅(じゅう たく)	주택	永住(えい じゅう)	영주
住民(じゅう みん)	주민	居住(きょ じゅう)	거주

練習

① 兄は大学を卒業して会社へ就職した。 《　　　　》

(형은 대학을 졸업하고 회사에 취직했다.)

② メーデーに集まった大衆が町を行進した。 《　　　　》

(메이데이에 모인 대중이 도시를 행진했다.)

③ 東京では住宅が不足している。 《　　　　》

(도쿄에서는 주택이 부족하다.)

음훈	무거울 **중**			
日音	ジュウ・チョウ	日訓	重(おも)い	

重要(じゅう よう)	중요	体重(たい じゅう)	체중
重大(じゅう だい)	중대	厳重(げん じゅう)	엄중
重点(じゅう てん)	중점	貴重(き ちょう)	귀중

음훈	가득할 **충**			
日音	ジュウ	日訓	当(あ)てる	

充血(じゅう けつ)	충혈	充満(じゅう まん)	충만
充実(じゅう じつ)	충실	拡充(かく じゅう)	확충
充電(じゅう でん)	충전	補充(ほ じゅう)	보충

음훈	따를 **종**			
日音	ジュウ	日訓	従(したが)う	

従事(じゅう じ)	종사	従属(じゅう ぞく)	종속
従来(じゅう らい)	종래	主従(しゅ じゅう)	주종
従業(じゅう ぎょう)	종업	服従(ふく じゅう)	복종

練習

① 試験の前に重点だけもう一度復習しよう。《　　　　》
　(시험 전에 중점만을 다시 한번 복습하자.)

② 工場に新しい機械を入れて設備を拡充した。《　　　　》
　(공장에 새 기계를 넣어 설비를 확충했다.)

③ 従来どおりのやり方で入学式をやります。《　　　　》
　(종래 대로의 방식으로 입학식을 하겠습니다.)

	음훈	잘 **숙**		
	日音	シュク	日訓	宿(やど)る

宿題(しゅく だい)	숙제	合宿(がっ しゅく)	합숙
宿舎(しゅく しゃ)	숙사	下宿(げ しゅく)	하숙
宿泊(しゅく はく)	숙박	民宿(みん しゅく)	민박

	음훈	빌 **축**		
	日音	シュク	日訓	祝(いわ)う

祝日(しゅく じつ)	축일	祝典(しゅく てん)	축전
祝賀(しゅく が)	축하	祝福(しゅく ふく)	축복
祝辞(しゅく じ)	축사	慶祝(けい しゅく)	경축

	음훈	오그라들 **축**		
	日音	シュク	日訓	縮(ちぢ)む

縮小(しゅく しょう)	축소	短縮(たん しゅく)	단축
縮図(しゅく ず)	축도	伸縮(しん しゅく)	신축
軍縮(ぐん しゅく)	군축	濃縮(のう しゅく)	농축

練習

① 木村さんは空港から宿舎に向いました。《　　　　》
(기무라 씨는 공항에서 숙사로 향했습니다.)

② 日本では国民の祝日が一年に十二日ある。《　　　　》
(일본에서는 국민 경축일이 1년에 12일 있다.)

③ 軍備を縮小して、そのお金を国の近代化に使う。《　　　　》
(군비를 축소하여 그 돈을 나라의 근대화 쓰다.)

出 음훈 날 **출**

日音 シュツ・スイ 　　　日訓 出(で)る

出演(しゅつ えん)	출연	輸出(ゆ しゅつ)	수출
出現(しゅつ げん)	출현	提出(てい しゅつ)	제출
*出席(しゅっ せき)	출석	出納(すい とう)	출납

術 음훈 재주 **술**

日音 ジュツ 　　　日訓 —

学術(がく じゅつ)	학술	芸術(げい じゅつ)	예술
技術(ぎ じゅつ)	기술	手術(しゅ じゅつ)	수술
美術(び じゅつ)	미술	戦術(せん じゅつ)	전술

述 음훈 지을 **술**

日音 ジュツ 　　　日訓 述(の)べる

述語(じゅつ ご)	술어	叙述(じょ じゅつ)	서술
*述懐(じゅっ かい)	술회	著述(ちょ じゅつ)	저술
記述(き じゅつ)	기술	陳述(ちん じゅつ)	진술

① 彼はある映画に通訳の役で出演した。《　　　》
　(그는 어느 영화에 통역의 역으로 출연했다.)

② 西洋の美術を研究しにヨーロッパへ行った。《　　　》
　(서양의 미술을 연구하러 유럽에 갔다.)

③ 自分に不利な陳述を強要される。《　　　》
　(자신에게 불리한 진술을 강요받다.)

	음훈	봄 **춘**
春	日音	シュン
	日訓	春(はる)

春季(しゅん き)	춘계	青春(せい しゅん)	청춘
春分(しゅん ぶん)	춘분	立春(りっ しゅん)	입춘
迎春(げい しゅん)	영춘	思春期(し しゅん き)	사춘기

	음훈	순순할 **순**
純	日音	ジュン
	日訓	—

純金(じゅん きん)	순금	単純(たん じゅん)	단순
純粋(じゅん すい)	순수	清純(せい じゅん)	청순
純毛(じゅん もう)	순모	不純(ふ じゅん)	불순

	음훈	순할 **순**
順	日音	ジュン
	日訓	—

順位(じゅん い)	순위	順番(じゅん ばん)	순번
順応(じゅん おう)	순응	柔順(じゅう じゅん)	유순
順調(じゅん ちょう)	순조	手順(て じゅん)	수순

練習

① 大学祭には、青春のエネルギーが溢れている。　《　　　》
(대학축제에는 청춘의 에너지가 넘치고 있다.)

② 子供の心は純粋だから、嘘を言ってはいけない。　《　　　》
(어린이 마음은 순수하니까 거짓말을 해서는 안 된다.)

③ 試験の成績の順位はクラスで五番だった。　《　　　》
(시험 성적 순위는 반에서 5번이었다.)

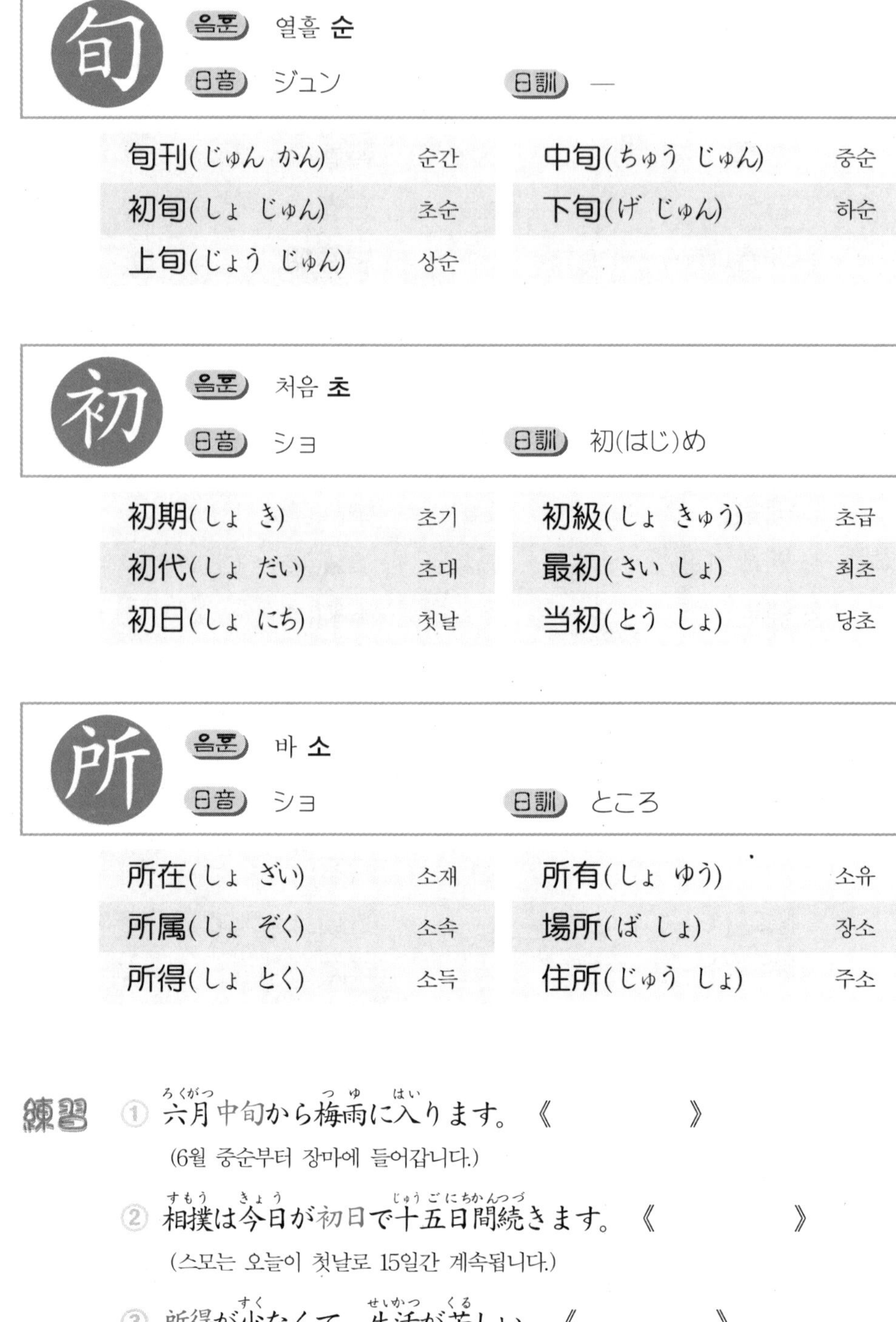

旬　음훈 열흘 **순**　日音 ジュン　日訓 —

旬刊(じゅん かん)	순간	中旬(ちゅう じゅん)	중순
初旬(しょ じゅん)	초순	下旬(げ じゅん)	하순
上旬(じょう じゅん)	상순		

初　음훈 처음 **초**　日音 ショ　日訓 初(はじ)め

初期(しょ き)	초기	初級(しょ きゅう)	초급
初代(しょ だい)	초대	最初(さい しょ)	최초
初日(しょ にち)	첫날	当初(とう しょ)	당초

所　음훈 바 **소**　日音 ショ　日訓 ところ

所在(しょ ざい)	소재	所有(しょ ゆう)	소유
所属(しょ ぞく)	소속	場所(ば しょ)	장소
所得(しょ とく)	소득	住所(じゅう しょ)	주소

練習

① 六月中旬から梅雨に入ります。《　　　　》
(6월 중순부터 장마에 들어갑니다.)

② 相撲は今日が初日で十五日間続きます。《　　　　》
(스모는 오늘이 첫날로 15일간 계속됩니다.)

③ 所得が少なくて、生活が苦しい。《　　　　》
(소득이 적어서 생활이 힘들다.)

음훈	글 서		
日音 ショ		日訓 書(か)く	

書記(しょ き)	서기	投書(とう しょ)	투서
書類(しょ るい)	서류	読書(どく しょ)	독서
書店(しょ てん)	서점	秘書(ひ しょ)	비서

음훈	관청 서	署	
日音 ショ		日訓 —	

署長(しょ ちょう)	서장	本署(ほん しょ)	본서
署名(しょ めい)	서명	警察署(けい さつ しょ)	경찰서
部署(ぶ しょ)	부서	消防署(しょう ぼう しょ)	소방서

음훈	곳 처	處	
日音 しょ		日訓 —	

処女(しょ じょ)	처녀	処分(しょ ぶん)	처분
処遇(しょ ぐう)	처우	処理(しょ り)	처리
処罰(しょ ばつ)	처벌	対処(たい しょ)	대처

練習

① ビザをもらうにはどんな 書類が必要(ひつよう)ですか。 《　　　　》

(비자를 받으려면 어떤 서류가 필요합니까?)

② 犯人(はんにん)が 警察署に入(はい)っている。 《　　　　》

(범인이 경찰서에 들어가고 있다.)

③ 大都市(だいとし)ではごみの 処理は難(むずか)しい問題(もんだい)だ。 《　　　　》

(대도시에서는 쓰레기 처리는 어려운 문제이다.)

음훈	모두 **제**	諸
日音	ショ	日訓 —

諸悪(しょ あく)	제악	諸般(しょ はん)	제반
諸君(しょ くん)	제군	諸問題(しょ もん.だい)	제문제
諸国(しょ こく)	제국	諸説(しょ せつ)	제설

음훈	계집 **녀**
日音	ジョ	日訓 女(おんな)

女子(じょ し)	여자	少女(しょう.じょ)	소녀
女性(じょ せい)	여성	美女(び じょ)	미녀
女優(じょ ゆう)	여우	彼女(かの じょ)	그녀

음훈	도울 **조**
日音	ジョ	日訓 助(たす)ける

助言(じょ げん)	조언	援助(えん じょ)	원조
助手(じょ しゅ)	조수	救助(きゅう じょ)	구조
助力(じょ りょく)	조력	補助(ほ じょ)	보조

練習

① 若い諸君は未来に夢を持たなければいけない。《　　　》
　（젊은 제군은 미래에 꿈을 갖지 않으면 안 된다.）

② 小学校の先生は女性の方が多い。《　　　》
　（초등학교 선생님은 여성 분이 많다.）

③ 被災地に医薬品を援助する。《　　　》
　（피해지역에 의약품을 원조하다.）

除　음훈　덜 **제**
日音　ジョ・ジ　　　日訓　除(のぞ)く

除外(じょ がい)	제외	控除(こう じょ)	공제
除去(じょ きょ)	제거	排除(はい じょ)	배제
除名(じょ めい)	제명	掃除(そう じ)	소제

小　음훈　작을 **소**
日音　ショウ　　　日訓　小(ちい)さい

小説(しょう せつ)	소설	縮小(しゅく しょう)	축소
小学(しょう がく)	소학	弱小(じゃく しょう)	약소
小心(しょう しん)	소심	最小(さい しょう)	최소

少　음훈　젊을 **소**
日音　ショウ　　　日訓　少(すく)ない

少数(しょう すう)	소수	多少(た しょう)	다소
少額(しょう がく)	소액	減少(げん しょう)	감소
少量(しょう りょう)	소량	青少年(せい しょう ねん)	청소년

練習

① 部屋が汚いから掃除しよう。《　　　　》
(방이 더러우니까 청소하자.)

② 「戦争と平和」はいい小説だ。《　　　　》
(「전쟁과 평화」는 좋은 소설이다.)

③ 少年よ大志を抱け。《　　　　》
(소년이여 대지를 품어라.)

음훈	끌 소
日音	ショウ
日訓	消(け)す

消火(しょう か)	소화	消極(しょう きょく)	소극
消費(しょう ひ)	소비	消失(しょう しつ)	소실
消防(しょう ぼう)	소방	解消(かい しょう)	해소

음훈	장사 상
日音	ショウ
日訓	商(あきな)う

商業(しょう ぎょう)	상업	商売(しょう ばい)	장사
商店(しょう てん)	상점	商事(しょう じ)	상사
商品(しょう ひん)	상품	通商(つう しょう)	통상

음훈	이길 승
日音	ショウ
日訓	勝(か)つ

勝敗(しょう はい)	승패	優勝(ゆう しょう)	우승
勝負(しょう ぶ)	승부	決勝(けっ しょう)	결승
勝利(しょう り)	승리	必勝(ひっ しょう)	필승

練習

① 夏になると、消費が多くなる。《　　　》
(여름이 되면 소비가 많아진다.)

② 駅の前には商店が並んでいる。《　　　》
(역 앞에는 상점이 줄지어 있다.)

③ 決勝で勝ったのだから、あなたが一番強い。《　　　》
(결승에서 이겼기 때문에 당신이 가장 강하다.)

| 음훈 | 증거 **증** | | 證 |
| 日音 | ショウ | 日訓 | — |

証拠(しょう こ)	증거	証明(しょう めい)	증명
証券(しょう けん)	증권	偽証(ぎ しょう)	위증
証言(しょう げん)	증언	保証(ほ しょう)	보증

| 음훈 | 상줄 **상** | | |
| 日音 | ショウ | 日訓 | — |

賞金(しょう きん)	상금	鑑賞(かん しょう)	감상
賞罰(しょう ばつ)	상벌	受賞(じゅ しょう)	수상
賞品(しょう ひん)	상품	入賞(にゅう しょう)	입상

| 음훈 | 오를 **승** | | |
| 日音 | ショウ | 日訓 | 昇(のぼ)る |

昇格(しょう かく)	승격	昇進(しょう しん)	승진
昇給(しょう きゅう)	승급	昇天(しょう てん)	승천
昇降機(しょう こう き)	승강기	上昇(じょう しょう)	상승

練習

① 日本橋には銀行や証券会社がたくさんある。《　　　》

(니혼바시에는 은행이랑 증권회사가 많이 있다.)

② 川端康成はノーベル文学賞を受賞した。《　　　》

(가와바타 야스나리는 노벨 문학상을 수상했다.)

③ 物価が上昇しているので、電車賃がまた上がる。《　　　》

(물가가 상승하고 있어서 전철요금이 또 오른다.)

음훈	부를 **초**		
日音	ショウ	日訓	招(まね)く

招請 (しょう せい)	초청	招来 (しょう らい)	초래
招待 (しょう たい)	초대	招集 (しょう しゅう)	소집

음훈	장수 **장**	將	
日音	ショウ	日訓	—

将軍 (しょう ぐん)	장군	主将 (しゅ しょう)	주장
将来 (しょう らい)	장래	武将 (ぶ しょう)	무장
将校 (しょう こう)	장교	名将 (めい しょう)	명장

음훈	병세 **증**		
日音	ショウ	日訓	—

症状 (しょう じょう)	증상	後遺症 (こう い しょう)	후유증
炎症 (えん しょう)	염증	不眠症 (ふ みん しょう)	불면증
重症 (じゅう しょう)	중증		

練習

① 誕生日のお祝いに招待された。　《　　　　　》

（생일 축하에 초대받았다.）

② 将来世界は食糧が不足すると言われている。　《　　　　　》

（장래 세계는 식량이 부족하다고 한다.）

③ こういう症状なら、癌ではありません。　《　　　　　》

（이런 증상이라면 암이 아닙니다.）

渉
음훈 건널 **섭**
日音 ショウ
渉
日訓 —

渉外(しょう がい)　섭외　　交渉(こう しょう)　교섭
干渉(かん しょう)　간섭

章
음훈 글 **장**
日音 ショウ　　日訓 —

楽章(がく しょう)　악장　　文章(ぶん しょう)　문장
勲章(くん しょう)　훈장　　腕章(わん しょう)　완장
憲章(けん しょう)　헌장　　日章旗(にっ しょう き)　일장기

紹
음훈 이을 **소**
日音 ショウ　　日訓 —

紹介(しょう かい)　소개

練習

① 他の国の内政には干渉してはいけない。《　　　》
　（다른 나라의 내정에는 간섭해서는 안 된다.）

② あの小説の文章は簡潔で、とてもいい。《　　　》
　（저 소설의 문장은 간결해서 매우 좋다.）

③ 野村さんを皆さんにご紹介します。《　　　》
　（노무라 씨를 여러분께 소개해드리겠습니다.）

음훈	불사를 **소**		燒	
日音	ショウ	日訓	焼(や)く	

焼却(しょう きゃく)	소각	全焼(ぜん しょう)	전소
焼死(しょう し)	소사	燃焼(ねん しょう)	연소
延焼(えん しょう)	연소	類焼(るい しょう)	유소

음훈	꼬끼리 **상**			
日音	ショウ・ゾウ	日訓	―	

象徴(しょう ちょう)	상징	現象(げん しょう)	현상
印象(いん しょう)	인상	対象(たい しょう)	대상
気象(き しょう)	기상	象牙(ぞう げ)	상아

음훈	상처 **상**			
日音	ショウ	日訓	傷(きず)	

傷害(しょう がい)	상해	負傷(ふ しょう)	부상
傷心(しょう しん)	상심	重傷(じゅう しょう)	중상
感傷(かん しょう)	감상	軽傷(けい しょう)	경상

練習

① 火事で家が三軒全焼しました。《　　　》
　　（화재로 집이 3채 전소되었습니다.）

② ハトは平和の象徴です。《　　　》
　　（비둘기는 평화의 상징입니다.）

③ 喧嘩をして傷害事件を起こした。《　　　》
　　（싸움을 해서 상해사건을 일으켰다.）

	음훈 막힐 **장**		
	日音 ショウ	**日訓** —	

障害(しょう がい)	장해	支障(し しょう)	지장
障子(しょう じ)	미닫이	故障(こ しょう)	고장
保障(ほ しょう)	보장		

	음훈 부딪칠 **충**		
	日音 ショウ	**日訓** —	

衝撃(しょう げき)	충격	緩衝(かん しょう)	완충
衝動(しょう どう)	충동	折衝(せっ しょう)	절충
衝突(しょう とつ)	충돌	要衝(よう しょう)	요충

	음훈 조목 **조**  條		
	日音 ジョウ	**日訓** —	

条件(じょう けん)	조건	条項(じょう こう)	조항
条約(じょう やく)	조약	箇条(か じょう)	개조
条文(じょう ぶん)	조문	信条(しん じょう)	신조

練習

① 人間として当然の権利は憲法で保障されている。《　　　》
(인간으로서 당연한 권리는 헌법으로 보장되어 있다.)

② その問題はアメリカと折衝して決めます。《　　　》
(그 문제는 미국과 절충해서 정하겠습니다.)

③ 条件を守ってくれるなら、お金を貸します。《　　　》
(조건을 지켜주면 돈을 빌려주겠습니다.)

음훈	윗 상		
日音 ジョウ		日訓 上(うえ)	

上下(じょう げ)	상하	海上(かい じょう)	해상
上昇(じょう しょう)	상승	以上(い じょう)	이상
上空(じょう くう)	상공	頂上(ちょう じょう)	정상

음훈	모양 상		狀
日音 ジョウ		日訓 —	

状態(じょう たい)	상태	現状(げん じょう)	현상
状況(じょう きょう)	상황	実状(じつ じょう)	실상
形状(けい じょう)	형상	症状(しょう じょう)	증상

음훈	탈 승		乘
日音 ジョウ		日訓 乗(の)る	

乗客(じょう きゃく)	승객	搭乗(とう じょう)	탑승
乗車(じょう しゃ)	승차	同乗(どう じょう)	동승
乗用車(じょう よう しゃ)	승용차	便乗(びん じょう)	편승

練習

① マラッカ海峡は海上交通が盛んだ。《　　　　　》

(말라카 해협은 해상교통이 왕성하다.)

② 仕事はその後どうなっているか現状を報告する。《　　　　　》

(일은 그 후 어떻게 되어 있는지 현상을 보고하다.)

③ デパートへ乗用車で買物に行く。《　　　　　》

(백화점에 승용차로 쇼핑하러 가다.)

음훈	항상 **상**		
日音	ジョウ	日訓	常(つね)

常識(じょう しき)	상식	異常(い じょう)	이상
常備(じょう び)	상비	非常(ひ じょう)	비상
常用(じょう よう)	상용	正常(せい じょう)	정상

음훈	뜻 **정**		
日音	ジョウ	日訓	―

情勢(じょう せい)	정세	愛情(あい じょう)	애정
情熱(じょう ねつ)	정열	事情(じ じょう)	사정
情報(じょう ほう)	정보	表情(ひょう じょう)	표정

음훈	마당 **장**		
日音	ジョウ	日訓	場(ば)

場内(じょう ない)	장내	工場(こう じょう)	공장
市場(し じょう)	시장	登場(とう じょう)	등장
劇場(げき じょう)	극장	会場(かい じょう)	회장

練習

① 非常の時にはこの書類は持ち出して下さい。《　　　》

(비상시에는 이 서류를 들고 나가세요.)

② 彼女が喜んでいることは表情でわかった。《　　　》

(그녀가 기뻐하고 있는 것은 표정으로 알았다.)

③ パーティーの会場がきれいに飾ってある。《　　　》

(파티 회장은 예쁘게 꾸며져 있다.)

음훈	성곽 **성**		
日音	ジョウ	日訓	城(しろ)

城内(じょう ない)	성내	築城(ちく じょう)	축성
城壁(じょう へき)	성벽	落城(らく じょう)	낙성
古城(こ じょう)	고성	江戸城(え ど じょう)	에도성

음훈	덩어리 **정**		
日音	ジョウ	日訓	―

錠剤(じょう ざい)	정제	錠前(じょう まえ)	자물쇠
施錠(せ じょう)	시정	糖衣錠(とう い じょう)	당의정
手錠(て じょう)	수갑		

음훈	사양할 **양**		讓
日音	ジョウ	日訓	―

譲位(じょう い)	양위	譲与(じょう よ)	양여
譲渡(じょう と)	양도	謙譲語(けん じょう ご)	겸양어
譲歩(じょう ほ)	양보	分譲(ぶん じょう)	분양

① 江戸城は、今は皇居になっている。《　　　》

（에도성은 지금은 황거가 되어 있다.）

② これが糖衣錠だから、子供でも嫌がりません。《　　　》

（이것이 당의정이라서 어린이라도 싫어하지 않습니다.）

③ 不動産屋でマンションを分譲している。《　　　》

（부동산에서 맨션을 분양하고 있다.）

食	음훈	밥 **식**		
	日音	ショク・ジキ	日訓	食(た)べる

食事(しょく じ)	식사	飲食(いん しょく)	음식
食品(しょく ひん)	식품	主食(しゅ しょく)	주식
食堂(しょく どう)	식당	断食(だん じき)	단식

職	음훈	직분 **직**		
	日音	ショク	日訓	―

職業(しょく ぎょう)	직업	就職(しゅう しょく)	취직
職員(しょく いん)	직원	退職(たい しょく)	퇴직
職場(しょく ば)	직장	転職(てん しょく)	전직

飾	음훈	꾸밀 **식**	飾	
	日音	ショク	日訓	飾(かざ)る

装飾(そう しょく)	장식	修飾(しゅう しょく)	수식
虚飾(きょ しょく)	허식	服飾(ふく しょく)	복식

練習

① 私は一日に三度食事をする。《　　　　》
(나는 하루에 세 끼 식사를 한다.)

② この学校では毎週職員会議をします。《　　　　》
(이 학교에서는 매주 직원회의를 합니다.)

③ これは室内装飾品の店で買いました。《　　　　》
(이것은 실내장식품 가게에서 샀습니다.)

음훈	짤 **직**		
日音	ショク・シキ	日訓	織(お)る

織女(しょく じょ)	직녀	紡織(ぼう しょく)	방직
*織機(しょっ き)	직기	組織(そ しき)	조직
染織(せん しょく)	염직		

음훈	마음 **심**		
日音	シン	日訓	心(こころ)

心配(しん ぱい)	걱정	関心(かん しん)	관심
心情(しん じょう)	심정	中心(ちゅう しん)	중심
心理(しん り)	심리	良心(りょう しん)	양심

음훈	믿을 **신**		
日音	シン	日訓	―

信託(しん たく)	신탁	信頼(しん らい)	신뢰
信号(しん ごう)	신호	確信(かく しん)	확신
信用(しん よう)	신용	通信(つう しん)	통신

練習

① 豊田佐吉は自動織機を作り出した。《　　　　　》
(도요다 사키치는 자동 직기를 만들어냈다.)

② 東京は日本の政治・経済の中心地だ。《　　　　　》
(도쿄는 일본의 정치・경제의 중심지다.)

③ 私は彼を信用してお金を貸した。《　　　　　》
(나는 그를 믿고 돈을 빌려 주었다.)

申	음훈	진술할 **신**		
	日音	シン	日訓	申(もう)す

申告(しん こく)	신고	答申(とう しん)	답신
申請(しん せい)	신청	内申書(ない しん しょ)	내신서
上申(じょう しん)	상신		

神	음훈	귀신 **신**	神	
	日音	シン・ジン	日訓	神(かみ)

神経(しん けい)	신경	精神(せい しん)	정신
神秘(しん ぴ)	신비	神社(じん じゃ)	신사
神話(しん わ)	신화	神宮(じん ぐう)	신궁

真	음훈	참 **진**	眞	
	日音	シン	日訓	真(ま)

真意(しん い)	진의	真実(しん じつ)	진실
真剣(しん けん)	신중	写真(しゃ しん)	사진
真偽(しん ぎ)	진위	純真(じゅん しん)	순진

練習

① その問題について委員会の答申を待っている。《　　　》

(그 문제에 대해서 위원회의 답신을 기다리고 있다.)

② あの音は神経に障る。《　　　》

(저 소리는 신경에 거슬린다.)

③ 彼があんなことを言う真意がわからない《　　　》

(그가 저런 말을 하는 진의를 모르겠다.)

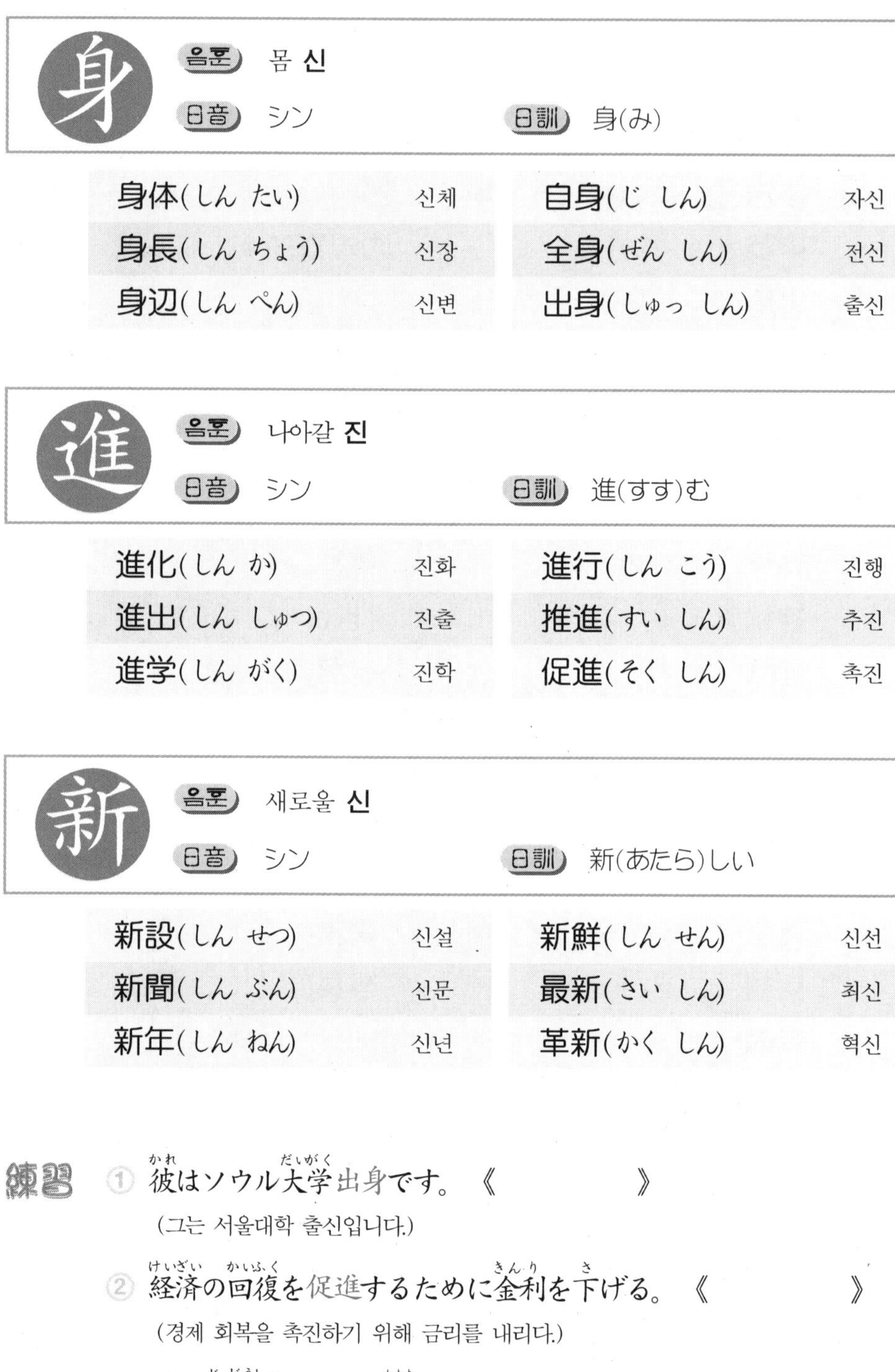

身 음훈) 몸 **신**
日音) シン 日訓) 身(み)

身体(しん たい)	신체	自身(じ しん)	자신
身長(しん ちょう)	신장	全身(ぜん しん)	전신
身辺(しん ぺん)	신변	出身(しゅっ しん)	출신

進 음훈) 나아갈 **진**
日音) シン 日訓) 進(すす)む

進化(しん か)	진화	進行(しん こう)	진행
進出(しん しゅつ)	진출	推進(すい しん)	추진
進学(しん がく)	진학	促進(そく しん)	촉진

新 음훈) 새로울 **신**
日音) シン 日訓) 新(あたら)しい

新設(しん せつ)	신설	新鮮(しん せん)	신선
新聞(しん ぶん)	신문	最新(さい しん)	최신
新年(しん ねん)	신년	革新(かく しん)	혁신

練習

① 彼はソウル大学出身です。《　　　　》
(그는 서울대학 출신입니다.)

② 経済の回復を促進するために金利を下げる。《　　　　》
(경제 회복을 촉진하기 위해 금리를 내리다.)

③ この自動車は最新の形だ。《　　　　》
(이 자동차는 최신형이다.)

審

음훈	살필 **심**
日音 シン	日訓 —

審議(しん ぎ)	심의	審理(しん り)	심리
審査(しん さ)	심사	不審(ふ しん)	불심
審判(しん ぱん)	심판	主審(しゅ しん)	주심

親

음훈	친할 **친**
日音 シン	日訓 親(した)しい

親権(しん けん)	친권	親類(しん るい)	친척
親切(しん せつ)	친절	親友(しん ゆう)	친우
親族(しん ぞく)	친족	両親(りょう しん)	양친

伸

음훈	펼 **신**
日音 シン	日訓 伸(のび)る

伸縮(しん しゅく)	신축	屈伸(くっ しん)	굴신
伸長(しん ちょう)	신장	追伸(つい しん)	추신
伸張(しん ちょう)	신장	続伸(ぞく しん)	속신

練習

① 国会で法案を審議する。《　　　　》
(국회에서 법안을 심의하다.)

② 子供は両親を見て大きくなる。《　　　　》
(어린이는 부모를 보고 큰다.)

③ あの会社は株価が続伸している。《　　　　》
(저 회사는 주가가 계속 오르고 있다.)

음훈	신하 **신**		日音 シン・ジン	日訓 ―

臣下(しん か)	신하	君臣(くん しん)	군신
臣民(しん みん)	신민	忠臣(ちゅう しん)	충신
家臣(か しん)	신하	大臣(だい じん)	대신

음훈	떨칠 **진**		日音 シン	日訓 振(ふ)るう

振興(しん こう)	진흥	三振(さん しん)	삼진
振動(しん どう)	진동	発振(はっ しん)	발진
振幅(しん ぷく)	진폭	不振(ふ しん)	부진

음훈	바늘 **침**		日音 シン	日訓 針(はり)

針葉樹(しん よう じゅ)	침엽수	指針(し しん)	지침
針路(しん ろ)	침로	方針(ほう しん)	방침
運針(うん しん)	운침	長針(ちょう しん)	장침

練習

① 今日は総理大臣の記者会見がある。《　　　　　》
（오늘은 총리대신의 기자회견이 있다.）

② あの会社は経営不振で倒産した。《　　　　　》
（저 회사는 경영부진으로 도산했다.）

③ 教育の方針も時代とともに変わりつつある。《　　　　　》
（교육방침도 시대와 더불어 계속 변하고 있다.）

음훈	신사 **신**		
日音 シン		日訓 ―	

紳士(しん し)　　　신사

음훈	진찰할 **진**		
日音 シン		日訓 診(み)る	

診察(しん さつ)	진찰	往診(おう しん)	왕진
診断(しん だん)	진단	誤診(ご しん)	오진
診療(しん りょう)	진료	検診(けん しん)	검진

음훈	빽빽할 **삼**		
日音 シン		日訓 森(もり)	

森林(しん りん)	삼림	森厳(しん げん)	삼엄
森閑(しん かん)	삼한	森羅万象(しん ら ばん しょう)	
			삼라만상

練習

① 子供の時から紳士になるように教育する。《　　　》
(어릴 때부터 신사가 되도록 교육하다.)

② 医者の診断では彼はノイローゼだそうだ。《　　　》
(의사의 진단으로는 그는 노이로제라고 한다.)

③ 北海道には豊かな森林がある。《　　　》
(홋카이도에는 풍부한 삼림이 있다.)

	음훈	깊을 **심**		
	日音	シン	日訓	深(ふか)い

深奥(しん おう)	심오	深淵(しん えん)	심연
深海(しん かい)	심해	深刻(しん こく)	심각
深夜(しん や)	심야	水深(すい しん)	수심

	음훈	삼갈 **신**	愼
	日音	シン	日訓　愼(つつし)む

慎重(しん ちょう)	신중	謹慎(きん しん)	근신

	음훈	떨칠 **진**	
	日音	シン	日訓　震(ふる)える

震災(しん さい)	진재;지진피해	地震(じ しん)	지진
震度(しん ど)	진도	強震(きょう しん)	강진
震動(しん どう)	진동	余震(よ しん)	여진

練習

① 土曜日(どようび)の夜(よる)は深夜までテレビの映画(えいが)を見(み)た。《　　　》
(토요일 밤은 심야까지 텔레비전 영화를 보았다.)

② 計画(けいかく)は慎重にしなければいけない。《　　　》
(계획은 신중히 하지 않으면 안 된다.)

③ 日本(にほん)は地震の多(おお)い国(くに)だ。《　　　》
(일본은 지진이 많은 나라이다.)

음훈	사람 **인**		
日音	ジン・ニン	日訓	人(ひと)

人員(じん いん)	인원	人間(にん げん)	인간
人格(じん かく)	인격	人気(にん き)	인기
個人(こ じん)	개인	犯人(はん にん)	범인

음훈	진칠 **진**		
日音	ジン	日訓	—

陣地(じん ち)	진지	出陣(しゅつ じん)	출진
陣痛(じん つう)	진통	敵陣(てき じん)	적진
陣頭(じん とう)	진두	報道陣(ほう どう じん)	보도진

음훈	그림 **도**	圖	
日音	ズ・ト	日訓	—

図形(ず けい)	도형	地図(ち ず)	지도
図面(ず めん)	도면	図書館(と しょ かん)	도서관
構図(こう ず)	구도	意図(い と)	의도

練習

① 人間が動物と違うところは火が使えることだ。《　　　　　》
(인간이 동물과 다른 점은 불을 사용할 수 있는 점이다.)

② 選手たちは報道陣に囲まれて動けないほどだ。《　　　　　》
(선수들은 보도진에 에워싸여 움직일 수 없을 정도다.)

③ 地図を見ながら歩いていく。《　　　　　》
(지도를 보면서 걸어가다.)

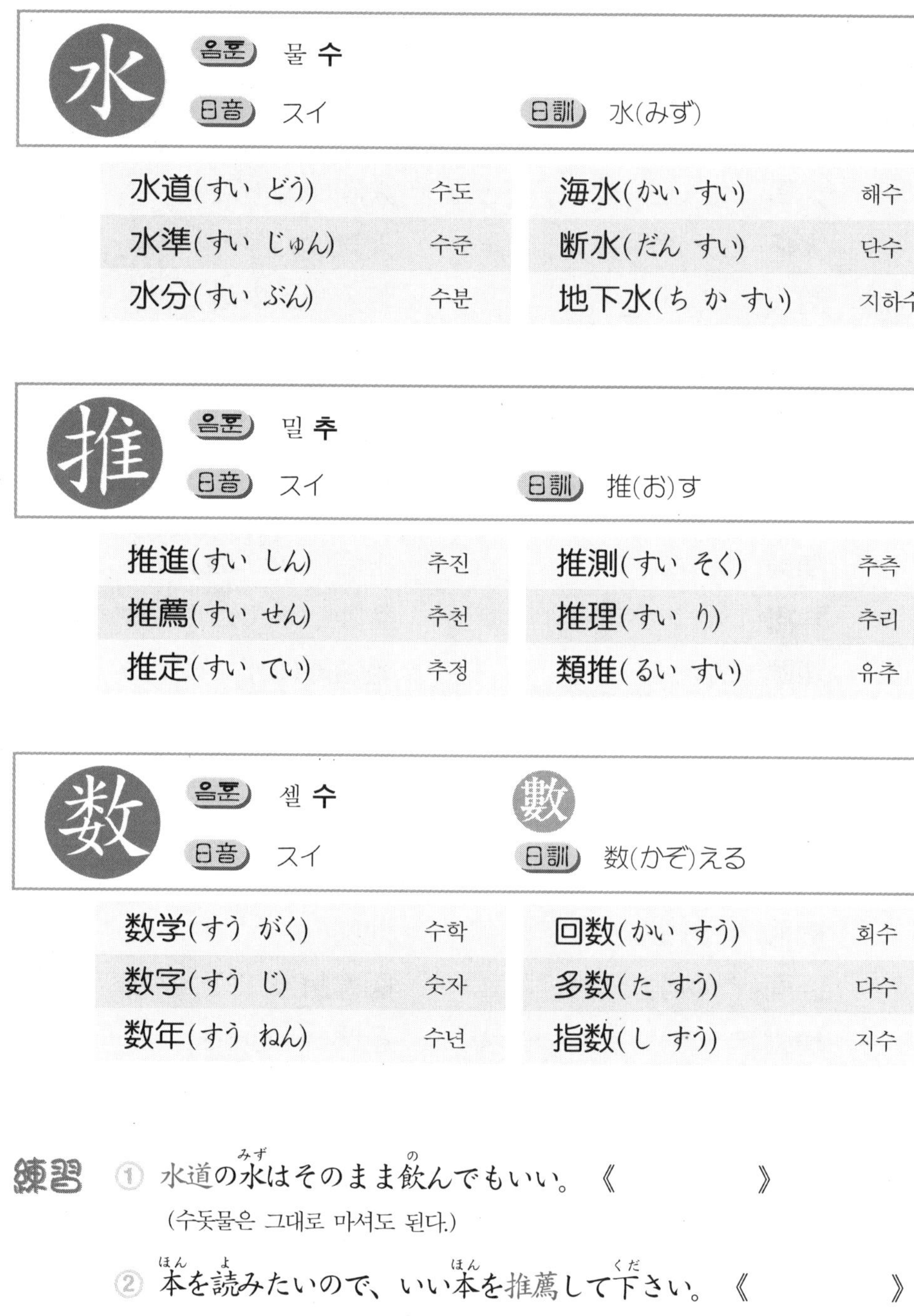

水	음훈	물 **수**		
	日音	スイ	日訓	水(みず)

水道(すい どう)	수도	海水(かい すい)	해수
水準(すい じゅん)	수준	断水(だん すい)	단수
水分(すい ぶん)	수분	地下水(ち か すい)	지하수

推	음훈	밀 **추**		
	日音	スイ	日訓	推(お)す

推進(すい しん)	추진	推測(すい そく)	추측
推薦(すい せん)	추천	推理(すい り)	추리
推定(すい てい)	추정	類推(るい すい)	유추

数	음훈	셀 **수**	數	
	日音	スイ	日訓	数(かぞ)える

数学(すう がく)	수학	回数(かい すう)	회수
数字(すう じ)	숫자	多数(た すう)	다수
数年(すう ねん)	수년	指数(し すう)	지수

練習

① 水道の水はそのまま飲んでもいい。《　　　》
（수돗물은 그대로 마셔도 된다.）

② 本を読みたいので、いい本を推薦して下さい。《　　　》
（책을 읽고 싶은데 좋은 책을 추천해 주세요.）

③ 今月の物価指数は、先月より少し上がった。《　　　》
（이번 달 물가지수는 지난 달보다 조금 올랐다.）

世 음훈 인간 세
日音 セ・セイ 日訓 世(よ)

世界(せ かい)	세계	世紀(せい き)	세기
世論(せ ろん)	세론;여론	隔世(かく せい)	격세
世帯(せ たい)	세대	後世(こう せい)	후세

正 음훈 바를 정
日音 セイ・ショウ 日訓 正(ただ)しい

正解(せい かい)	정해	修正(しゅう せい)	수정
正式(せい しき)	정식	正午(しょう ご)	정오
正確(せい かく)	정확	正直(しょう じき)	정직

生 음훈 날 생
日音 セイ・ショウ 日訓 生(う)まれる

生活(せい かつ)	생활	完成(かん せい)	완성
生産(せい さん)	생산	*誕生日(たん じょう び)	생일
成長(せい ちょう)	성장	生涯(しょう がい)	생애

練習

① 世論を無視するような政治はよくない。《　　　》
　(여론을 무시하는 듯한 정치는 좋지 않다.)

② 結婚式には正式の服装で行きます。《　　　》
　(결혼식에는 정식 복장으로 갑니다.)

③ 日本ではほとんど全国で米が生産される。《　　　》
　(일본에서는 거의 전국에서 쌀이 생산된다.)

음훈	이룰 성		
日音	セイ・ジョウ	日訓	成(な)る

成果(せい か)	성과	完成(かん せい)	완성
成功(せい こう)	성공	編成(へん せい)	편성
成長(せい ちょう)	성장	成就(じょう じゅ)	성취

음훈	서녘 서		
日音	セイ・サイ	日訓	西(にし)

西欧(せい おう)	서구	西暦(せい れき)	서력
西方(せい ほう)	서방	北西(ほく せい)	북서
西部(せい ぶ)	서부	*東西(とう ざい)	동서

음훈	소리 성	聲	
日音	セイ	日訓	声(こえ)

声援(せい えん)	성원	音声(おん せい)	음성
声楽(せい がく)	성악	発声(はっ せい)	발성
声明(せい めい)	성명	名声(めい せい)	명성

練習

① 展覧会までにこの絵を完成しなければならない。《　　　》
(전람회까지 이 그림을 완성하지 않으면 안 된다.)

② 日本は東西に細長い国だ。《　　　》
(일본은 동서로 가늘고 긴 나라이다.)

③ ○○運動を支持する人たちが声明を発表した。《　　　》
(○○운동을 지지하는 사람들이 성명을 발표했다.)

음훈	억제할 **제**		
日音	セイ	日訓	―

制度(せい ど)	제도	体制(たい せい)	체제
制定(せい てい)	제정	規制(き せい)	규제
制服(せい ふく)	제복	統制(とう せい)	통제

음훈	성품 **성**		
日音	セイ・ショウ	日訓	―

性格(せい かく)	성격	個性(こ せい)	개성
性質(せい しつ)	성질	知性(ち せい)	지성
性能(せい のう)	성능	性分(しょう ぶん)	성분

음훈	푸를 **청**		
日音	セイ・ショウ	日訓	青(あお)い

青春(せい しゅん)	청춘	青銅(せい どう)	청동
青果(せい か)	청과	青少年(せい しょう ねん)	청소년
青年(せい ねん)	청년	緑青(ろく しょう)	녹청

練習

① 軍事体制の中では人々の自由は許されない。《　　　　》
(군사체제 속에서는 사람들의 자유는 용납되지 않는다.)

② あの人は性格がいいから、皆に好かれる。《　　　　》
(저 사람은 성격이 좋아서 모두 좋아한다.)

③ 青少年のスポーツ会が開かれる。《　　　　》
(청소년의 스포츠 모임이 열리다.)

	음훈	정사 **정**		
政	日音	セイ	日訓	政(まつりごと)

政権(せい けん)	정권	政策(せい さく)	정책
政府(せい ふ)	정부	行政(ぎょう せい)	행정
政治(せい じ)	정치	国政(こく せい)	국정

	음훈	살필 **성·생**		
省	日音	セイ・ショウ	日訓	省(はぶ)く

省察(せい さつ)	성찰	反省(はん せい)	반성
帰省(き せい)	귀성	省略(しょう りゃく)	생략
自省(じ せい)	자성	文部省(もん ぶ しょう)	문부성

	음훈	맑을 **청**	清	
清	日音	セイ	日訓	清(きよ)い

清潔(せい けつ)	청결	清浄(せい じょう)	청정
清掃(せい そう)	청소	清涼(せい りょう)	청량
清算(せい さん)	청산	清貧(せい ひん)	청빈

練習

① これは日本政府が発行したパスポートです。《　　　》
(이것은 일본정부가 발행한 여권입니다.)

② 今日の態度は良くなかったと反省している。《　　　》
(오늘 태도는 좋지 않았다고 반성하고 있다.)

③ 台所はいつも清潔にしておいてください。《　　　》
(부엌은 항상 청결히 해 놓으세요)

음훈 기세 **세**

日音 セイ　　　　**日訓** 勢(いきお)い

勢力(せい りょく)	세력	情勢(じょう せい)	정세
運勢(うん せい)	운세	権勢(けん せい)	권세
姿勢(し せい)	자세	優勢(ゆう せい)	우세

음훈 지을 **제**

日音 セイ　　　　**日訓** ―

製作(せい さく)	제작	特製(とく せい)	특제
製品(せい ひん)	제품	鉄製(てっ せい)	철제
製造(せい ぞう)	제조	外国製(がい こく せい)	외국제

음훈 가지런할 **정**

日音 セイ　　　　**日訓** 整(ととの)える

整然(せい ぜん)	정연	整備(せい び)	정비
整理(せい り)	정리	調整(ちょう せい)	조정
整列(せい れつ)	정렬	修整(しゅう せい)	수정

練習

① 世界の情勢は一年前とはすいぶん変わった。《　　　》

（세계 정세는 1년전과는 무척 변했다.）

② 日本は原料を輸入して製品を輸出する。《　　　》

（일본은 원료를 수입하고 제품을 수출한다.）

③ 机の中を整理して、要らないものを捨てた。《　　　》

（책상 속을 정리하여 필요 없는 것은 버렸다.）

음훈 별 **성**	
日音 セイ	日訓 星(ほし)

星座(せい ざ)	성좌	金星(きん せい)	금성
星霜(せい そう)	성상	流星(りゅう せい)	유성
衛星(えい せい)	위성	木星(もく せい)	목성

음훈 성할 **성**	
日音 セイ・ジョウ	日訓 盛(さか)んな

盛況(せい きょう)	성황	全盛(ぜん せい)	전성
盛大(せい だい)	성대	隆盛(りゅう せい)	융성
盛衰(せい すい)	성쇠	繁盛(はん じょう)	번성

음훈 맑을 **청**	
日音 セイ	日訓 晴(は)れる

晴雨(せい う)	청우	晴朗(せい ろう)	청랑
晴天(せい てん)	청천	快晴(かい せい)	쾌청

練習

① 月は地球の衛星だ。《　　　　》
(달은 지구의 위성이다.)

② 盛大な結婚式が帝国ホテルで行なわれた。《　　　　》
(성대한 결혼식이 제국 호텔에서 행해졌다.)

③ 今日は快晴で富士山がよく見える。《　　　　》
(오늘은 쾌청해서 후지산이 잘 보인다.)

税

음훈	세금 **세**		
日音	ゼイ	日訓	―

税関(ぜい かん)	세관	税務(ぜい む)	세무
税金(ぜい きん)	세금	減税(げん ぜい)	감세
税制(ぜい せい)	세제	納税(のう ぜい)	납세

石

음훈	돌 **석**		
日音	セキ・シャク	日訓	石(いし)

石油(せき ゆ)	석유	岩石(がん せき)	암석
石炭(せき たん)	석탄	宝石(ほう せき)	보석
石材(せき ざい)	석재	磁石(じ しゃく)	자석

赤

음훈	붉을 **적**		
日音	セキ・シャク	日訓	赤(あか)い

赤色(せき しょく)	적색	赤道(せき どう)	적도
赤痢(せき り)	적리	*赤血球(せっ けっ きゅう)	적혈구
赤軍(せき ぐん)	적군	赤銅(しゃく どう)	적동

練習

① 酒やタバコの税金は値段の中に入っている。《　　　》
(술이나 담배의 세금은 가격에 포함되어 있다.)

② 石油は化学工業の原料にもなる。《　　　》
(석유는 화학공업의 원료도 된다.)

③ 夏は赤痢のような消化器の病気にかかりやすい。《　　　》
(여름은 적리 같은 소화기의 병에 걸리기 쉽다.)

음훈	자리 **석**		
日音	セキ	日訓	―

席上(せき じょう)	석상	主席(しゅ せき)	주석
座席(ざ せき)	좌석	相席(あい せき)	합석
出席(しゅっ せき)	출석	指定席(し てい せき)	지정석

음훈	쌓을 **적**		
日音	セキ	日訓	積(つも)る

積載(せき さい)	적재	体積(たい せき)	체적
積雪(せき せつ)	적설	蓄積(ちく せき)	축적
*積極的(せっ きょく てき)	적극적	面積(めん せき)	면적

음훈	꾸짖을 **책**		
日音	セキ	日訓	責(せ)める

責任(せき にん)	책임	問責(もん せき)	문책
責務(せき む)	책무	職責(しょく せき)	직책
自責(じ せき)	자책	重責(じゅう せき)	중책

練習

① 卒業式には母も出席した。《　　　　》
（졸업식에는 어머니도 출석했다.）

② 私もこれから積極的に協力します。《　　　　》
（저도 이제부터 적극적으로 협력하겠습니다.）

③ 自分の言ったことに責任を負わなければいけない。《　　　　》
（자신이 말한 것에 책임을 지지 않으면 안 된다.）

음훈	발자취 **적**		
日音	せき	日訓	跡(あと)

遺跡(い せき)	유적	史跡(し せき)	사적
旧跡(きゅう せき)	구적	追跡(つい せき)	추적
古跡(こ せき)	고적	筆跡(ひっ せき)	필적

음훈	길쌈할 **적**		
日音	セキ	日訓	積(つ)む

業績(ぎょう せき)	업적	実績(じっ せき)	실적
成績(せい せき)	성적	紡績(ぼう せき)	방적
功績(こう せき)	공적		

음훈	끊을 **절**, 모두 **체**		
日音	セツ・サイ	日訓	切(き)る

切断(せつ だん)	절단	親切(しん せつ)	친절
切実(せつ じつ)	절실	適切(てき せつ)	적절
大切(たい せつ)	소중함	一切(いっ さい)	일체

練習

① 警察が泥棒を追跡した。《　　　　》
　(경찰이 도둑을 추적했다.)

② 彼はいい実績を上げて課長になった。《　　　　》
　(그는 좋은 실적을 올려 과장이 되었다.)

③ 世の中に健康ほど大切なものはない。《　　　　》
　(세상에 건강만큼 소중한 것은 없다.)

設 음훈) 베풀 **설**
日音) セツ　　　日訓) 設(もう)ける

設立(せつ りつ)	설립	*設置(せっ ち)	설치
設備(せつ び)	설비	施設(し せつ)	시설
*設計(せっ けい)	설계	建設(けん せつ)	건설

説 음훈) 말씀 **설·세**
日音) セツ・ゼイ　　　日訓) 説(と)く

説明(せつ めい)	설명	小説(しょう せつ)	소설
*説得(せっ とく)	설득	*演説(えん ぜつ)	연설
解説(かい せつ)	해설	遊説(ゆう ぜい)	유세

折 음훈) 꺾을 **절**
日音) セツ　　　日訓) 折(お)る

*折衝(せっ しょう)	절충	挫折(ざ せつ)	좌절
*折半(せっ ぱん)	절반	屈折(くっ せつ)	굴절
*骨折(こっ せつ)	골절	曲折(きょく せつ)	곡절

練習

① この学校の施設を見学したい。《　　　　》
(이 학교의 시설을 견학하고 싶다.)

② 選挙の演説を聞きに行った。《　　　　》
(선거 연설을 들으러 갔다.)

③ その問題はアメリカと折衝して決めます。《　　　　》
(그 문제는 미국과 절충해서 정하겠습니다.)

接 음훈 댈 **접**

日音 セツ　　　日訓 接(つ)ぐ

接続(せつ ぞく)	접속	直接(ちょく せつ)	직접
*接近(せっ きん)	접근	面接(めん せつ)	면접
間接(かん せつ)	간접	溶接(よう せつ)	용접

雪 음훈 눈 **설**

日音 セツ　　　日訓 雪(ゆき)

雪害(せつ がい)	설해	降雪(こう せつ)	강설
雪原(せつ げん)	설원	残雪(ざん せつ)	잔설
雪辱(せつ じょく)	설욕	積雪(せき せつ)	적설

絶 음훈 끊을 **절**

日音 ゼツ　　　日訓 絶(た)やす

*絶対(ぜっ たい)	절대	絶望(ぜつ ぼう)	절망
*絶賛(ぜっ さん)	절찬	拒絶(きょ ぜつ)	거절
*絶好(ぜっ こう)	절호	謝絶(しゃ ぜつ)	사절

練習

① 入社試験は筆記だけでなく 面接もある。《　　　　》

（입사시험은 필기뿐만 아니라 면접도 있다.）

② 冬、日本海がわでは 積雪が10メートルもある。《　　　　》

（겨울에 일본해 쪽에서는 적설이 10미터나 된다.）

③ 死というものは 絶対のものだ。《　　　　》

（죽음이라는 것은 절대의 것이다.）

千	음훈 일천 **천**	
	日音 セン	日訓 千(ち)

千円(せん えん)	천엔	千万(せん まん)	천만
千古(せん こ)	천고	千差万別(せん さ ばん べつ)	
千金(せん きん)	천금		천차만별

専	음훈 오로지 **전**	專
	日音 セン	日訓 専(もっぱ)ら

専攻(せん こう)	전공	専業(せん ぎょう)	전업
専門(せん もん)	전문	専念(せん ねん)	전념
専属(せん ぞく)	전속	専用(せん よう)	전용

先	음훈 먼저 **선**	
	日音 セン	日訓 先(さき)

先生(せん せい)	선생	先導(せん どう)	선도
先月(せん げつ)	지난달	先輩(せん ぱい)	선배
先頭(せん とう)	선두	優先(ゆう せん)	우선

練習

① 財布の中には千円札しか入っていない。 《　　　》
(지갑 속에는 천엔 지폐밖에 들어 있지 않다.)

② 私は日本文化を専門に勉強するつもりです。 《　　　》
(나는 일본문화를 전문으로 공부할 생각입니다.)

③ シルバーシートというのは、老人優先の席です。 《　　　》
(실버 시트라는 것은 노인 우선석입니다.)

船

음훈	배 **선**	
日音	セン	日訓　船(ふね)

船員(せん いん)	선원	造船(ぞう せん)	조선
船室(せん しつ)	선실	漁船(ぎょ せん)	어선
船舶(せん ぱく)	선박	貨物船(か もつ せん)	화물선

戦　戰

음훈	싸움 **전**	
日音	セン	日訓　戦(たたか)う

戦争(せん そう)	전쟁	苦戦(く せん)	고전
戦後(せん ご)	전후	決戦(けっ せん)	결전
戦闘(せん とう)	전투	作戦(さく せん)	작전

線

음훈	줄 **선**	
日音	セン	日訓　―

線路(せん ろ)	선로	路線(ろ せん)	노선
視線(し せん)	시선	直線(ちょく せん)	직선
幹線(かん せん)	간선	曲線(きょく せん)	곡선

練習

① いろいろな貨物船が港に出入りしている。《　　　》
(여러 가지 화물선이 항구에 출입하고 있다.)

② やり方は作戦会議に決めたとおりにして下さい。《　　　》
(방법은 작전회의에서 정한 대로 하세요.)

③ 収入があまり上がらない路線が多い。《　　　》
(수입은 그다지 오르지 않는 노선이 많다.)

選　음훈 가릴 **선**　日音 セン　　選　日訓 選(えら)ぶ

選挙(せん きょ)	선거	選択(せん たく)	선택
選手(せん しゅ)	선수	改選(かい せん)	개선
選出(せん しゅつ)	선출	当選(とう せん)	당선

占　음훈 점칠 **점**　日音 セン　　日訓 占(し)める

占拠(せん きょ)	점거	占星術(せん せい じゅつ)	점성술
占有(せん ゆう)	점유	独占(どく せん)	독점
占領(せん りょう)	점령		

泉　음훈 샘 **천**　日音 セン　　日訓 泉(いずみ)

泉水(せん すい)	샘물	鉱泉(こう せん)	광천
温泉(おん せん)	온천	黄泉(こう せん)	황천
源泉(げん せん)	원천		

練習

① 私は当選したら、地域の発展に貢献します。《　　　　》
（제가 당선되면 지역 발전에 공헌하겠습니다.）

② あの店はピンポン台を独占している。《　　　　》
（저 가게는 탁구대를 독점하고 있다.）

③ 日本は火山が多いから温泉も多い。《　　　　》
（일본은 화산이 많아서 온천도 많다.）

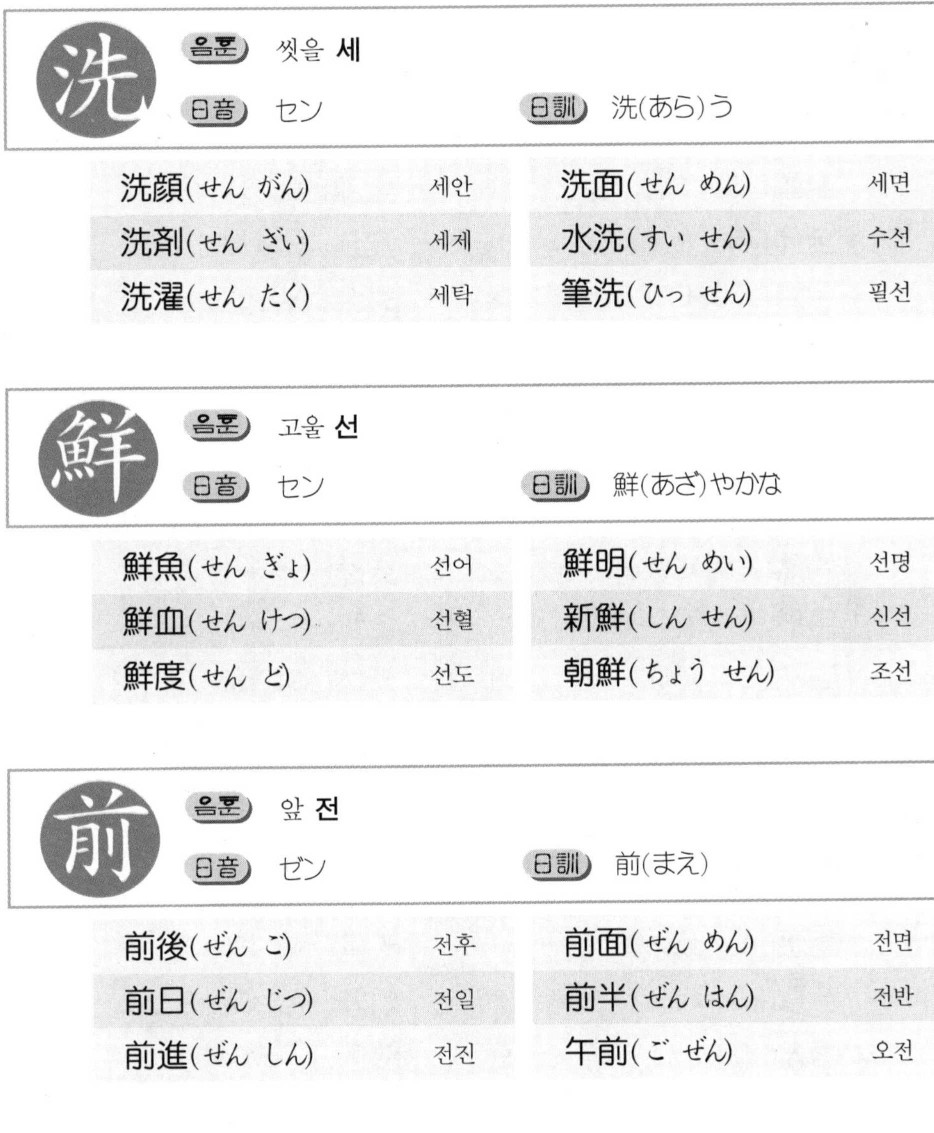

	음훈	씻을 세			
洗	日音	セン	日訓	洗(あら)う	

洗顔(せん がん)	세안	洗面(せん めん)	세면
洗剤(せん ざい)	세제	水洗(すい せん)	수선
洗濯(せん たく)	세탁	筆洗(ひっ せん)	필선

	음훈	고울 선			
鮮	日音	セン	日訓	鮮(あざ)やかな	

鮮魚(せん ぎょ)	선어	鮮明(せん めい)	선명
鮮血(せん けつ)	선혈	新鮮(しん せん)	신선
鮮度(せん ど)	선도	朝鮮(ちょう せん)	조선

	음훈	앞 전			
前	日音	ゼン	日訓	前(まえ)	

前後(ぜん ご)	전후	前面(ぜん めん)	전면
前日(ぜん じつ)	전일	前半(ぜん はん)	전반
前進(ぜん しん)	전진	午前(ご ぜん)	오전

練習

① 天気がいいので、洗濯したものがよく乾く。《　　　　》
　　(날씨가 좋아서 세탁한 것이 잘 마르다.)

② 海のそばだから魚の料理が新鮮だ。《　　　　》
　　(바닷가라서 생선 요리가 신선하다.)

③ 午前九時までに駅へ集まってください。《　　　　》
　　(오전 9시까지 역에 모여 주세요.)

음훈	온전할 **전**		
日音	ゼン	日訓	全(まった)く

全国(ぜん こく)	전국	全部(ぜん ぶ)	전부
全体(ぜん たい)	전체	安全(あん ぜん)	안전
全身(ぜん しん)	전신	完全(かん ぜん)	완전

음훈	그럴 **연**		
日音	ゼン・ネン	日訓	—

偶然(ぐう ぜん)	우연	突然(とつ ぜん)	돌연
自然(し ぜん)	자연	全然(ぜん ぜん)	전연
当然(とう ぜん)	당연	天然(てん ねん)	천연

음훈	착할 **선**		
日音	ゼン	日訓	善(よ)い

善悪(ぜん あく)	선악	改善(かい ぜん)	개선
善意(ぜん い)	선의	親善(しん ぜん)	친선
善人(ぜん にん)	선인	慈善(じ ぜん)	자선

練習

① 山全体が雪の中に入ってしまって少しも見えない。《 　 》
(산 전체가 눈 속에 묻혀 버려 조금도 보이지 않는다.)

② 夏休みには自然の中で体を鍛えよう。《 　 》
(여름방학에는 자연 속에서 몸을 단련하자.)

③ 両国は親善のために、スポーツの試合をした。《 　 》
(양국은 친선을 위해 스포츠 시합을 했다.)

組	**음훈** 짤 **조**		
	日音 ソ	**日訓** 組(く)む	

組閣(そ かく)	조각	日教組(にっ きょう そ)	일교조
組織(そ しき)	조직	労組(ろう そ)	노조
組成(そ せい)	조성	組合(くみ あい)	조합

素	**음훈** 흴 **소**		
	日音 ソ・ス	**日訓**	

素材(そ ざい)	소재	元素(げん そ)	원소
素質(そ しつ)	소질	要素(よう そ)	요소
素朴(そ ぼく)	소박	素顔(す がお)	맨얼굴

措	**음훈** 둘 **조**		
	日音 そ	**日訓** —	

措辞(そ じ)	조사	挙措(きょ そ)	거조
措置(そ ち)	조치		

練習

① 組合を組織して、みんな一緒に戦おう。《　　　》
　　(조합을 조직하여 모두 함께 싸우자.)

② 生産の三要素は土地・労働・資本である。《　　　》
　　(생산의 3요소는 토지・노동・자본이다.)

③ 政府は、牛肉の輸入禁止の措置を取った。《　　　》
　　(정부는 소고기의 수입금지 조치를 취했다.)

음훈	하소연할 **소**		
日音	ソ	日訓	訴(うった)える

訴訟(そ しょう)	소송	起訴(き そ)	기소
訴状(そ じょう)	소장	告訴(こく そ)	고소
哀訴(あい そ)	애소	提訴(てい そ)	제소

음훈	일찍 **조**		
日音	ソウ・サッ	日訓	早(はや)い

早期(そう き)	조기	早婚(そう こん)	조혼
早急(そう きゅう)	조급	早熟(そう じゅく)	조숙
早朝(そう ちょう)	조조	早速(さっ そく)	조속

음훈	다툴 **쟁**		
日音	ソウ	日訓	争(あらそ)う

争議(そう ぎ)	쟁의	戦争(せん そう)	전쟁
争奪(そう だつ)	쟁탈	闘争(とう そう)	투쟁
競争(きょう そう)	경쟁	論争(ろん そう)	논쟁

練習

① 住民は会社を相手に、公害訴訟を起こした。《　　　》

　(주민은 회사를 상대로 공해소송을 일으켰다.)

② 毎朝六時に起きて早朝マラソンをやっている。《　　　》

　(매일 아침 6시에 일어나서 조조 마라톤을 하고 있다.)

③ 労働組合は賃上げ闘争を今年もする。《　　　》

　(노동조합은 임금인상 투쟁을 올해도 한다.)

음훈	서로 **상**		
日音	ソウ・ショウ	日訓	相(あい)

相談(そう だん)	상담	形相(ぎょう そう)	형상
相当(そう とう)	상당	真相(しん そう)	진상
相場(そう ば)	시세	首相(しゅ しょう)	수상

음훈	보낼 **송**	送	
日音	ソウ	日訓	送(おく)る

送金(そう きん)	송금	運送(うん そう)	운송
送迎(そう げい)	송영	輸送(ゆ そう)	수송
送別(そう べつ)	송별	放送(ほう そう)	방송

음훈	생각할 **상**		
日音	ソウ・ソ	日訓	―

想起(そう き)	상기	予想(よ そう)	예상
想像(そう ぞう)	상상	思想(し そう)	사상
回想(かい そう)	회상	構想(こう そう)	구상

練習

① 今度の地震で相当の人が死んだらしい。《　　　　》
　　(이번 지진으로 상당한 사람이 죽은 것 같다.)

② 毎日テレビのニュースを放送する。《　　　　》
　　(매일 텔레비전 뉴스를 본다.)

③ 選挙の結果は予想したとおりだった。《　　　　》
　　(선거 결과는 예상한 대로였다.)

음훈	거느릴 **총**		總	
日音	ソウ		日訓	—

総会(そう かい)	총회	総評(そう ひょう)	총평
総合(そう ごう)	종합	総督(そう とく)	총독
総裁(そう さい)	총재	総理(そう り)	총리

음훈	달아날 **주**			
日音	ソウ		日訓	走(はし)る

走行(そう こう)	주행	滑走(かっ そう)	활주
走者(そう しゃ)	주자	競走(きょう そう)	경주
走破(そう は)	주파	脱走(だっ そう)	탈주

음훈	아뢸 **주**			
日音	ソウ		日訓	奏(かな)でる

奏楽(そう がく)	주악	合奏(がっ そう)	합주
奏者(そう しゃ)	주자	伴奏(ばん そう)	반주
演奏(えん そう)	연주	独奏(どく そう)	독주

練習

① 学生総会があるから、出席してください。《　　　》
(학생총회가 있으니까 출석해 주세요)

② リレーの第一走者は野村さんです。《　　　》
(릴레이의 첫번 주자는 노무라 씨입니다.)

③ バイオリンの演奏を聞きに行く。《　　　》
(바이올린 연주를 들으러 가다.)

草	음훈	풀 초		
	日音 ソウ		日訓 草(くさ)	

草案(そう あん)	초안	雑草(ざっ そう)	잡초
草原(そう げん)	초원	除草(じょ そう)	제초
草食(そう しょく)	초식	薬草(やく そう)	약초

倉	음훈	곳집 창		
	日音 ソウ		日訓 庫(くら)	

倉庫(そう こ)	창고	船倉(せん そう)	선창
穀倉(こく そう)	곡창		

捜	음훈	찾을 수	捜	
	日音 ソウ		日訓 捜(さが)す	

捜査(そう さ)	수사	捜索(そう さく)	수색

練習

① 憲法を改正するために草案が作られた。《　　　》
(헌법을 개정하기 위해 초안이 만들어졌다.)

② その商品は倉庫にあるから、今出してきます。《　　　》
(그 상품은 창고 있으니까 지금 꺼내 오겠습니다.)

③ 犯人の捜索に警察では犬を使うこともある。《　　　》
(범인 수색에 경찰에서는 개를 사용하는 경우도 있다.)

窓	음훈	창 **창**		
	日音 ソウ		日訓 窓(まど)	

窓外(そう がい)	창밖	車窓(しゃ そう)	차창
学窓(がく そう)	학창	同窓(どう そう)	동창

創	음훈	비롯할 **창**		
	日音 ソウ		日訓 ―	

創作(そう さく)	창작	創業(そう ぎょう)	창업
創造(そう ぞう)	창조	創意(そう い)	창의
創立(そう りつ)	창립	独創(どく そう)	독창

装	음훈	꾸밀 **장**	裝	
	日音 ソウ		日訓 装(よそお)う	

装置(そう ち)	장치	服装(ふく そう)	복장
装飾(そう しょく)	장식	武装(ぶ そう)	무장
装備(そう び)	장비	包装(ほう そう)	포장

練習

① 同窓生が集まって、学生のころの話をした。《　　　》
(동창생이 모여서 학생 시절의 이야기를 했다.)

② 神が天地を創造したと人々は信じていた。《　　　》
(신이 천지를 창조했다고 사람들은 믿고 있었다.)

③ 自動警報装置が火事を知らせる。《　　　》
(자동경보장치가 화재를 알리다.)

層	음훈	층 **층**			
	日音 ソウ		日訓 —		

層雲(そう うん)	층운	上層(じょう そう)	상층
高層(こう そう)	고층	断層(だん そう)	단층
地層(ち そう)	지층	婦人層(ふ じん そう)	부인층

操	음훈	잡을 **조**			
	日音 ソウ		日訓 操(あやつ)る		

操業(そう ぎょう)	조업	節操(せっ そう)	절조
操作(そう さ)	조작	体操(たい そう)	체조
操縦(そう じゅう)	조종	貞操(てい そう)	정조

騒	음훈	시끄러울 **소** 騒			
	日音 ソウ		日訓 騒(さわ)ぐ		

騒音(そう おん)	소음	騒乱(そう らん)	소란
騒動(そう どう)	소동	狂騒(きょう そう)	광소
騒然(そう ぜん)	소연		

練習

① 戦争反対という意見は、婦人層に特に多い。《　　　》

（전쟁반대라는 의견은 여성층에 특히 많다.）

② パイロットは飛行機を操縦する。《　　　》

（파일럿은 비행기를 조종한다.）

③ 大金がほんの少しの間に盗まれて大騒動になった。《　　　》

（큰돈을 순식간에 도둑맞아 대소동이 일어났다.）

음훈	지을 **조**		
日音	ゾウ	日訓	造(つく)る

造花(ぞう か)	조화	改造(かい ぞう)	개조
造船(ぞう せん)	조선	構造(こう ぞう)	구조
偽造(ぎ ぞう)	위조	製造(せい ぞう)	제조

음훈	더할 **증**	増	
日音	ゾウ	日訓	増(ま)す

増加(ぞう か)	증가	増産(ぞう さん)	증산
増大(ぞう だい)	증대	急増(きゅう ぞう)	급증
増資(ぞう し)	증자	倍増(ばい ぞう)	배증

음훈	곳집 **장**		
日音	ゾウ	日訓	蔵(くら)

蔵書(ぞう しょ)	장서	貯蔵(ちょ ぞう)	저장
蔵相(ぞう しょう)	장상	埋蔵(まい ぞう)	매장
所蔵(しょ ぞう)	소장	冷蔵庫(れい ぞう こ)	냉장고

練習

① 缶詰には製造年月日が書いてある。《　　　　　》

（통조림에는 제조 연월일이 적혀 있다.）

② 日本は年々輸出が増大している。《　　　　　》

（일본은 해마다 수출이 증대하고 있다.）

③ 来年度は減税をしないと蔵相が語った。《　　　　　》

（내년도는 감세하지 않겠다고 재무상이 말했다.）

像

음훈	형상 **상**	
日音	ゾウ	日訓 —

映像（えい ぞう）	영상	現像（げん ぞう）	현상
想像（そう ぞう）	상상	実像（じつ ぞう）	실상
肖像（しょう ぞう）	초상	虚像（きょ ぞう）	허상

贈

음훈	줄 **증**		贈
日音	ゾウ	日訓	贈（おく）る

贈呈（ぞう てい）	증정	贈賄（ぞう わい）	증회
贈答（ぞう とう）	증답	寄贈（き ぞう）	기증
贈与（ぞう よ）	증여	恵贈（けい ぞう）	혜증

足

음훈	발 **족**	
日音	ソク	日訓 足（あし）

遠足（えん そく）	소풍	*満足（まん ぞく）	만족
蛇足（だ そく）	사족	不足（ふ そく）	부족
充足（じゅう そく）	충족	発足（はっ そく）	발족

練習

① これはこの会社を始めた人の肖像画です。《　　　　》

(이것은 이 회사를 시작한 사람의 초상화입니다.)

② 記念品として、これを贈呈します。《　　　　》

(기념품으로써 이것을 증정하겠습니다.)

③ 世界は何年か後には食糧が不足するそうだ。《　　　　》

(세계는 몇 년 후에는 식량이 부족하다고 한다.)

即	음훈 곧 즉		即	
	日音 ソク		日訓 ―	

即位(そく い)	즉위	即売(そく ばい)	즉매
即死(そく し)	즉사	*即効(そっ こう)	즉효
即席(そく せき)	즉석	即答(そく とう)	즉답

束	음훈 묶을 속	
	日音 ソク	日訓 束(たば)

束縛(そく ばく)	속박	拘束(こう そく)	구속
束髪(そく はつ)	속발	約束(やく そく)	약속
結束(けっ そく)	결속		

則	음훈 법 칙	
	日音 ソク	日訓 ―

会則(かい そく)	회칙	罰則(ばっ そく)	벌칙
規則(き そく)	규칙	反則(はん そく)	반칙
原則(げん そく)	원칙	法則(ほう そく)	법칙

練習

① 展示したものは会場で即売します。《　　　　》
（전시한 것은 회장에서 즉매합니다.）

② 人は約束を破ってはいけない。《　　　　》
（사람은 약속을 어겨서는 안 된다.）

③ 原則として授業には毎日出席しなければならない。《　　　　》
（원칙적으로 수업은 매일 출석하지 않으면 안 된다.）

음훈 재촉할 **촉**	
日音 ソク	**日訓** 促(うなが)す

促音(そく おん)	촉음	催促(さい そく)	재촉
促進(そく しん)	촉진	督促(とく そく)	독촉
促成(そく せい)	촉성		

음훈 숨쉴 **식**	
日音 ソク	**日訓** 息(いき)

安息(あん そく)	안식	嘆息(たん そく)	탄식
休息(きゅう そく)	휴식	窒息(ちっ そく)	질식
消息(しょう そく)	소식	利息(り そく)	이식;이자

음훈 빠를 **속**	
日音 ソク	**日訓** 速(はや)い

速達(そく たつ)	속달	高速(こう そく)	고속
速度(そく ど)	속도	急速(きゅう そく)	급속
速力(そく りょく)	속력	時速(じ そく)	시속

練習

① 経済の回復を促進するために金利を下げる。 《　　　》

(경제 회복을 촉진하기 위해 금리를 내리다.)

② 空を飛んでいた飛行機の消息が断った。 《　　　》

(하늘을 날고 있던 비행기의 소식이 끊어졌다.)

③ 新幹線は時速二百キロで走る。 《　　　》

(신칸센은 시속 200킬로로 달린다.)

음훈	측량할 측		
日音 ソク		日訓 測(はか)る	

測量(そく りょう)	측량	計測(けい そく)	계측
憶測(おく そく)	억측	推測(すい そく)	추측
観測(かん そく)	관측	予測(よ そく)	예측

음훈	이을 속	續	
日音 ゾク		日訓 続(つづ)ける	

続出(ぞく しゅつ)	속출	継続(けい ぞく)	계속
続発(ぞく はつ)	속발	連続(れん ぞく)	연속
続編(ぞく へん)	속편	接続(せつ ぞく)	접속

음훈	겨레 족		
日音 ゾク		日訓 —	

家族(か ぞく)	가족	遺族(い ぞく)	유족
種族(しゅ ぞく)	종족	親族(しん ぞく)	친족
民族(みん ぞく)	민족	水族館(すい ぞく かん)	수족관

練習

① 各地で観測したデータを集めて天気予報を出す。《　　　》
(각지에서 관측한 데이터를 모아서 일기예보를 낸다.)

② 研究は困難の連続だった。《　　　》
(연구는 고난의 연속이었다.)

③ 夕食は家族がそろって食べる。《　　　》
(저녁은 가족 모두 모여 먹는다.)

属

| 음훈 | 붙을 **속** | 屬 |
| 日音 | ゾク | 日訓 — |

属性(ぞく せい)	속성	付属(ふ ぞく)	부속
金属(きん ぞく)	금속	所属(しょ ぞく)	소속
従属(じゅう ぞく)	종속	専属(せん ぞく)	전속

卒

| 음훈 | 마칠 **졸** |
| 日音 | ソツ | 日訓 — |

卒業(そつ ぎょう)	졸업	中卒(ちゅう そつ)	중졸
*卒倒(そっ とう)	졸도	大卒(だい そつ)	대졸
高卒(こう そつ)	고졸	兵卒(へい そつ)	병졸

率

| 음훈 | 거느릴 **솔·률** |
| 日音 | ソツ・リツ | 日訓 率(ひき)いる |

引率(いん そつ)	인솔	比率(ひ りつ)	비율
軽率(けい そつ)	경솔	効率(こう りつ)	효율
真率(しん そつ)	진솔	能率(のう りつ)	능률

練習

① 金属の中で水銀がいちばん重い。《　　　》
(금속 중에서 수은이 가장 무겁다.)

② 嘘を付かないで率直に言ってください。《　　　》
(거짓말을 하지 말고 솔직히 말해 주세요.)

③ 男女の生まれる比率は男の方が少し多い。《　　　》
(남녀의 출생 비율은 남자가 조금 많다.)

음훈	마을 촌		
日音	ソン	日訓	村(むら)

村長(そん ちょう)	촌장	寒村(かん そん)	한촌
村民(そん みん)	촌민	漁村(ぎょ そん)	어촌
村落(そん らく)	촌락	農村(のう そん)	농촌

음훈	있을 존		
日音	ソン・ゾン	日訓	在(あ)る

存在(そん ざい)	존재	保存(ほ ぞん)	보존
存続(そん ぞく)	존속	生存(せい ぞん)	생존
現存(げん そん)	현존	共存(きょう ぞん)	공존

음훈	덜 손		
日音	ソン	日訓	損(そこ)なう

損害(そん がい)	손해	汚損(お そん)	오손
損失(そん しつ)	손실	破損(は そん)	파손
損傷(そん しょう)	손상	欠損(けっ そん)	결손

練習

① 最近、農村の人口が減っている。《　　　》
(최근 농촌 인구가 줄고 있다.)

② あらゆる国と共存をはかる。《　　　》
(여러 나라와 공존을 도모하다.)

③ 敵は大きな損害を受けたから、もう戦えないだろう。《　　》
(적은 커다란 손해를 입었으니까 이제 싸우지 못할 것이다.)

た行

三顧の礼

さんこのれい

出典	「蜀志・諸葛亮伝」
場面	演義において劉備が無名の孔明の草庵を三度訪れて軍師にしたという故事からきている。

解 説

三顧の礼が史実であったかどうかは裏付ける文献が無く解らない。出師の表に三顧の文字があるが、「魏略」での記述は違ったりしている。意味は礼を尽くして人を迎えるということである。名声高い劉備が当時無名で年も若い諸葛亮を三度顧みるということは凄いことなのだ。

用 例

一郎　いやー今日は久しぶりにパチンコで大勝♪」
太郎　へぇ。勝つこともあるんだ。」（－o－）ボソッ
一郎　おとといも昨日も同じ台に座ってたしね。三顧の礼を尽くしたかいがあったよ♪」
太郎　おい。それって用例あってるのか？」（爆）

他

음훈 다를 **타**

日音 タ　　　　　**日訓** 他(ほか)

他意(た い)	타의	他人(た にん)	타인
他界(た かい)	타계	自他(じ た)	자타
他国(た こく)	타국	排他(はい た)	배타

多

음훈 많을 **다**

日音 タ　　　　　**日訓** 多(おお)い

多種(た しゅ)	다종	多様(た よう)	다양
多少(た しょう)	다소	過多(か た)	과다
多数(た すう)	다수	雑多(ざっ た)	잡다

打

음훈 칠 **타**

日音 ダ　　　　　**日訓** 打(う)つ

打撃(だ げき)	타격	打撲(だ ぼく)	타박
打算(だ さん)	타산	安打(あん だ)	안타
打倒(だ とう)	타도	殴打(おう だ)	구타

練習

① 他人の言うことをよく聞きなさい。《　　　　　》

　　(남이 말한 것을 잘 듣거라.)

② 大多数の人はそれに賛成している。《　　　　　》

　　(대다수의 사람은 그것에 찬성하고 있다.)

③ 水害でたくさんの作物が打撃を受けた。《　　　　　》

　　(수해로 많은 작물이 타격을 입었다.)

太

음훈 클 **태**

日音 タイ・タ　　日訓 太(ふと)い

太古(たい こ)	태고	太陽(たい よう)	태양
太鼓(たい こ)	큰북	丸太(まる た)	통나무
太平洋(たい へい よう)	태평양		

対

음훈 마주볼 **대**　　　對

日音 タイ　　日訓 —

対決(たい けつ)	대결	対立(たい りつ)	대립
対策(たい さく)	대책	反対(はん たい)	반대
対象(たい しょう)	대상	絶対(ぜっ たい)	절대

体

음훈 몸 **체**　　　體

日音 タイ　　日訓 体(からだ)

体育(たい いく)	체육	全体(ぜん たい)	전체
体制(たい せい)	체제	団体(だん たい)	단체
体験(たい けん)	체험	具体的(ぐ たい てき)	구체적

練習

① 太陽が沈んで、あたりが暗くなった。《　　　》
　　(태양이 져서 주위가 어두워졌다.)

② この本は小学生を対象にして書いてある。《　　　》
　　(이 책은 초등학생을 대상으로 하여 쓰여져 있다.)

③ 団体を作って、海外へ旅行に行く。《　　　》
　　(단체를 만들어 해외에 여행을 가다.)

待	음훈 기다릴 **대**	
	日音 タイ	日訓 待(ま)つ

待遇(たい ぐう)	대우	期待(き たい)	기대
待望(たい ぼう)	대망	接待(せっ たい)	접대
待機(たい き)	대기	招待(しょう たい)	초대

隊	음훈 떼 **대**	隊
	日音 タイ	日訓 —

隊員(たい いん)	대원	楽隊(がく たい)	악대
隊商(たい しょう)	대상	軍隊(ぐん たい)	군대
隊列(たい れつ)	대열	兵隊(へい たい)	병대

態	음훈 태도 **태**	
	日音 タイ	日訓 —

態勢(たい せい)	태세	事態(じ たい)	사태
態度(たい ど)	태도	実態(じっ たい)	실태
形態(けい たい)	형태	状態(じょう たい)	상태

練習

① 子供の力以上のことを期待しても無理だ。《　　　》
(어린이의 힘 이상의 것을 기대해도 무리다.)

② ○○部隊は××基地へ移動した。《　　　》
(○○부대는 ××기지로 이동했다.)

③ 賛成か反対か態度を決めてください。《　　　》
(찬성인지 반대인지 태도를 정해 주세요.)

| 음훈 | 물러날 **퇴** | | |
| 日音 | タイ | 日訓 | 退(しりぞ)ける |

退学(たい がく)	퇴학	引退(いん たい)	은퇴
退職(たい しょく)	퇴직	後退(こう たい)	후퇴
退却(たい きゃく)	퇴각	撃退(げき たい)	격퇴

| 음훈 | 띠 **대** | | 帶 |
| 日音 | タイ | 日訓 | 帯(おび) |

地帯(ち たい)	지대	連帯(れん たい)	연대
携帯(けい たい)	휴대	熱帯(ねっ たい)	열대
世帯(せ たい)	세대	包帯(ほう たい)	붕대

| 음훈 | 잡을 **체** | | |
| 日音 | タイ | 日訓 | ― |

| 逮捕(たい ほ) | 체포 | 逮夜(たい や) | 체야 |

練習

① 父は定年退職して、今は家にいます。《　　　》
(아버지는 정년퇴직하여 지금은 집에 있습니다.)

② 千葉県の海岸には工業地帯が続いている。《　　　》
(치바현의 해안에는 공업지대가 이어져 있다.)

③ 泥棒が現行犯で逮捕された。《　　　》
(도둑이 현행범으로 체포되었다.)

음훈　바꿀 체	
日音　タイ	日訓　替(か)える

交替(こう たい)	교대	振替(ふり かえ)	대체
代替(だい たい)	대차		

음훈　빌릴 대	
日音　タイ	日訓　貸(か)す

貸借(たい しゃく)	대차	貸与(たい よ)	대여
貸費(たい ひ)	대비	賃貸(ちん たい)	임대

음훈　클 대	
日音　ダイ・タイ	日訓　大(おお)きい

大学(だい がく)	대학	大会(たい かい)	대회
大臣(だい じん)	대신	大衆(たい しゅう)	대중
最大(さい だい)	최대	大使(たい し)	대사

練習

① 休日が日曜のときは、月曜が振替休日になる。《　　　》
（휴일이 일요일일 때는 월요일이 대체 요일이 된다.）

② 賃貸住宅を探している。《　　　》
（임대주택을 찾고 있다.）

③ 琵琶湖は日本で最大のみずうみだ。《　　　》
（비와코는 일본에서 최대의 호수이다.）

代	음훈	대신할 **대**		
	日音	ダイ・タイ	日訓	代(か)わる

代理(だい り)	대리	現代(げん だい)	현대
代表(だい ひょう)	대표	世代(せ だい)	세대
時代(じ だい)	시대	交代(こう たい)	교대

台	음훈	토대 **대**	臺	
	日音	ダイ・タイ	日訓	—

台地(だい ち)	대지	天文台(てん もん だい)	천문대
灯台(とう だい)	등대	台風(たい ふう)	태풍
土台(ど だい)	토대	舞台(ぶ たい)	무대

第	음훈	차례 **제**		
	日音	ダイ	日訓	—

第一(だい いち)	제일	落第(らく だい)	낙제
及第(きゅう だい)	급제	第三(だい さん)	제삼
次第(し だい)	차제		

練習

① この荷物は重いから、二人で交代で待ちましょう。《　　　》
(이 짐은 무거우니까 둘이서 교대로 듭시다.)

② 一度あんな舞台に立って、歌を歌ってみたい。《　　　》
(한번 저런 무대에 서서 노래를 불러보고 싶다.)

③ 原子力は第三の火と言われる。《　　　》
(원자력은 제3의 불이라고 불리운다.)

음훈	집 **택**		
日音	タク	日訓	—

宅地(たく ち)	택지	住宅(じゅう たく)	주택
帰宅(き たく)	귀택	社宅(しゃ たく)	사택
自宅(じ たく)	자택	邸宅(てい たく)	저택

음훈	부탁할 **탁**		
日音	タク	日訓	—

託送(たく そう)	탁송	結託(けっ たく)	결탁
託児(たく じ)	탁아	信託(しん たく)	신탁
委託(い たく)	위탁	嘱託(しょく たく)	촉탁

음훈	통달할 **달**		
日音	タツ	日訓	—

達人(たつ じん)	달인	発達(はっ たつ)	발달
*達成(たっ せい)	달성	到達(とう たつ)	도달
熟達(じゅく たつ)	숙달	配達(はい たつ)	배달

練習

① 農地を勝手に宅地にすることは禁じられている。《　　　》
(농지를 마음대로 택지로 하는 것은 금지되어 있다.)

② このビルの掃除は掃除の会社に委託している。《　　　》
(이 빌딩 청소는 청소회사에 위탁하고 있다.)

③ 東京は電車が発達していて、交通は便利だ。《　　　》
(도쿄는 전차가 발달되어 있어 교통은 편리하다.)

脱 음훈 벗을 **탈**　日音 ダツ	脱　日訓 脱(ぬ)ぐ	

脱衣(だつ い)	탈의	脱落(だつ らく)	탈락
脱税(だつ ぜい)	탈세	逸脱(いつ だつ)	일탈
*脱退(だっ たい)	탈퇴	離脱(り だつ)	이탈

単 음훈 홑 **단**　日音 タン	單　日訓 ―	

単位(たん い)	단위	単身(たん しん)	단신
単純(たん じゅん)	단순	単調(たん ちょう)	단조
単独(たん どく)	단독	簡単(かん たん)	간단

担 음훈 멜 **담**　日音 タン	擔　日訓 担(かつ)ぐ	

担架(たん か)	들것	負担(ふ たん)	부담
担当(たん とう)	담당	分担(ぶん たん)	분담
担任(たん にん)	담임		

練習

① 意見が合わなかったので連盟を脱退した。《　　　》
　(의견이 맞지 않아서 연맹을 탈퇴했다.)

② 簡単な試験だから十分ぐらいでできるだろう。《　　　》
　(간단한 시험이니까 10분 정도면 할 수 있을 것이다.)

③ 私はこの学校で英語を担当しています。《　　　》
　(저는 이 학교에서 영어를 담당하고 있습니다.)

炭

| 음훈 | 숯 **탄** | | |
| 日音 | タン | 日訓 | 炭(すみ) |

炭化(たん か)	탄화	炭素(たん そ)	탄소
炭鉱(たん こう)	탄광	石炭(せき たん)	석탄
炭坑(たん こう)	탄갱	木炭(もく たん)	목탄

短

| 음훈 | 짧을 **단** | | |
| 日音 | タン | 日訓 | 短(みじか)い |

短期(たん き)	단기	短命(たん めい)	단명
短縮(たん しゅく)	단축	短波(たん ば)	단파
短所(たん しょ)	단점	長短(ちょう たん)	장단

端

| 음훈 | 끝 **단** | | |
| 日音 | タン | 日訓 | 端(はし) |

端的(たん てき)	단적	末端(まっ たん)	말단
端緒(たん しょ)	단서	発端(ほっ たん)	발단
先端(せん たん)	선단	極端(きょく たん)	극단

練習

① 石炭で走らせる汽車はもうない。《　　　》
　（석탄으로 달리는 기차는 이제 없다.）

② 工期を短縮して完成を急がせた。《　　　》
　（공기를 단축하여 완성을 서둘렀다.）

③ 極端から極端に走る。《　　　》
　（끝에서 끝으로 달리다.）

団	음훈	둥글 **단**	團	
	日音	ダン	日訓	―

団員(だん いん)	단원	団地(だん ち)	단지
団結(だん けつ)	단결	楽団(がく だん)	악단
団体(だん たい)	단체	集団(しゅう だん)	집단

男	음훈	사내 **남**		
	日音	ダン・ナン	日訓	男(おとこ)

男子(だん し)	남자	男性(だん せい)	남성
男児(だん じ)	남아	長男(ちょう なん)	장남
男女(だん じょ)	남녀	美男(び なん)	미남

断	음훈	끊을 **단**	斷	
	日音	ダン	日訓	断(ことわ)る

断食(だん じき)	단식	判断(はん だん)	판단
断水(だん すい)	단수	診断(しん だん)	진단
断絶(だん ぜつ)	단절	横断(おう だん)	횡단

練習

① 工場は工業団地内にある。《　　　　　》
（공장은 공업단지내에 있다.）

② あの高等学校は男子校だから、女子はいない。《　　　　　》
（저 고등학교는 남학교라서 여자는 없다.）

③ 山へ行った時、天候の判断を誤ると遭難する。《　　　　　》
（산에 갔을 때 날씨 판단을 잘못하면 조난된다.）

段 음훈 층계 **단** / 日音 ダン / 日訓 ―

段階(だん かい)	단계	手段(しゅ だん)	수단
段落(だん らく)	단락	値段(ね だん)	가격
石段(いし だん)	돌층계	階段(かい だん)	계단

談 음훈 말씀 **담** / 日音 ダン / 日訓 ―

談合(だん ごう)	담합	会談(かい だん)	회담
談判(だん ぱん)	담판	相談(そう だん)	상담
談話(だん わ)	담화	懇談(こん だん)	간담

弾 음훈 탄알 **탄** **彈** / 日音 ダン / 日訓 弾(はず)む

弾圧(だん あつ)	탄압	糾弾(きゅう だん)	규탄
弾丸(だん がん)	탄환	指弾(し だん)	지탄
弾力(だん りょく)	탄력	爆弾(ばく だん)	폭탄

練習

① デパートの品物(しなもの)には、みんな値段が書(か)いてある。 《　　　》
(백화점의 상품에는 모두 가격이 적혀 있다.)

② 三国(さんこく)の外相(がいしょう)はスイスで会談した。 《　　　》
(3국 외무장관은 스위스에서 회담했다.)

③ 古(ふる)くなったゴムは弾力がないので、すぐ割(わ)れる。 《　　　》
(낡은 고무는 탄력이 없어서 금방 끊어진다.)

地

음훈	땅 **지**		
日音	チ・ジ	日訓	―

地域(ち いき)	지역	土地(と ち)	토지
地下(ち か)	지하	地震(じ しん)	지진
地方(ち ほう)	지방	地元(じ もと)	연고지

知

음훈	알 **지**		
日音	チ	日訓	知(し)る

知識(ち しき)	지식	知事(ち じ)	지사
知人(ち じん)	지인	告知(こく ち)	고지
知性(ち せい)	지성	承知(しょう ち)	승지

値

음훈	값 **치**		
日音	チ	日訓	値(ね)

価値(か ち)	가치	絶対値(ぜっ たい ち)	절대치
数値(すう ち)	수치	測定値(そく てい ち)	측정치
近似値(きん じ ち)	근사치		

練習

① 私は家を建てたいが、土地が高くて買えない。《　　　》
（나는 집을 짓고 싶지만, 토지가 비싸서 살 수 없다.）

② 都知事の任期は四年である。《　　　》
（도지사의 임기는 4년이다.）

③ こんなもののなんか私にはなんの価値もない。《　　　》
（이런 것 따위 나에게는 아무런 가치도 없다.）

置	음훈 둘 **치**	
	日音 チ	日訓 置(お)く

位置(い　ち)	위치	配置(はい　ち)	배치
設置(せっ　ち)	설치	装置(そう　ち)	장치
措置(そ　ち)	조치	放置(ほう　ち)	방치

築	음훈 쌓을 **축**	
	日音 チク	日訓 築(きず)く

築城(ちく　じょう)	축성	建築(けん　ちく)	건축
築造(ちく　ぞう)	축조	構築(こう　ちく)	구축
改築(かい　ちく)	개축	新築(しん　ちく)	신축

茶	음훈 차 **차·다**	
	日音 チャ・サ	日訓 ―

茶色(ちゃ　いろ)	차색	緑茶(りょく　ちゃ)	녹차
茶屋(ちゃ　や)	찻집	茶道(さ　どう)	다도
紅茶(こう　ちゃ)	홍차	喫茶(きっ　さ)	끽다

練習

① 公害についての新しい主法措置を考えている。《　　　》

　(공해에 대한 새로운 주법 조치를 생각하고 있다.)

② 家を新築したので、そこへ移りました。《　　　》

　(집을 신축해서 그곳으로 옮겼습니다.)

③ あの喫茶店でコーヒーでも飲みましょう。《　　　》

　(저 다방에서 커피라도 마십시다.)

음훈	붙을 **착**		
日音	チャク	日訓	着(つ)く

着衣(ちゃく い)	착의	到着(とう ちゃく)	도착
着用(ちゃく よう)	착용	定着(てい ちゃく)	정착
着陸(ちゃく りく)	착륙	執着(しゅう ちゃく)	집착

음훈	가운데 **중**		
日音	チュウ	日訓	中(なか)

中央(ちゅう おう)	중앙	途中(と ちゅう)	도중
中間(ちゅう かん)	중간	集中(しゅう ちゅう)	집중
中心(ちゅう しん)	중심	発売中(はつ ばい ちゅう)	발매중

음훈	물댈 **주**		
日音	チュウ	日訓	注(そそ)ぐ

注意(ちゅう い)	주의	注文(ちゅう もん)	주문
注射(ちゅう しゃ)	주사	発注(はっ ちゅう)	발주
注目(ちゅう もく)	주목	脚注(きゃく ちゅう)	각주

練習

① 列車は定刻に上野駅に到着します。《　　　　》

（열차는 정각에 우에노 역에 도착하겠습니다.）

② 彼を中心に同じ考えの人が集まって会を作った。《　　　　》

（그를 중심으로 같은 생각을 가진 사람이 모여 모임을 만들었다.）

③ もう一度同じ間違いをしないように注意しなさい。《　　　》

（또 다시 같은 실수를 하지 않도록 주의하거라.）

| 음훈 | 버금 중 | | |
| 日音 | チュウ | 日訓 | — |

| 仲介(ちゅう かい) | 중개 | 仲秋(ちゅう しゅう) | 중추 |
| 仲裁(ちゅう さい) | 중재 | 伯仲(はく ちゅう) | 백중 |

| 음훈 | 낮 주 | 晝 | |
| 日音 | チュウ | 日訓 | 昼(ひる) |

| 昼夜(ちゅう や) | 주야 | 昼間(ちゅう かん) | 주간 |
| 昼食(ちゅう しょく) | 주식 | 白昼(はく ちゅう) | 백주 |

| 음훈 | 머무를 주 | | |
| 日音 | チュウ | 日訓 | — |

駐在(ちゅう ざい)	주재	駐留(ちゅう りゅう)	주류
駐車(ちゅう しゃ)	주차	進駐(しん ちゅう)	진주
駐屯(ちゅう とん)	주둔	常駐(じょう ちゅう)	상주

練習

① 不動産の仲介業務に携わっている。《　　　　》
   (부동산 중개업무에 종사하고 있다.)

② 昼食は会社の食堂で食べる。《　　　　》
   (점심은 회사 식당에서 먹는다.)

③ ここは道路ですから駐車禁止です。《　　　　》
   (여기는 도로이므로 주차금지입니다.)

음훈	쌓을 저		
日音	チョ	日訓	―

貯金(ちょ きん)	저금	貯蔵(ちょ ぞう)	저장
貯蓄(ちょ ちく)	저축	貯水池(ちょ すい ち)	저수지

음훈	관청 청	廳	
日音	チョウ	日訓	―

庁舎(ちょう しゃ)	청사	都庁(と ちょう)	도청
官庁(かん ちょう)	관청	県庁(けん ちょう)	현청
市庁(し ちょう)	시청	警視庁(けい し ちょう)	경시청

음훈	밭두둑 정		
日音	チョウ	日訓	町(まち)

町長(ちょう ちょう)	읍장	市町村(し ちょう むら)	시읍촌
町民(ちょう みん)	읍민	住吉町(すみ よし ちょう)	

練習

① 家を建てたいので、今は貯蓄している。《　　　　　》
(집을 짓고 싶어서 지금은 저축하고 있다.)

② 警視庁は韓国の警察庁にあたる。《　　　　　》
(경시청은 한국의 경찰청에 해당한다.)

③ 私の住所は住吉町1―5です。《　　　　　》
(제 주소는 스미요시 쵸 1-5입니다.)

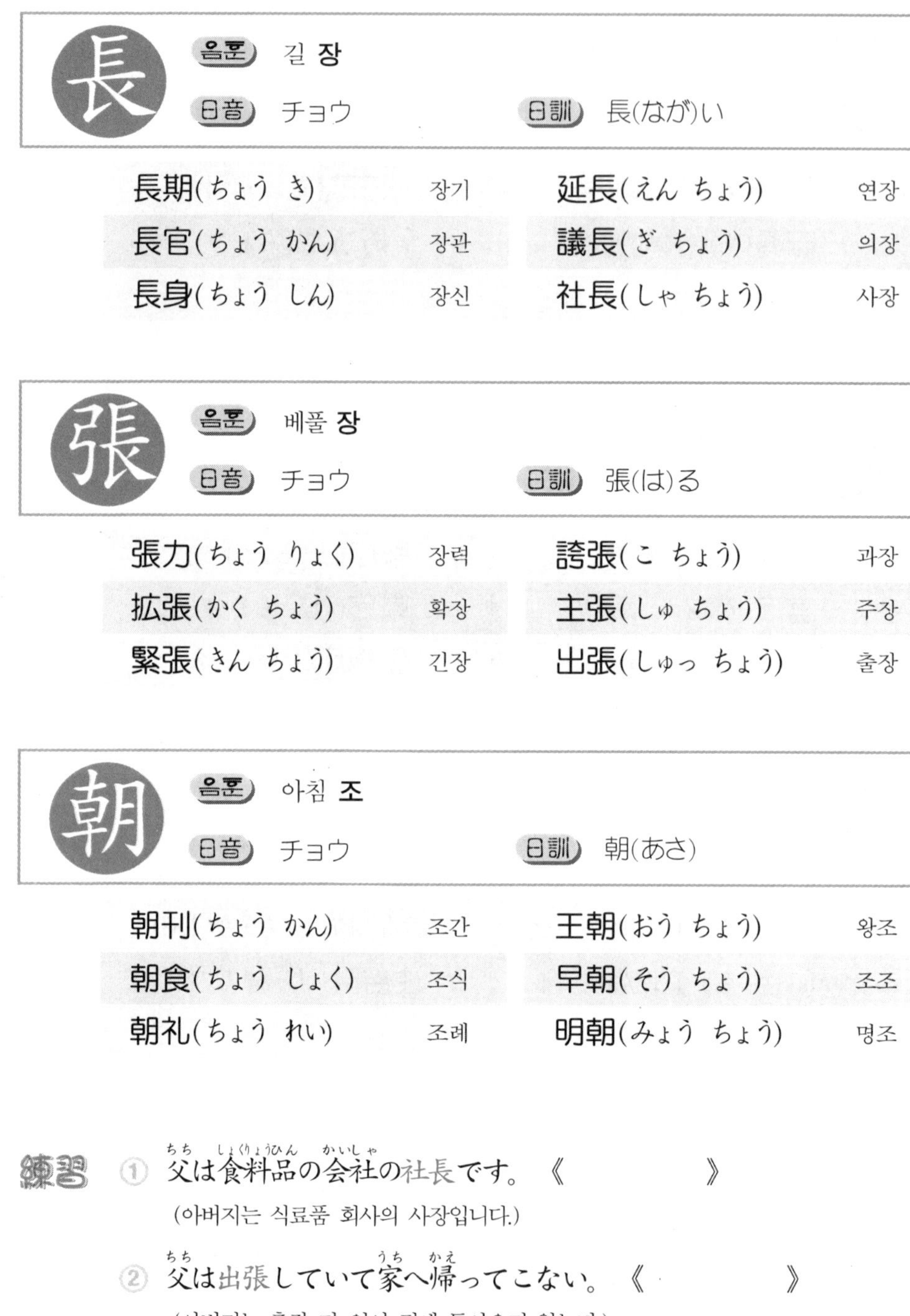

長 **음훈** 길 **장**　**日音** チョウ　**日訓** 長(なが)い

長期(ちょう き)	장기	延長(えん ちょう)	연장
長官(ちょう かん)	장관	議長(ぎ ちょう)	의장
長身(ちょう しん)	장신	社長(しゃ ちょう)	사장

張 **음훈** 베풀 **장**　**日音** チョウ　**日訓** 張(は)る

張力(ちょう りょく)	장력	誇張(こ ちょう)	과장
拡張(かく ちょう)	확장	主張(しゅ ちょう)	주장
緊張(きん ちょう)	긴장	出張(しゅっ ちょう)	출장

朝 **음훈** 아침 **조**　**日音** チョウ　**日訓** 朝(あさ)

朝刊(ちょう かん)	조간	王朝(おう ちょう)	왕조
朝食(ちょう しょく)	조식	早朝(そう ちょう)	조조
朝礼(ちょう れい)	조례	明朝(みょう ちょう)	명조

練習

① 父は食料品の会社の社長です。《　　　》

(아버지는 식료품 회사의 사장입니다.)

② 父は出張していて家へ帰ってこない。《　　　》

(아버지는 출장 가 있어 집에 돌아오지 않는다.)

③ 毎日 必ず朝刊と夕刊を見る。《　　　》

(매일 반드시 조간과 석간을 본다.)

음훈	고를 **조**		
日音	チョウ	日訓	調(しら)べる

調査(ちょう さ)	조사	調和(ちょう わ)	조화
調整(ちょう せい)	조정	強調(きょう ちょう)	강조
調節(ちょう せつ)	조절	順調(じゅん ちょう)	순조

음훈	네째천간 **정**		
日音	チョウ・テイ	日訓	―

丁数(ちょう すう)	정수	装丁(そう てい)	장정
丁半(ちょう はん)	짝홀	丁重(てい ちょう)	정중
落丁(らく ちょう)	낙정	何丁目(なん ちょう め)	몇번가

음훈	새 **조**		
日音	チョウ	日訓	鳥(とり)

鳥獣(ちょう じゅう)	조수	害鳥(がい ちょう)	해조
鳥類(ちょう るい)	조류	野鳥(や ちょう)	야조
益鳥(えき ちょう)	익조	白鳥(はく ちょう)	백조

練習

① 彼はそのことを何度も言って強調していた。《　　　》

（그는 그 것을 몇 번이고 말하며 강조하고 있었다.）

② あの人の住所は住吉町の五丁目五番です。《　　　》

（저 사람의 주소는 스미요시 정의 5번가 5번입니다.）

③ 今年もみずうみに白鳥が渡ってきた。《　　　》

（올해도 호수에 백조가 건너왔다.）

음훈	뛰어넘을 **초**		
日音	チョウ	日訓	越(こ)える

超越(ちょう えつ)	초월	超然(ちょう ぜん)	초연
超過(ちょう か)	초과	超満員(ちょう まん いん)	초만원
超人(ちょう じん)	초인	超特急(ちょう とっ きゅう)	초특급

음훈	창자 **장**		
日音	チョウ	日訓	—

腸炎(ちょう えん)	장염	大腸(だい ちょう)	대장
胃腸(い ちょう)	위장	断腸(だん ちょう)	단장
小腸(しょう ちょう)	소장		

음훈	부를 **징**		
日音	チョウ	日訓	—

徴候(ちょう こう)	징후	徴発(ちょう はつ)	징발
徴収(ちょう しゅう)	징수	象徴(しょう ちょう)	상징
徴税(ちょう ぜい)	징세	特徴(とく ちょう)	특징

練習

① 一年かかる仕事を超特急で完成した。《　　　　　》

　(1년 걸리는 일을 초특급으로 완성했다.)

② 胃腸が弱いので、たくさん食べられない。《　　　　　》

　(위장이 약해서 많이 먹을 수 없다.)

③ 桜の花は春の象徴とされている。《　　　　　》

　(벚꽃은 봄의 상징이 되어 있다.)

	음훈	들을 청	聴		
聴	日音	チョウ		日訓	聴(き)く

聴覚(ちょう かく)	청각	視聴(し ちょう)	시청
聴診(ちょう しん)	청진	傾聴(けい ちょう)	경청
聴衆(ちょう しゅう)	청중	傍聴(ぼう ちょう)	방청

	음훈	곧을 직			
直	日音	チョク・ジキ	日訓	直(なお)す	

直後(ちょく ご)	직후	直売(ちょく ばい)	직매
直接(ちょく せつ)	직접	垂直(すい ちょく)	수직
直線(ちょく せん)	직선	正直(しょう じき)	정직

	음훈	품삯 임		
賃	日音	チン	日訓	―

賃金(ちん ぎん)	임금	家賃(や ちん)	집세
賃借(ちん しゃく)	임차	労賃(ろう ちん)	노임
賃貸(ちん たい)	임대	運賃(うん ちん)	운임

練習

① 視聴者からの手紙を読んでみます。《　　　　　》
(시청자로부터 온 편지를 읽어 보겠습니다.)

② 電話より直接会ってわけを聞きたい。《　　　　　》
(전화보다 직접 만나서 이유를 듣고 싶다.)

③ このアパートは駅から近いので家賃が高い。《　　　　　》
(이 아파트는 역에서 가까워서 집세가 비싸다.)

追

음훈	따를 **추**		
日音	ツイ	日訓	追(お)う

追加(つい か)	추가	追求(つい きゅう)	추가
追跡(つい せき)	추적	追放(つい ほう)	추방
追従(つい じゅう)	추종	追突(つい とつ)	추돌

通

음훈	통할 **통**		
日音	ツウ	日訓	通(とお)る

通行(つう こう)	통행	交通(こう つう)	교통
通信(つう しん)	통신	普通(ふ つう)	보통
通路(つう ろ)	통로	開通(かい つう)	개통

痛

음훈	아플 **통**		
日音	ツウ	日訓	痛(いた)い

痛快(つう かい)	통쾌	頭痛(ず つう)	두통
痛切(つう せつ)	통절	腹痛(ふく つう)	복통
苦痛(く つう)	고통	鎮痛(ちん つう)	진통

練習

① あの会社は利益ばかり追求する。《　　　　　》
　（저 회사는 이익만 추구한다.）

② 地震の被害で通信が不通になった。《　　　　　》
　（지진 피해로 통신이 불통되었다.）

③ 昨日、酒を飲みすぎて、今日は頭痛がします。《　　　　　》
　（어제 과음을 해서 오늘은 두통이 납니다.）

음훈	낮을 저		
日音	テイ	日訓	低(ひく)い

低音(てい おん)	저음	高低(こう てい)	최저
低空(てい くう)	저공	低気圧(てい き あつ)	저기압
低調(てい ちょう)	저조	最低(さい てい)	최저

음훈	정할 정		
日音	テイ	日訓	定(さだ)める

定価(てい か)	정가	安定(あん てい)	안정
予定(よ てい)	예정	指定(し てい)	지정
決定(けっ てい)	결정	確定(かく てい)	확정

음훈	뜰 정		
日音	テイ	日訓	庭(にわ)

庭園(てい えん)	정원	家庭(か てい)	가정
庭球(てい きゅう)	정구	校庭(こう てい)	교정
庭訓(てい きん)	정훈	石庭(せき てい)	석정

練習

① 熱帯性の低気圧が近づいている。《　　　》

　(열대성 저기압이 다가오고 있다.)

② 物価が安定しているので、生活しやすい。《　　　》

　(물가가 안정되어 있어 생활하기 편하다.)

③ 学校教育だけでなく家庭教育も大切だ。《　　　》

　(학교교육뿐만 아니라 가정교육도 소중하다.)

提

음훈	끌 **제**
日音　テイ	日訓　提(さ)げる

提案(てい あん)	제안	提携(てい けい)	제휴
提出(てい しゅつ)	제출	提示(てい じ)	제시
提供(てい きょう)	제공	前提(ぜん てい)	전제

程

음훈	법 **정**
日音　テイ	日訓　ほど

程度(てい ど)	정도	道程(どう てい)	도정
過程(か てい)	과정	日程(にっ てい)	일정
規程(き てい)	규정	旅程(りょ てい)	여정

底

음훈	밑 **저**
日音　テイ	日訓　底(そこ)

底辺(てい へん)	저변	徹底(てっ てい)	철저
海底(かい てい)	해저	根底(こん てい)	근저
基底(き てい)	기저	地底(ち てい)	지저

練習

① この番組は〇〇会社提供でお送りしました。《　　　》

(이 프로그램은 〇〇회사 제공으로 보내 드렸습니다.)

② 製造過程で手違いがあったらしい。《　　　》

(제조과정에서 착오가 있었던 것 같다.)

③ あんなひどい事件は徹底的に調べてもらいたい。《　　　》

(저런 못된 사건은 철저하게 조사해 주었으면 한다.)

음훈	임금 **제**		
日音	テイ	日訓	—

帝王(てい おう)	제왕	皇帝(こう てい)	황제
帝国(てい こく)	제국	女帝(じょ てい)	여제
帝政(てい せい)	제정	大帝(たい てい)	대제

음훈	머무를 **정**		
日音	テイ	日訓	—

停止(てい し)	정지	停戦(てい せん)	정전
停滞(てい たい)	정체	停電(てい でん)	정전
停車(てい しゃ)	정차	調停(ちょう てい)	조정

음훈	맺을 **체**		
日音	テイ	日訓	締(し)める

締結(てい けつ)	체결

練習

① 帝国主義の国々が外国を侵略しはじめた。《　　　》
(제국주의 나라들이 외국을 침략하기 시작했다.)

② 景気が停滞している。《　　　》
(경기가 정체되어 있다.)

③ 戦争をしないと不可侵条約を締結した。《　　　》
(전쟁을 하지 않겠다고 불가침 조약을 체결했다.)

음훈	과녁 적		
日音	テキ	日訓	的(まと)

的確(てき かく)	적확	質的(しつ てき)	질적
的中(てき ちゅう)	적중	世界的(せ かい てき)	세계적
目的(もく てき)	목적	国際的(こく さい てき)	국제적

음훈	딸 적		
日音	テキ	日訓	積(つ)む

摘果(てき か)	적과	適用(てき よう)	적용
摘出(てき しゅつ)	적출	指摘(し てき)	지적
摘発(てき はつ)	적발		

음훈	대적할 적		
日音	テキ	日訓	敵(かたき)

敵意(てき い)	적의	強敵(きょう てき)	강적
敵陣(てき じん)	적진	匹敵(ひっ てき)	필적
敵地(てき ち)	적지	無敵(む てき)	무적

練習

① 何のために勉強するのか目的を話しなさい。《　　　　》
(무엇을 위해 공부하는지 목적을 말하거라.)

② 先生に論文の悪いところを指摘してもらった。《　　　　》
(선생님이 논문의 잘못 된 곳을 지적해 주었다.)

③ いつも負けている強敵にやっと勝てたので嬉しい。《　　　　》
(늘 지고 있던 강적을 비로소 이길 수 있어서 기쁘다.)

適	음훈	맞을 **적**			
	日音	テキ	日訓	—	

適切(てき せつ)	적절	適任(てき にん)	적임
適当(てき とう)	적당	快適(かい てき)	쾌적
適用(てき よう)	적용	最適(さい てき)	최적

鉄	음훈	쇠 **철**	鐵		
	日音	テツ	日訓	—	

鉄道(てつ どう)	철도	鋼鉄(こう てつ)	강철
*鉄鋼(てっ こう)	철강	製鉄(せい てつ)	제철
*鉄筋(てっ きん)	철근	地下鉄(ち か てつ)	지하철

撤	음훈	거둘 **철**			
	日音	テツ	日訓	—	

*撤回(てっ かい)	철회	*撤退(てっ たい)	철퇴
*撤去(てっ きょ)	철거	徹底(てっ てい)	철저
*撤収(てっ しゅう)	철수	*撤廃(てっ ぱい)	철폐

練習

① 人間に適当なお風呂の温度は40度前後である。《　　　》

（인간에게 적당한 목욕 온도는 40도 전후이다.）

② 日本の主要な鉄道はみんなJRだ。《　　　》

（일본의 주요한 철도는 모두 JR이다.）

③ 全員がこの命令を守るように徹底にして下さい。《　　　》

（전원이 이 명령을 지키도록 철저히 해 주세요.）

음훈	하늘 **천**		
日音	テン	日訓	天(あま)

天気(てん き)	날씨	天地(てん ち)	천지
天皇(てん のう)	천황	雨天(う てん)	우천
天然(てん ねん)	천연	先天的(せん てん てき)	선천적

음훈	가게 **점**		
日音	テン	日訓	店(みせ)

店員(てん いん)	점원	商店(しょう てん)	상점
店長(てん ちょう)	점장	支店(し てん)	지점
開店(かい てん)	개점	本店(ほん てん)	본점

음훈	점 **점**	點	
日音	テン	日訓	―

点検(てん けん)	점검	焦点(しょう てん)	초점
点線(てん せん)	점선	地点(ち てん)	지점
重点(じゅう てん)	중점	得点(とく てん)	득점

練習

① あしたのハイキングは天気が心配だ。《　　　　》
（내일 하이킹은 날씨가 걱정이다.）

② 日本銀行の本店は東京にある。《　　　　》
（일본은행의 본점은 도쿄에 있다.）

③ 外国語教育は英語に重点がおかれている。《　　　　》
（외국어 교육은 영어에 중점이 놓여 있다.）

음훈	펼 전		
日音	テン	日訓	―

展開(てん かい)	전개	展覧(てん らん)	전람
展示(てん じ)	전시	進展(しん てん)	진전
展望(てん ぼう)	전망	個展(こ てん)	개인전

음훈	구를 전	轉	
日音	テン	日訓	転(ころ)ぶ

転勤(てん きん)	전근	運転(うん てん)	운전
転換(てん かん)	전환	移転(い てん)	이전
転落(てん らく)	전락	好転(こう てん)	호전

음훈	법 전		
日音	テン	日訓	―

原典(げん てん)	원적	辞典(じ てん)	사전
古典(こ てん)	고전	式典(しき てん)	식전
祭典(さい てん)	제전	典籍(てん せき)	전적

練習

① 電車が通るようになって、町は急に発展した。《　　　　》

(전차가 다니게 되어 도시는 급속히 발전했다.)

② 映画でも見て、気分を転換しよう。《　　　　》

(영화라도 보며 기분을 전환하자.)

③ 国語辞典を引く。《　　　　》

(국어사전을 찾다.)

	음훈 전할 **전**	傳
伝	日音 デン	日訓 伝(つた)える

伝言(でん ごん)	전언	伝統(でん とう)	전통
伝説(でん せつ)	전설	遺伝(い でん)	유전
伝達(でん たつ)	전달	宣伝(せん でん)	선전

	음훈 번개 **전**	
電	日音 デン	日訓 ―

電気(でん き)	전기	充電(じゅう でん)	충전
電話(でん わ)	전화	停電(てい でん)	정전
電車(でん しゃ)	전차	発電(はつ でん)	발전

	음훈 도읍 **도**	都
都	日音 ト・ツ	日訓 都(みやこ)

都会(と かい)	도회	首都(しゅ と)	수도
都市(と し)	도시	遷都(せん と)	천도
都心(と しん)	도심	都合(つ ごう)	형편

練習

① 今、宣伝している新製品はとてもいいらしい。《　　　》
(지금 선전하고 있는 신제품은 매우 좋은 것 같다.)

② 電気の流れを電流という。《　　　》
(전기의 흐름을 전류라고 한다.)

③ 日本には人口100万以上の都市が10もある。《　　　》
(일본에는 인구 100만 이상의 도시가 10개나 있다.)

234　伝電都

徒	음훈 무리 **도**		
	日音 ト	日訓 —	

徒歩(と ほ)	도보	生徒(せい と)	생도
徒労(と ろう)	헛수고	信徒(しん と)	신도
学徒(がく と)	학도	暴徒(ぼう と)	폭도

渡	음훈 건널 **도**		
	日音 ト	日訓 渡(わた)る	

渡河(と か)	도하	譲渡(じょう と)	양도
渡航(と こう)	도항	過渡期(か と き)	과도기
渡来(と らい)	도래		

途	음훈 길 **도**		
	日音 ト	日訓 —	

途中(と ちゅう)	도중	中途(ちゅう と)	중도
帰途(き と)	귀도	別途(べっ と)	별도
前途(ぜん と)	전도	用途(よう と)	용도

練習

① 私の家は駅から徒歩十分です。《　　　　》
(우리 집은 역에서 도보 10분입니다.)

② この家はもう譲渡されて、金さんのではない。《　　　　》
(이 집은 이제 양도되어 김씨 것이 아니다.)

③ 国はまだ独立したばかりで前途は多難だ。《　　　　》
(나라는 갓 독립되어 전도는 다난하다.)

	음훈 흙 **土**		
	日音 ド・ト	**日訓** 土(つち)	

土砂(ど しゃ)	토사	国土(こく ど)	국토
土壌(ど じょう)	토양	領土(りょう ど)	영토
土木(ど ぼく)	토목	土地(と ち)	토지

	음훈 법도 **도**		
	日音 ド・ト・タク	**日訓** 度(たび)	

度胸(ど きょう)	배짱	態度(たい ど)	태도
制度(せい ど)	제도	法度(ほっ と)	법도
限度(げん ど)	한도	支度(し たく)	준비

	음훈 힘쓸 **노**		
	日音 ド	**日訓** 努(つと)める	

努力(ど りょく)	노력

練習

① 家を建てるために土地を買った。《　　　　》
(집을 짓기 위해 땅을 샀다.)

② 目上の人にそんな態度で話すのは失礼だ。《　　　　》
(윗사람에게 그런 태도로 말하는 것은 실례다.)

③ 今年も努力したかいがあって成績が上がった。《　　　　》
(올해도 노력한 보람이 있어서 성적이 올랐다.)

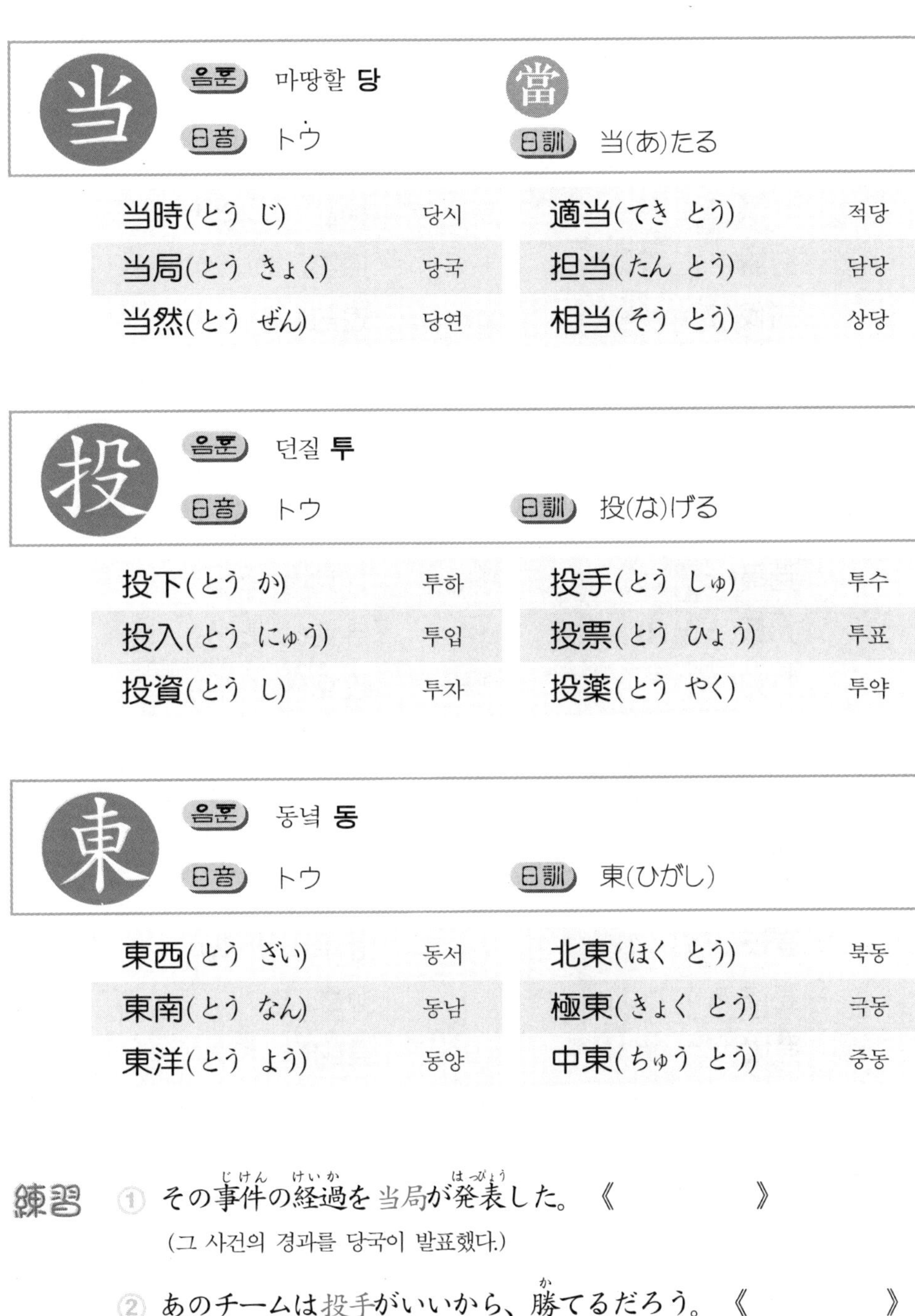

当　음훈 마땅할 **당**　　當
　　日音 トウ　　　日訓 当(あ)たる

当時(とう じ)	당시	適当(てき とう)	적당
当局(とう きょく)	당국	担当(たん とう)	담당
当然(とう ぜん)	당연	相当(そう とう)	상당

投　음훈 던질 **투**
　　日音 トウ　　　日訓 投(な)げる

投下(とう か)	투하	投手(とう しゅ)	투수
投入(とう にゅう)	투입	投票(とう ひょう)	투표
投資(とう し)	투자	投薬(とう やく)	투약

東　음훈 동녘 **동**
　　日音 トウ　　　日訓 東(ひがし)

東西(とう ざい)	동서	北東(ほく とう)	북동
東南(とう なん)	동남	極東(きょく とう)	극동
東洋(とう よう)	동양	中東(ちゅう とう)	중동

練習

① その事件の経過を当局が発表した。《　　　　》

（그 사건의 경과를 당국이 발표했다.）

② あのチームは投手がいいから、勝てるだろう。《　　　　》

（그 팀은 투수가 좋으니까 이길 수 있을 것이다.）

③ 日本では、冬は北東の風が吹く。《　　　　》

（일본에서는 겨울에는 북동풍이 분다.）

討

음훈	칠 **토**		
日音	トウ	日訓	討(う)つ

討議(とう ぎ)	토의	検討(けん とう)	검토
討論(とう ろん)	토론	掃討(そう とう)	소토
討伐(とう ばつ)	토벌	追討(つい とう)	추토

党

음훈	무리 **당**	黨	
日音	トウ	日訓	―

党員(とう いん)	당원	野党(や とう)	야당
党派(とう は)	당파	与党(よ とう)	여당
悪党(あく とう)	악당	政党(せい とう)	정당

登

음훈	오를 **등**		
日音	トウ・ト	日訓	登(のぼ)る

登校(とう こう)	등교	登用(とう よう)	등용
登場(とう じょう)	등장	登録(とう ろく)	등록
登壇(とう だん)	등단	登山(と ざん)	등산

練習

① この計画ができるかどうか検討してください。《　　　》
(이 계획이 가능한지 아닌지 검토해 주세요.)

② 次の選挙には与党が勝つだろう。《　　　》
(다음 선거에서는 여당이 이길 것이다.)

③ 彼はこの物語の最後に登場する。《　　　》
(그는 이 이야기 마지막에 등장한다.)

	음훈	대답할 **답**		
	日音 トウ		日訓 答(こた)える	

答案(とう あん)	답안	答申(とう しん)	답신
答弁(とう べん)	답변	解答(かい とう)	해답
答礼(とう れい)	답례	応答(おう とう)	응답

	음훈	거느릴 **통**		
	日音 トウ		日訓 統(す)べる	

統一(とう いつ)	통일	統治(とう ち)	통치
統計(とう けい)	통계	大統領(だい とう りょう)	대통령
統合(とう ごう)	통합	伝統(でん とう)	전통

	음훈	머리 **두**		
	日音 トウ・ズ		日訓 頭(あたま)	

頭髪(とう はつ)	두발	先頭(せん とう)	선두
没頭(ぼっ とう)	몰두	頭脳(ず のう)	두뇌
店頭(てん とう)	점두	頭痛(ず つう)	두통

練習

① 国会でその問題について首相が答弁した。《　　　》

(국회에서 그 문제에 대해서 수상이 답변했다.)

② 来月から大統領の選挙が始まる。《　　　》

(다음 달부터 대통령 선거가 시작된다.)

③ 花屋さんの店頭に春の花が飾られるようになった。《　　　》

(꽃집 점두에 봄 꽃이 장식되게 되었다.)

冬
- 음훈 겨울 동
- 日音 トウ
- 日訓 ふゆ

冬季(とう き)	동계	越冬(えっ とう)	월동
冬至(とう じ)	동지	初冬(しょ とう)	초겨울
冬眠(とう みん)	동면	暖冬(だん とう)	난동

豆
- 음훈 콩 두
- 日音 トウ・ズ
- 日訓 豆(まめ)

豆腐(とう ふ)	두부	納豆(なっ とう)	낫토
豆乳(とう にゅう)	두유	大豆(だい ず)	콩

到
- 음훈 이를 도
- 日音 トウ
- 日訓 —

到達(とう たつ)	도달	到来(とう らい)	도래
到着(とう ちゃく)	도착	殺到(さっ とう)	쇄도
到底(とう てい)	도저	周到(しゅう とう)	주도

練習

① 北海道で冬季オリンピックが開かれた。《　　　》
（홋카이도에서 동계 올림픽이 열렸다.）

② 味噌・醤油・豆腐などは大豆から作る。《　　　》
（된장・간장・두부 등은 콩으로 만든다.）

③ 安い品物があると聞いて客が殺到した。《　　　》
（싼 물건이 있다고 듣고 손님이 쇄도했다.）

盗	음훈 도둑 **도**	
	日音 トウ	日訓 盗(ぬす)む

盗賊(とう ぞく)	도적	盗聴(とう ちょう)	도청
盗難(とう なん)	도난	強盗(ごう とう)	강도
盗用(とう よう)	도용	窃盗(せっ とう)	절도

湯	음훈 끓일 **탕**	
	日音 トウ	日訓 湯(ゆ)

湯治(とう じ)	탕지	熱湯(ねっ とう)	열탕
銭湯(せん とう)	전탕	薬湯(やく とう)	약탕

等	음훈 가지런할 **등**	
	日音 トウ・ドウ	日訓 等(ひと)しい

等級(とう きゅう)	등급	高等(こう とう)	고등
等分(とう ぶん)	등분	対等(たい とう)	대등
均等(きん とう)	균등	平等(びょう どう)	평등

練習

① 強盗に入られて、お金をみんな持って行かれた。 《　　　》
(강도가 들어와 돈을 모두 가지고 갔다.)

② 手ぬぐいとせっけんを持って銭湯へ行く。 《　　　》
(수건과 비누를 들고 공중목욕탕에 가다.)

③ 彼は大学まで卒業した高等教育を受けた人です。 《　　　》
(그는 대학까지 졸업한 고등교육을 받은 사람입니다.)

稲	음훈 벼 **도**	稻	
	日音 トウ	日訓 稲(いね)	

水稲(すい とう)	수도	陸稲(りく とう)	육도
		稲刈(いね かり)	벼베기

闘	음훈 싸울 **투**	鬪	
	日音 トウ	日訓 闘(たたか)う	

闘争(とう そう)	투쟁	戦闘(せん とう)	전투
闘魂(とう こん)	투혼	共闘(きょう とう)	공투
闘志(とう し)	투지	奮闘(ふん とう)	분투

動	음훈 움직일 **동**		
	日音 ドウ	日訓 動(うご)く	

動物(どう ぶつ)	동물	行動(こう どう)	행동
活動(かつ どう)	활동	自動(じ どう)	자동
運動(うん どう)	운동	騒動(そう どう)	소동

練習

① このお米は水稲だから味がいい。《　　　　》
　　(이 쌀은 수도작이라서 맛이 좋다.)

② 国境で両軍が戦闘を開始した。《　　　　》
　　(국경에서 양군이 전투를 개시했다.)

③ 自動ドアだから、その前に立てば自然に開く。《　　　　》
　　(자동문이라서 그 앞에 서면 저절로 열린다.)

242　稲闘動

음훈	한가지 **동**		
日音	ドウ	日訓	同(おな)じだ

同居(どう きょ)	동거	同情(どう じょう)	동정
同時(どう じ)	동시	共同(きょう どう)	공동
同様(どう よう)	동양	混同(こん どう)	혼동

음훈	길 **도**		
日音	ドウ	日訓	道(みち)

道路(どう ろ)	도로	水道(すい どう)	수도
国道(こく どう)	국도	柔道(じゅう どう)	유도
鉄道(てつ どう)	철도	報道(ほう どう)	보도

음훈	일할 **동**		
日音	ドウ	日訓	働(はたら)く

実働(じつ どう)	실동	労働(ろう どう)	노동

※ 일본에서 만든 한자

練習

① 昨年(さくねん)と同様によろしくお願(ねが)いします。《　　　　》
  (작년과 마찬가지로 잘 부탁드립니다.)

② 道路がいいので、車(くるま)で行(い)くと気持(きも)ちがいい。《　　　　》
  (도로가 좋아서 차로 가면 기분이 좋다.)

③ 一日八時間(いちにちはちじかん)の労働で月給(げっきゅう)はいくらですか。《　　　　》
  (하루 8시간 노동에 월급은 얼마입니까?)

음훈	인도할 **도**		
日音	ドウ	日訓	導(みちび)く

導火線(どう か せん)	도화선	先導(せん どう)	선도
導入(どう にゅう)	도입	誘導(ゆう どう)	유도
指導(し どう)	지도	半導体(はん どう たい)	반도체

음훈	집 **당**		
日音	ドウ	日訓	—

講堂(こう どう)	강당	本堂(ほん どう)	본당
食堂(しょく どう)	식당	議事堂(ぎ じ どう)	의사당
殿堂(でん どう)	전당	堂々(どうどう)な	당당한

음훈	특별할 **특**		
日音	トク	日訓	—

特別(とく べつ)	특별	特殊(とく しゅ)	특수
特派(とく は)	특파	特有(とく ゆう)	특유
特集(とく しゅう)	특집	独特(どく とく)	독특

練習

① 外国(がいこく)から新(あたら)しい技術(ぎじゅつ)を導入して商品(しょうひん)を造(つく)る。《　　　》
(외국에서 새로운 기술을 도입하여 상품을 만들다.)

② 彼(かれ)はみんなの前(まえ)で堂々と自分(じぶん)の考(かんが)えを言(い)った。《　　　》
(그는 모두 앞에서 당당하게 자신의 생각을 말했다.)

③ 今日(きょう)は特別の料理(りょうり)を作(つく)ります。《　　　》
(오늘은 특별 요리를 만들겠습니다.)

	음훈	얻을 득		
得	日音 トク		日訓	得(え)る

得失(とく しつ)	득실	所得(しょ とく)	소득
得点(とく てん)	득점	獲得(かく とく)	획득
得票(とく ひょう)	득표	説得(せっ とく)	설득

	음훈	감독할 독		
督	日音 トク		日訓	—

督促(とく そく)	독촉	総督(そう とく)	총독
督励(とく れい)	독려	提督(てい とく)	제독
監督(かん とく)	감독		

	음훈	큰 덕	德
德	日音 トク・ドク		日訓 —

德義(とく ぎ)	덕의	道徳(どう とく)	도덕
陰徳(いん とく)	음덕	美徳(び とく)	미덕
功徳(く どく)	공덕	不徳(ふ とく)	부덕

練習

① 彼が代表になるように、みんなで説得した。《　　　　》
（그가 대표가 되도록 모두서 설득했다.）

② 彼はあの野球チームの監督です。《　　　　》
（그는 저 야구팀의 감독입니다.）

③ 公園などでは公衆道徳を守るべきだ。《　　　　》
（공원 등에서는 공중도덕을 지켜야 한다.）

독훈 홀로 **독**			**獨**	
日音 ドク			**日訓** 独(ひと)り	

独立(どく りつ)	독립	独占(どく せん)	독점
独断(どく だん)	독단	独自(どく じ)	독자
独学(どく がく)	독학	孤独(こ どく)	고독

독훈 읽을 **독**			**讀**	
日音 ドク			**日訓** 読(よ)む	

読者(どく しゃ)	독자	音読(おん どく)	음독
読書(どく しょ)	독서	訓読(くん どく)	훈독
読破(どく は)	독파	精読(せい どく)	정독

독훈 부딪칠 **돌**			**突**	
日音 トツ			**日訓** 突(つ)く	

突然(とつ ぜん)	돌연	煙突(えん とつ)	굴뚝
突入(とつ にゅう)	돌입	激突(げき とつ)	격돌
突破(とっ ぱ)	돌파	衝突(しょう とつ)	충돌

練習

① 茶道（さどう）というのは、日本（にほん）独自の文化（ぶんか）だ。《　　　　》
(차도라는 것은 일본 독자의 문화이다.)

② 多（おお）くの読者の支持（しじ）を得（え）る。《　　　　》
(많은 독자의 지지를 얻다.)

③ タクシー同士（どうし）が正面（しょうめん）衝突した。《　　　　》
(택시끼리 정면충돌했다.)

な行

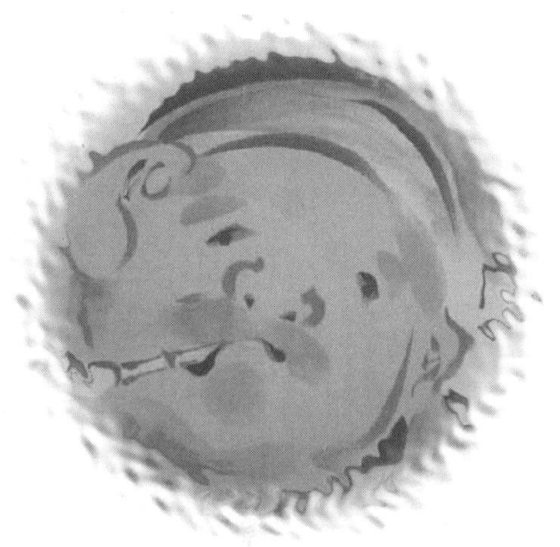

水魚の交わり
すいぎょのまじわり

出典	「蜀志・諸葛亮伝」
場面	劉備が孔明を得て、天下を論じ合うようになって次第に親密になっていった。当然、旧臣である関羽や張飛は面白くない。しかし、劉備は「私に孔明がいるのは魚が水を得たようなものなのだ。」と言い、二度と不満を言わないように言った。関羽・張飛もこれに折れ、文句を言わなくなった。

解　説

水魚の親（しん）・魚水の契り、またはたんに君臣水魚と言ったりもする。
魚は水があればこそ自由に泳ぐことができる、自身にとって必要不可欠な人物に使う言葉である。

用　例

一郎　俺には絶対におまえという友達が必要だ。水魚の交わりだもんな。
太郎　魚は水が無いと生きてはいけないが…。
一郎　？
太郎　水は魚がいなくたってどうってことない。
一郎　！！！

内	음훈	안 **내**		
	日音 ナイ・ダイ		日訓 内(うち)	

内外(ない がい)	내외	国内(こく ない)	국내
内容(ない よう)	내용	室内(しつ ない)	실내
内閣(ない かく)	내각	境内(けい だい)	경내

南	음훈	남녘 **남**		
	日音 ナン		日訓 南(みなみ)	

南国(なん ごく)	남국	南方(なん ぽう)	남방
南極(なん きょく)	남극	南北(なん ぼく)	남북
南端(なん たん)	남단	東南(とう なん)	동남

難	음훈	어려울 **난**	難
	日音 ナン		日訓 難(むずか)しい

難解(なん かい)	난해	遭難(そう なん)	조난
難関(なん かん)	난관	非難(ひ なん)	비난
難問(なん もん)	난문	困難(こん なん)	곤란

練習

① 国会が解散して、内閣がかわった。《　　　　　》

(국회가 해산되고 내각이 바뀌었다.)

② 原料は東南アジアから輸入している。《　　　　　》

(원료는 동남 아시아에서 수입하고 있다.)

③ 兄は冬の山で遭難して死にました。《　　　　　》

(형은 겨울 산에서 조난되어 죽었습니다.)

肉	음훈	고기 **육**		
	日音 ニク		日訓 ―	

肉食(にく しょく)	육식	筋肉(きん にく)	근육
肉親(にく しん)	육친	食肉(しょく にく)	식육
肉体(にく たい)	육체	皮肉(ひ にく)	비꼬움

日	음훈	날 **일**		
	日音 ニチ・ジツ		日訓 日(ひ)	

日時(にち じ)	일시	*日程(にっ てい)	일정
日曜(にち よう)	일요	前日(ぜん じつ)	전일
*日光(にっ こう)	일광	平日(へい じつ)	평일

入	음훈	들 **입**		
	日音 ニュウ		日訓 入(はい)る	

入院(にゅう いん)	입원	輸入(ゆ にゅう)	수입
入学(にゅう がく)	입학	記入(き にゅう)	기입
入試(にゅう し)	입시	収入(しゅう にゅう)	수입

練習

① あの牛は 食肉用の牛です。 《   》

（저 소는 식육용 소입니다.）

② 試験の 前日は 寮内は 静かだ。 《   》

（시험 전날은 기숙사 안은 조용하다.）

③ 大学 入試問題の 本を 買って 勉強する。 《   》

（대학입시문제 책을 사서 공부하다.）

乳	음훈	젖 **유**	乳		
	日音	ニュウ	日訓	乳(ちち)	

乳液(にゅう えき)	유액	牛乳(ぎゅう にゅう)	우유
乳牛(にゅう ぎゅう)	젖소	母乳(ぼ にゅう)	모유
乳児(にゅう じ)	유아	豆乳(とう にゅう)	두유

任	음훈	맡길 **임**		
	日音	ニン	日訓	任(まか)せる

任意(にん い)	임의	責任(せき にん)	책임
任務(にん む)	임무	就任(しゅう にん)	취임
任命(にん めい)	임명	常任(じょう にん)	상임

認	음훈	인정할 **인**		
	日音	ニン	日訓	認(みと)める

認可(にん か)	인가	確認(かく にん)	확인
認識(にん しき)	인식	承認(しょう にん)	승인
認定(にん てい)	인정	公認(こう にん)	공인

練習

① 牛乳は体にいい飲み物だ。 《　　　　　》
(우유는 몸에 좋은 음료이다.)

② 父が校長に任命したのは三年前だ。 《　　　　　》
(아버지가 교장에 임명된 것은 3년전이다.)

③ 国会の承認がなければ、予算は決められない。 《　　　　　》
(국회의 승인이 없으면 예산은 정하지 못한다.)

熱

음훈	뜨거울 열
日音	ネツ
日訓	熱(あつ)い

熱意(ねつ い)	열의	*熱帯(ねっ たい)	열대
*熱心(ねっ しん)	열심	情熱(じょう ねつ)	정열
*熱中(ねっ ちゅう)	열중	微熱(び ねつ)	미열

年

음훈	해 년
日音	ネン
日訓	とし

年代(ねん だい)	연대	昨年(さく ねん)	작년
年内(ねん ない)	연내	少年(しょう ねん)	소년
年末(ねん まつ)	연말	新年(しん ねん)	신년

念

음훈	생각 념
日音	ネン
日訓	—

念願(ねん がん)	염원	記念(き ねん)	기념
念頭(ねん とう)	염두	残念(ざん ねん)	유감
念仏(ねん ぶつ)	염불	信念(しん ねん)	신념

練習

① 熱心に練習したので、すぐできるようになった。《　　　》
(열심히 연습했기 때문에 금방 할 수 있게 되었다.)

② 昨年の四月から日本に住んでいます。《　　　》
(작년 4월부터 일본에 살고 있습니다.)

③ 今日は私の結婚記念日です。《　　　》
(오늘은 제 결혼기념일입니다.)

음훈	능할 **능**		
日音	ノウ	日訓	—

能率(のう りつ)	능률	機能(き のう)	기능
能力(のう りょく)	능력	才能(さい のう)	재능
可能(か のう)	가능	知能(ち のう)	지능

음훈	농사 **농**		
日音	ノウ	日訓	—

農家(のう か)	농가	農業(のう ぎょう)	농업
農民(のう みん)	농민	農林(のう りん)	농림
農村(のう そん)	농촌	農協(のう きょう)	농협

음훈	번뇌할 **뇌**		
日音	ノウ	日訓	悩(なや)む

悩殺(のう さつ)	뇌쇄	煩悩(ぼん のう)	번뇌
苦悩(く のう)	고뇌		

練習

① 自分の能力を生かせるような会社に勤めたい。 《　　　　》
(자신의 능력을 살릴 수 있는 회사에 근무하고 싶다.)

② 昔、農民の生活は本当に苦しかった。 《　　　　》
(옛날 농민의 생활은 정말로 힘들었다.)

③ 事故で人を殺したことで一生を苦悩した。 《　　　　》
(사고로 사람을 죽인 일로 일생을 고뇌했다.)

음훈	들일 **납**		
日音	ノウ・トウ・ナッ	日訓	納(おさ)める

納税(のう ぜい)	납세	収納(しゅう のう)	수납
納入(のう にゅう)	납입	出納(すい とう)	출납
完納(かん のう)	완납	納得(なっ とく)	납득

음훈	뇌 **뇌**		
日音	ノウ	日訓	—

脳髄(のう ずい)	뇌수	頭脳(ず のう)	두뇌
脳波(のう は)	뇌파	首脳(しゅ のう)	수뇌
脳裏(のう り)	뇌리	洗脳(せん のう)	세뇌

음훈	짙을 **농**		
日音	ノウ	日訓	濃(こ)い

濃艶(のう えん)	농염	濃淡(のう たん)	농담
濃厚(のう こう)	농후	濃度(のう ど)	농도
濃縮(のう しゅく)	농축	濃霧(のう む)	농무

練習

① 国民は納税の義務がある。《　　　　　》
　(국민은 납세의 의무가 있다.)

② 日米首脳会談が明日から日本で行なわれる。《　　　　　》
　(일미 수뇌회담이 내일부터 일본에서 행해진다.)

③ 絞りたての牛乳はとても濃厚だ。《　　　　　》
　(갓 짠 우유는 매우 진하다.)

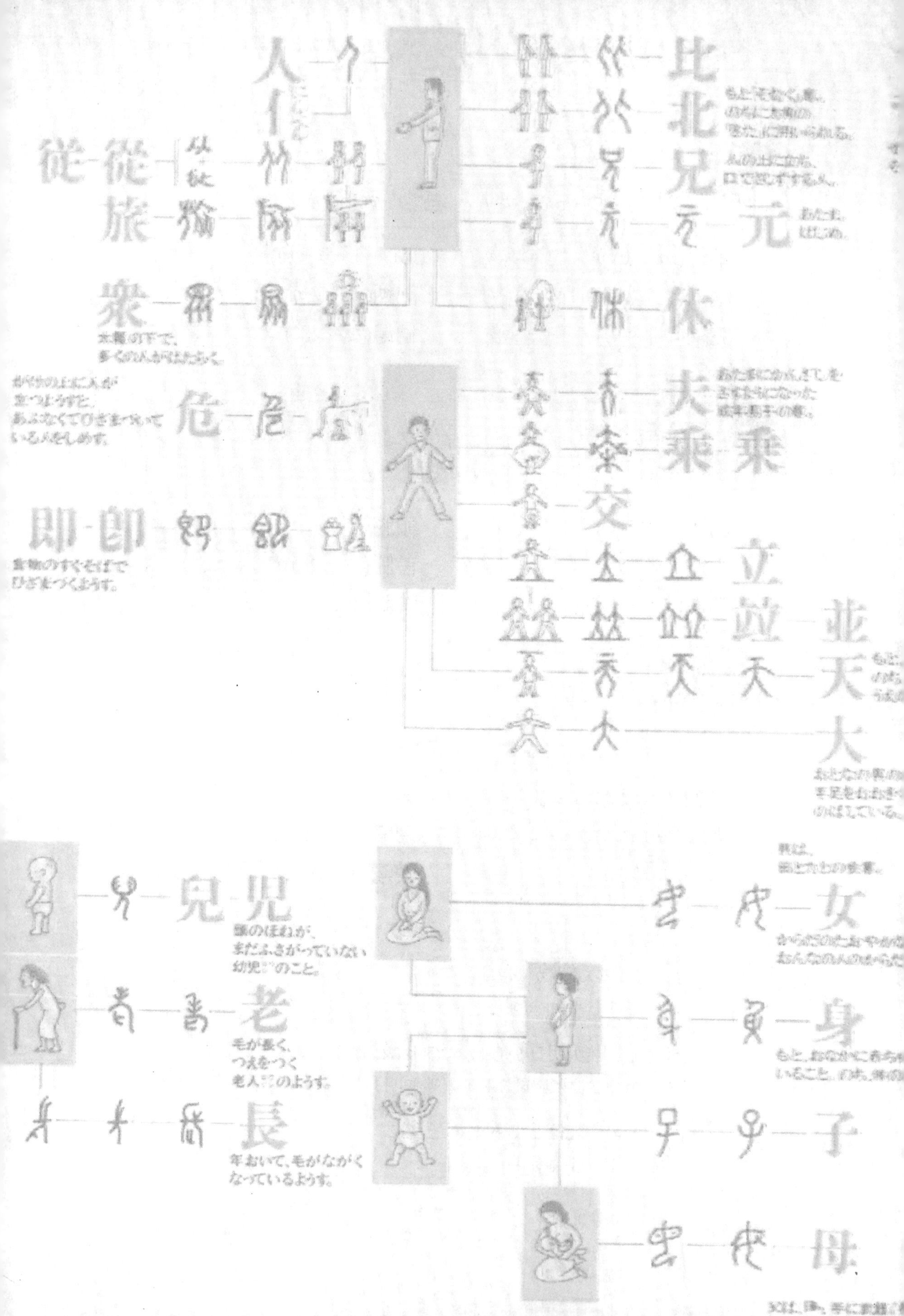

從 従 彳 人
旅 彳 竹
衆
危 厄
即 卩
比 北 兒 元
休
夫 乘
交
立 並 天 大
兒 児
老
長
女
身
子
母

は行

千載一遇の好機
せんざいいちぐうのこうき

出典	「三国名臣序賛」「漢晋春秋」
場面	荊州は劉表の死後、劉が後を継いだ。そして曹操に降伏することになった際、側近の王威が「曹操は今、油断をしています。今こそ曹操を攻める千載一遇の好機です。」と言ったが、劉は聞き入れず、結局荊州は曹操の支配下になる。

解説

千載とは一千年を指すので、千年に一度のチャンスということである。意見を聞き入れなかった劉はこの後、曹操に処刑される。とは言っても、平和慣れした荊州兵がいくら油断しているとはいえ曹操を倒すことができたかは疑問。失敗したらまた悲劇が繰り返されたかもしれない。

用　例

一郎　明日、駅前のパチンコが新装で…。
太郎　ちょっと待った！それで千載一遇の好機って言いたいんだろ？
一郎　……。
太郎　バレバレだよ。しかも先月も新装してたやん。そういうのには言わんて。

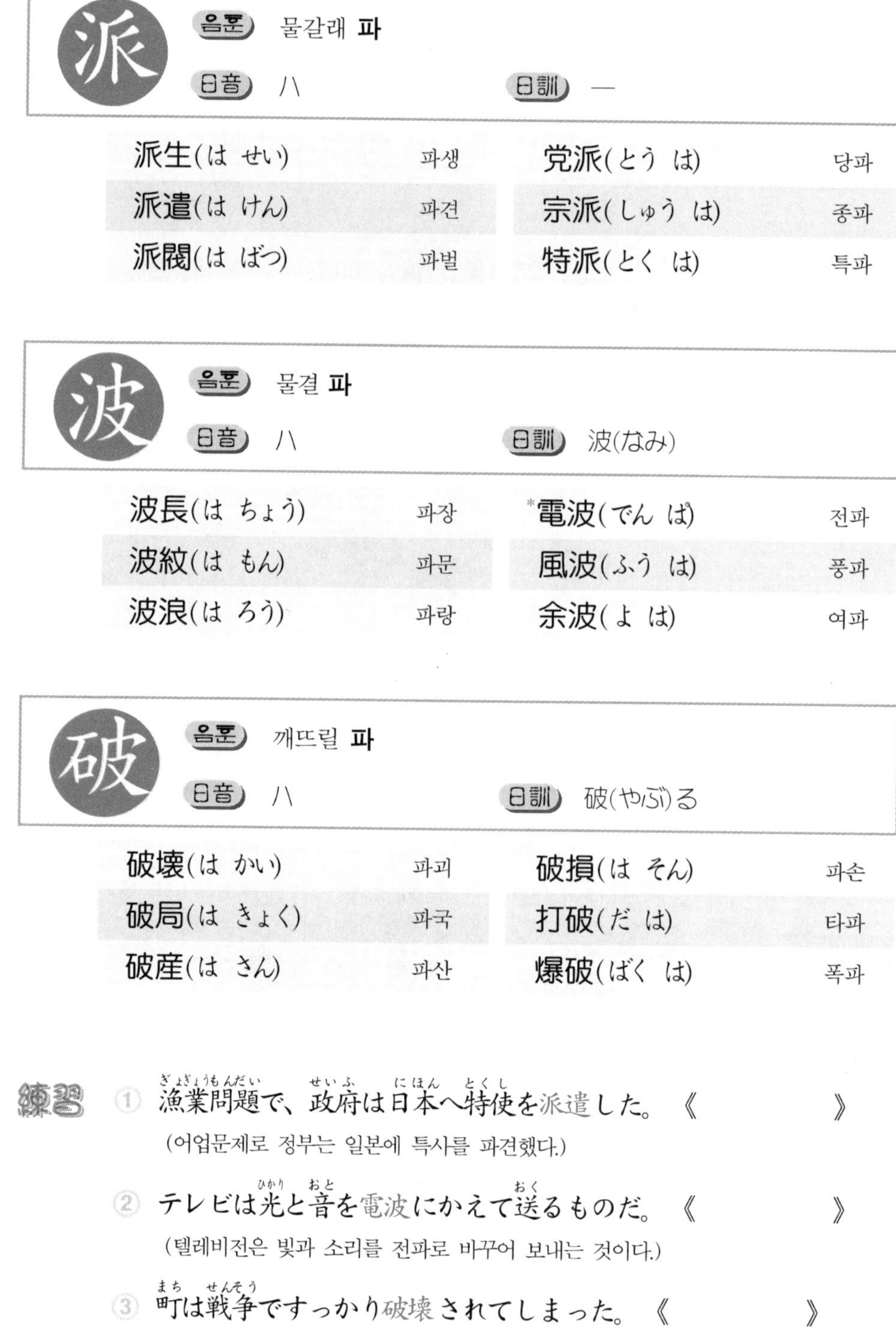

派	음훈 물갈래 **파**		
	日音 ハ	日訓 —	

派生(は せい)	파생	党派(とう は)	당파
派遣(は けん)	파견	宗派(しゅう は)	종파
派閥(は ばつ)	파벌	特派(とく は)	특파

波	음훈 물결 **파**		
	日音 ハ	日訓 波(なみ)	

波長(は ちょう)	파장	*電波(でん ぱ)	전파
波紋(は もん)	파문	風波(ふう は)	풍파
波浪(は ろう)	파랑	余波(よ は)	여파

破	음훈 깨뜨릴 **파**		
	日音 ハ	日訓 破(やぶ)る	

破壊(は かい)	파괴	破損(は そん)	파손
破局(は きょく)	파국	打破(だ は)	타파
破産(は さん)	파산	爆破(ばく は)	폭파

練習

① 漁業問題で、政府は日本へ特使を派遣した。《　　　》
(어업문제로 정부는 일본에 특사를 파견했다.)

② テレビは光と音を電波にかえて送るものだ。《　　　》
(텔레비전은 빛과 소리를 전파로 바꾸어 보내는 것이다.)

③ 町は戦争ですっかり破壊されてしまった。《　　　》
(도시는 전쟁으로 완전히 파괴되어 버렸다.)

馬

음훈 말 **마**

日音 バ   日訓 馬(うま)

馬車(ば しゃ)	마차	乗馬(じょう ば)	승마
馬力(ば りき)	마력	名馬(めい ば)	명마
競馬(けい ば)	경마	落馬(らく ば)	낙마

配

음훈 짝 **배**

日音 ハイ   日訓 配(くば)る

配給(はい きゅう)	배급	支配(し はい)	지배
配当(はい とう)	배당	*分配(ぶん ぱい)	분배
配置(はい ち)	배치	*心配(しん ぱい)	걱정

背

음훈 등 **배**

日音 ハイ   日訓 背(せ)

背景(はい けい)	배경	背信(はい しん)	배신
背後(はい ご)	배후	背反(はい はん)	배반
背泳(はい えい)	배영	背任(はい にん)	배임

練習

① 競馬を見に府中の東京競馬場へ行った。《   》

(경마를 보러 후츄의 도쿄 경마장에 갔다.)

② 試験の結果が心配だ。《   》

(시험 결과가 걱정이다.)

③ その事件の背後の関係もよく調べる必要がある。《   》

(그 사건의 배후관계도 잘 조사할 필요가 있다.)

敗　음훈 패할 **패**　　日音 ハイ　　日訓 敗(やぶ)れる

敗因(はい いん)	패인	*失敗(しっ ぱい)	실패
敗戦(はい せん)	패전	腐敗(ふ はい)	부패
敗北(はい ぼく)	패배	勝敗(しょう はい)	승패

廃　음훈 폐할 **폐**　　日音 ハイ　　廢　　日訓 廃(すた)れる

廃刊(はい かん)	폐간	廃業(はい ぎょう)	폐업
廃止(はい し)	폐지	荒廃(こう はい)	황폐
廃虚(はい きょ)	폐허	*撤廃(てっ ぱい)	철폐

売　음훈 팔 **매**　　日音 バイ　　賣　　日訓 売(う)る

売却(ばい きゃく)	매각	商売(しょう ばい)	장사
売買(ばい ばい)	매매	発売(はつ ばい)	발매
売店(ばい てん)	매점	販売(はん ばい)	판매

練習

① 失敗は成功のもとだ。《　　　　　》
（실패는 성공의 근원이다.）

② 死刑は廃止している国もある。《　　　　　》
（사형은 폐지하고 있는 나라도 있다.）

③ 新しいタバコが発売された。《　　　　　》
（새로운 담배가 발매되었다.）

買	음훈	살 매		
	日音	バイ	日訓	買(か)う

買価(ばい か)	매가	売買(ばい ばい)	매매
買収(ばい しゅう)	매수	不買(ふ ばい)	불매
購買(こう ばい)	구매		

倍	음훈	곱 배		
	日音	バイ	日訓	―

倍加(ばい か)	배가	倍率(ばい りつ)	배율
倍数(ばい すう)	배수	数倍(すう ばい)	수배
倍増(ばい ぞう)	배증	二倍(に ばい)	2배

白	음훈	흰 백		
	日音	ハク・ビャク	日訓	白(しろ)い

白昼(はく ちゅう)	백주	告白(こく はく)	고백
白人(はく じん)	백인	*潔白(けっ ぱく)	결백
白書(はく しょ)	백서	黒白(こく びゃく)	흑백

① 選挙では買収は禁じられている。《　　　》

（선거에서는 매수는 금지되어 있다.）

② 所得倍増になって、生活が楽になる。《　　　》

（소득이 배로 늘어 생활이 편해지다.）

③ 今年の経済白書によると輸入は減少したそうだ。《　　　》

（올해 경제백서에 의하면 수입은 감소했다고 한다.）

| 음훈 | 핍박할 **박** | | |
| 日音 | ハク | 日訓 | 迫(せま)る |

迫害(はく がい)	박해	脅迫(きょう はく)	협박
迫真(はく しん)	박진	*緊迫(きん ぱく)	긴박
迫力(はく りょく)	박력	*圧迫(あっ ぱく)	압박

| 음훈 | 넓을 **박** | 博 | |
| 日音 | ハク・バク | 日訓 | — |

博愛(はく あい)	박애	博識(はく しき)	박식
博学(はく がく)	박학	博覧会(はく らん かい)	박람회
博士(はく し)	박사		

| 음훈 | 폭발할 **폭** | | |
| 日音 | バク | 日訓 | — |

爆音(ばく おん)	폭음	爆発(ばく はつ)	폭발
爆破(ばく は)	폭파	爆笑(ばく しょう)	폭소
爆撃(ばく げき)	폭격	原爆(げん ばく)	원폭

練習

① あのジャズ・バンドの演奏は迫力がある。《　　　　》
(저 재즈 밴드의 연주는 박력이 있다.)

② あの先生は経済学博士です。《　　　　》
(저 선생님은 경제학 박사입니다.)

③ ガスが爆発して大勢の人が死んだ。《　　　　》
(가스가 폭발하여 많은 사람이 죽었다.)

発 〈音訓〉 필 **발**　　　　　**發**

〈日音〉 ハツ・ホッ　　　〈日訓〉 発(た)つ

発明(はつ めい)	발명	開発(かい はつ)	개발
*発見(はっ けん)	발견	再発(さい はつ)	재발
*発表(はっ ぴょう)	발표	発作(ほっ さ)	발작

抜 〈音訓〉 뺄 **발**　　　　　**拔**

〈日音〉 バツ　　　　　〈日訓〉 抜(ぬ)く

抜群(ばつ ぐん)	발군	奇抜(き ばつ)	기발
*抜本(ばっ ぽん)	발본	選抜(せん ばつ)	선발
*抜擢(ばっ てき)	발탁	卓抜(たく ばつ)	탁발

反 〈音訓〉 돌이킬 **반**

〈日音〉 ハン・ホン　　　〈日訓〉 反(そ)る

反映(はん えい)	반영	反復(はん ぷく)	반복
反省(はん せい)	반성	違反(い はん)	위반
反対(はん たい)	반대	謀反(む ほん)	모반

練習

① 今日、入学試験の合格者が発表になる。《　　　　》

　（오늘 입학시험 합격자가 발표된다.）

② 試合で抜群の実力を発揮する。《　　　　》

　（시합에서 발군의 실력을 발휘하다.）

③ 交通規則に違反して、罰金を取られた。《　　　　》

　（교통규칙에 위반하여 벌금을 물었다.）

| 半 | 음훈 반 **반** | 半 | |
| 日音 ハン | | 日訓 半(なか)ば | |

半円(はん えん)	반원	半数(はん すう)	반수
半額(はん がく)	반액	前半(ぜん はん)	전반
半分(はん ぶん)	반분	後半(こう はん)	후반

| 判 | 음훈 판단할 **판** | 判 | |
| 日音 ハン・バン | | 日訓 ― | |

判決(はん けつ)	판결	批判(ひ はん)	비판
判断(はん だん)	판단	*審判(しん ぱん)	심판
判定(はん てい)	판정	裁判(さい ばん)	재판

| 犯 | 음훈 범할 **범** | | |
| 日音 ハン | | 日訓 犯(おか)す | |

犯行(はん こう)	범행	初犯(しょ はん)	초범
犯罪(はん ざい)	범죄	主犯(しゅ はん)	주범
犯人(はん にん)	범인	*侵犯(しん ぱん)	침범

練習

① 映画は前半は面白くなかったが、後半はよかった。《　　　》

（영화는 전반은 재미있지 않았지만 후반은 좋았다.）

② 公害の裁判で被害者が勝った。《　　　》

（공해 재판에서 피해자가 이겼다.）

③ 青少年の犯罪が多くなった。《　　　》

（청소년 범죄가 많아졌다.）

음훈	널 **板**		
日音	ハン・バン	日訓	板(いた)

看板(かん ばん)	간판	黒板(こく ばん)	흑판
*甲板(かん ぱん)	갑판	平板(へい ばん)	평판
*鉄板(てっ ぱん)	철판	掲示板(けい じ ばん)	게시판

음훈	판목 **판**		
日音	ハン	日訓	―

版画(はん が)	판화	重版(じゅう はん)	중판
版権(はん けん)	판권	*出版(しゅっ ぱん)	출판
初版(しょ はん)	초판	*活版(かっ ぱん)	활판

음훈	옮길 **반**		
日音	ハン	日訓	―

諸般(しょ はん)	제반	*先般(せん ぱん)	선반
*一般(いっ ぱん)	일반	*全般(ぜん ぱん)	전반
*今般(こん ぱん)	금반	*万般(ばん ぱん)	만반

練習

① 看板に大きな字で店の名前が書いてある。《　　　》
（간판에 큰 글씨로 가게 이름이 적혀 있다.）

② 言論・出版はどんなものでも自由である。《　　　》
（언론·출판은 어떤 것이든 자유이다.）

③ この頃は子供は全般に字が下手だ。《　　　》
（요즘은 어린이는 전반적으로 글씨가 서툴다.）

음훈	팔 **판**		
日音	ハン	日訓	—

販促(はん そく)	판촉	販路(はん ろ)	판로
販売(はん ばい)	판매	市販(し はん)	시판

음훈	차례 **번**		
日音	バン	日訓	—

番号(ばん ごう)	번호	非番(ひ ばん)	비번
番犬(ばん けん)	집지키는 개	番組(ばん ぐみ)	방송 프로
番地(ばん ち)	번지		

음훈	쟁반 **반**		
日音	バン	日訓	—

磐石(ばん じゃく)	반석	基盤(き ばん)	기반
円盤(えん ばん)	원반	骨盤(こつ ばん)	골반
岩盤(がん ばん)	암반	地盤(じ ばん)	지반

練習

① あの店はいい品物を安く販売している。《　　　　》
   (저 가게는 좋은 물건을 싸게 팔고 있다.)

② あなたの席はこの切符に書いてある番号の席です。《　　　　》
   (당신의 자리는 이 표에 적혀 있는 번호의 자리입니다.)

③ キリスト教は西洋人の精神的基盤になっている。《　　　　》
   (기독교는 서양인의 정신적 기반이 되어 있다.)

非	음훈	아닐 비		
	日音	ヒ	日訓	―

飛行(ひ こう)	비행	非番(ひ ばん)	비번
非常(ひ じょう)	비상	非凡(ひ ぼん)	비범
非難(ひ なん)	비난	是非(ぜ ひ)	시비

飛	음훈	날 비		
	日音	ヒ	日訓	飛(と)ぶ

飛行(ひ こう)	비행	飛沫(ひ まつ)	비말
飛散(ひ さん)	비산	飛躍(ひ やく)	비약
飛鳥(ひ ちょう)	비조	雄飛(ゆう ひ)	웅비

費	음훈	소비할 비		
	日音	ヒ	日訓	費(つい)やす

費用(ひ よう)	비용	学費(がく ひ)	학비
会費(かい ひ)	회비	*雑費(ざっ ぴ)	잡비
消費(しょう ひ)	소비	旅費(りょ ひ)	여비

練習

① あの映画は非常に面白い。 《　　　　　》
　(저 영화는 무척 재미있다.)

② ジェット機は低空飛行をしない。 《　　　　　》
　(제트기는 저공 비행을 하지 않는다.)

③ 商品は消費者の立場で考えて作る。 《　　　　　》
　(상품은 소비자의 입장에서 생각하여 만든다.)

| **음훈** 견줄 **比** | | | |
| **日音** ヒ | | **日訓** 比(くら)べる | |

比較(ひ かく)	비교	比例(ひ れい)	비례
比肩(ひ けん)	비견	対比(たい ひ)	대비
比率(ひ りつ)	비율	*反比例(はん ぴ れい)	반비례

| **음훈** 가죽 **피** | | | |
| **日音** ヒ | | **日訓** 皮(かわ) | |

皮革(ひ かく)	피혁	表皮(ひょう ひ)	표피
皮肉(ひ にく)	짓궂음	*脱皮(だっ ぴ)	탈피
皮膚(ひ ふ)	피부	*鉄面皮(てつ めん ぴ)	철면피

| **음훈** 아닐 **부** | | | |
| **日音** ヒ | | **日訓** 否(いな) | |

否決(ひ けつ)	부결	拒否(きょ ひ)	거부
否定(ひ てい)	부정	*安否(あん ぴ)	안부
否認(ひ にん)	부인	適否(てき ひ)	적부

練習

① 色々の国の昔話を比較してみると面白い。《　　　　》
(여러 나라의 옛날 이야기를 비교해 보면 재미있다.)

② 皮肉にも試合を中止したとたん雨が上がった。《　　　　》
(얄궂게도 시합을 중지하자마자 비가 그쳤다.)

③ 会社は組合の要求を拒否した。《　　　　》
(회사는 조합의 요구를 거부했다.)

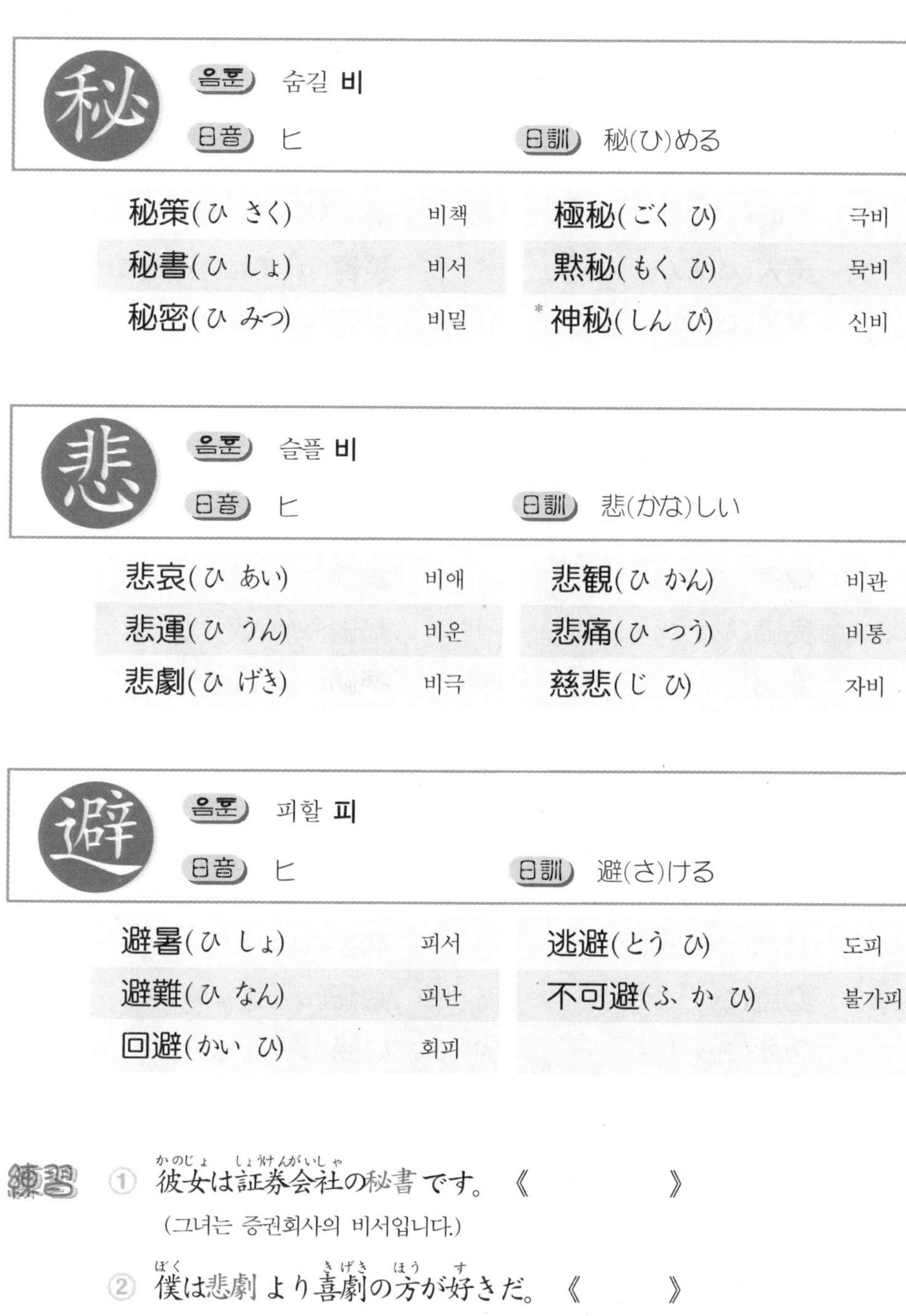

練習

① 彼女は証券会社の秘書です。《　　　》

（그녀는 증권회사의 비서입니다.）

② 僕は悲劇より喜劇の方が好きだ。《　　　》

（나는 비극보다 희극을 좋아한다.）

③ 火山が噴火しそうなので付近の人はみな避難した。《　　　》

（화산이 분화할 것 같아서 부근 사람은 모두 피난했다.）

음훈	아름다울 **미**		
日音 ビ		日訓 美(うつく)しい	

美術(び じゅつ)	미술	美談(び だん)	미담
美人(び じん)	미인	美容(び よう)	미용
美男(び なん)	미남	甘美(かん び)	감미

음훈	갖출 **비**		
日音 ビ		日訓 備(そな)える	

備考(び こう)	비고	設備(せつ び)	설비
完備(かん び)	완비	整備(せい び)	정비
警備(けい び)	경비	準備(じゅん び)	준비

음훈	반드시 **필**		
日音 ヒツ		日訓 必(かなら)ず	

必然(ひつ ぜん)	필연	必要(ひつ よう)	필요
必読(ひつ どく)	필독	*必修(ひっ しゅう)	필수
*必死(ひっ し)	필사	*必勝(ひっ しょう)	필승

練習

① 美術館へ行って絵を観覧する。《　　　》

(미술관에 가서 그림을 관람하다.)

② 飛行機の整備が終わったら出発します。《　　　》

(비행기 정비가 끝나면 출발하겠습니다.)

③ こんなに成績が悪いから、落第は必至だ。《　　　》

(이렇게 성적이 나쁘니까 낙제는 당연하다.)

筆	음훈 붓 **필**		
	日音 ヒツ	日訓 筆(ふで)	

筆順(ひつ じゅん)	필순	随筆(ずい ひつ)	수필
筆力(ひつ りょく)	필설	*執筆(しっ ぴつ)	집필
*筆者(ひっ しゃ)	필자	*鉛筆(えん ぴつ)	연필

百	음훈 일백 **백**		
	日音 ヒャク	日訓 —	

百年(ひゃく ねん)	백년	数百(すう ひゃく)	수백
百万(ひゃく まん)	백만	百分率(ひゃく ぶん りつ)	백분율
*百科(ひゃっ か)	백과		

表	음훈 거죽 **표**		
	日音 ヒョウ	日訓 表(おもて)	

表現(ひょう げん)	표현	代表(だい ひょう)	대표
表明(ひょう めい)	표명	公表(こう ひょう)	공표
表情(ひょう じょう)	표정	*発表(はっ ぴょう)	발표

練習

① あの人は今、新しい小説を執筆している。《　　　　》
(저 사람은 지금 새로운 소설을 집필하고 있다.)

② 子供のために百科事典を月賦で買う。《　　　　》
(어린이를 위해 백과사전을 월부로 사다.)

③ 首相は国会で自分の考えを表明した。《　　　　》
(수상은 국회에서 자신의 생각을 표명했다.)

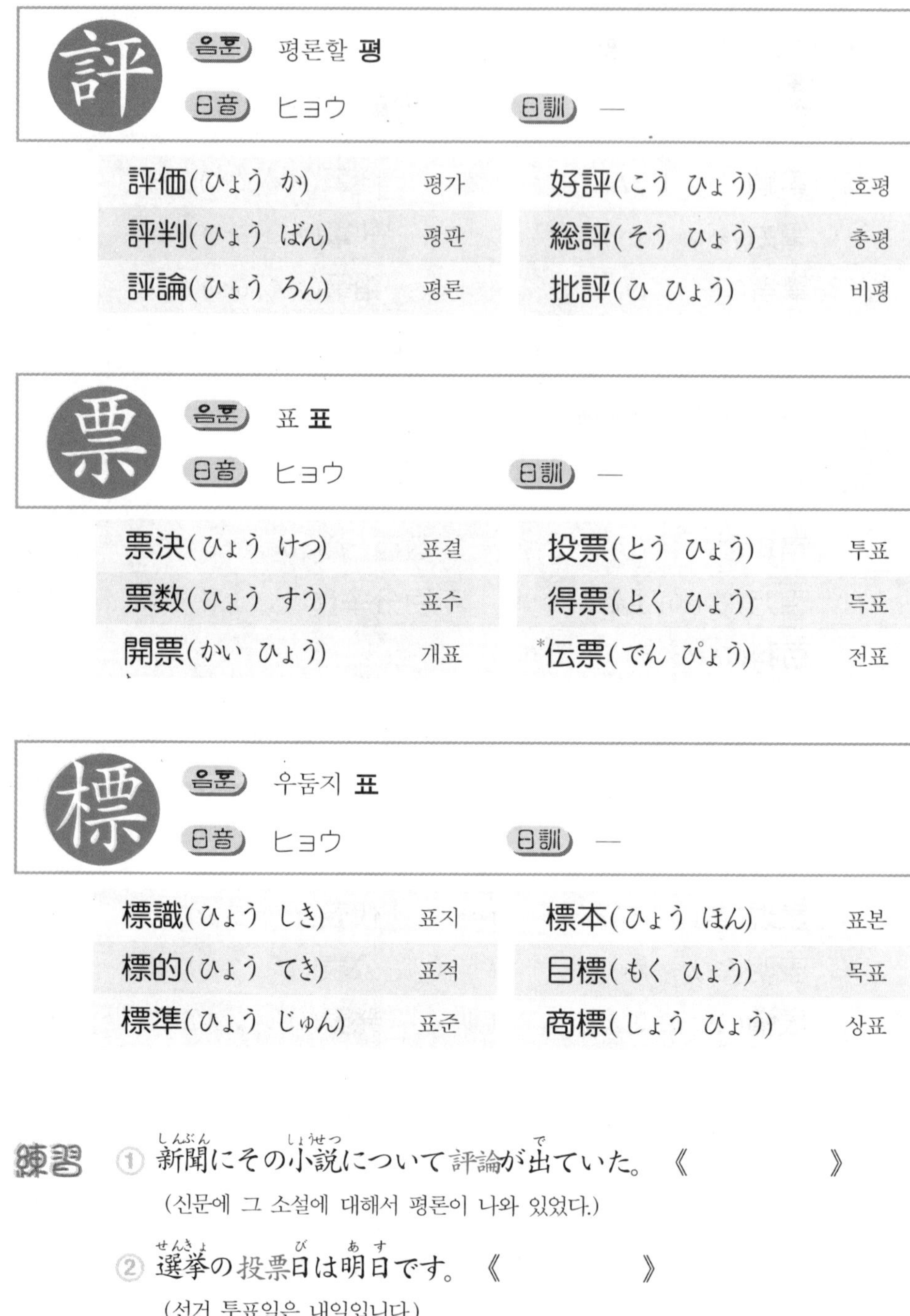

評

음훈 평론할 **평**

日音 ヒョウ 日訓 —

評価(ひょう か)	평가	好評(こう ひょう)	호평
評判(ひょう ばん)	평판	総評(そう ひょう)	총평
評論(ひょう ろん)	평론	批評(ひ ひょう)	비평

票

음훈 표 **표**

日音 ヒョウ 日訓 —

票決(ひょう けつ)	표결	投票(とう ひょう)	투표
票数(ひょう すう)	표수	得票(とく ひょう)	득표
開票(かい ひょう)	개표	*伝票(でん ぴょう)	전표

標

음훈 우듬지 **표**

日音 ヒョウ 日訓 —

標識(ひょう しき)	표지	標本(ひょう ほん)	표본
標的(ひょう てき)	표적	目標(もく ひょう)	목표
標準(ひょう じゅん)	표준	商標(しょう ひょう)	상표

練習

① 新聞にその小説について評論が出ていた。《　　　》

(신문에 그 소설에 대해서 평론이 나와 있었다.)

② 選挙の投票日は明日です。《　　　》

(선거 투표일은 내일입니다.)

③ 目標を立てて熱心に訓練している。《　　　》

(목표를 세워서 열심히 훈련하고 있다.)

음훈	병들 병		
日音	ビョウ・ヘイ	日訓	病(やまい)

病気(びょう き)	병	看病(かん びょう)	간병
病院(びょう いん)	병원	仮病(け びょう)	꾀병
病人(びょう にん)	환자	*疾病(しっ ぺい)	질병

음훈	초 초		
日音	ビョウ	日訓	―

秒速(びょう そく)	초속	分秒(ふん びょう)	분초
秒針(びょう しん)	초침	毎秒(まい びょう)	매초
寸秒(すん びょう)	촌초	何秒(なん びょう)	몇초

음훈	품수 품		
日音	ヒン	日訓	品(しな)

品格(ひん かく)	품격	作品(さく ひん)	작품
品質(ひん しつ)	품질	製品(せい ひん)	제품
品種(ひん しゅ)	품종	商品(しょう ひん)	상품

練習

① 友人は病気で丸井病院へ入院した。《　　　　》

（친구는 아파서 마루이 병원에 입원했다.）

② 今、何時何分何秒ですか。《　　　　》

（지금 몇 시 몇 분 몇 초입니까?）

③ 店頭の商品には、全部値段が付けてある。《　　　　》

（점두의 상품에는 전부 가격이 붙어 있다.）

不

음훈 아닐 **부·불**

日音 フ   日訓 —

不安(ふ あん)	불안	不況(ふ きょう)	불황
不足(ふ そく)	부족	不明(ふ めい)	불명
不動産(ふ どう さん)	부동산	不利(ふ り)	불리

夫

음훈 사내 **부**

日音 フ・フウ   日訓 夫(おっと)

夫人(ふ じん)	부인	農夫(のう ふ)	농부
夫妻(ふ さい)	부처	*匹夫(ひっ ぷ)	필부
漁夫(ぎょ ふ)	어부	夫婦(ふう ふ)	부부

付

음훈 줄 **부**

日音 フ   日訓 付(つ)ける

付加(ふ か)	부가	付着(ふ ちゃく)	부착
付近(ふ きん)	부근	付録(ふ ろく)	부록
付属(ふ ぞく)	부속	交付(こう ふ)	교부

練習

① この手紙は重いから料金が50円不足する。《　　　　》
（이 편지는 무거우니까 요금이 50엔 부족하다.）

② 結婚式に山田さんのご夫妻がご出席になった。《　　　　》
（결혼식에 야마다 씨 부처가 출석하셨다.）

③ 彼は大学付属病院に入院した。《　　　　》
（그는 대학부속병원에 입원했다.）

府	음훈 마을 **부**		
	日音 フ	日訓 ―	

府庁(ふ ちょう)	부청	幕府(ばく ふ)	막부
首府(しゅ ふ)	수부	大阪府(おお さか ふ)	오사카부
政府(せい ふ)	정부	京都府(きょう と ふ)	교토부

負	음훈 짐질 **부**		
	日音 フ	日訓 負(お)う	

負荷(ふ か)	부하	負債(ふ さい)	부채
負担(ふ たん)	부담	*勝負(しょう ぶ)	승부
負傷(ふ しょう)	부상	抱負(ほう ふ)	포부

婦	음훈 며느리 **부**		
	日音 フ	日訓 ―	

婦人(ふ じん)	부인	*新婦(しん ぷ)	신부
婦女(ふ じょ)	부녀	夫婦(ふう ふ)	부부
主婦(しゅ ふ)	주부	看護婦(かん ご ふ)	간호부

練習

① 日本^{にほん}では、お米^{こめ}の値段^{ねだん}は政府が決^きめています。《　　　　》
(일본에서는 쌀 가격은 정부가 정하고 있습니다.)

② 両方^{りょうほう}とも強^{つよ}くて、なかなか勝負が付^つかない。《　　　　》
(양방 모두 강해서 좀처럼 승부가 나지 않는다.)

③ 戦後^{せんご}婦人参政権^{さんせいけん}が認^{みと}められた。《　　　　》
(전후 여성 참정권이 인정되었다.)

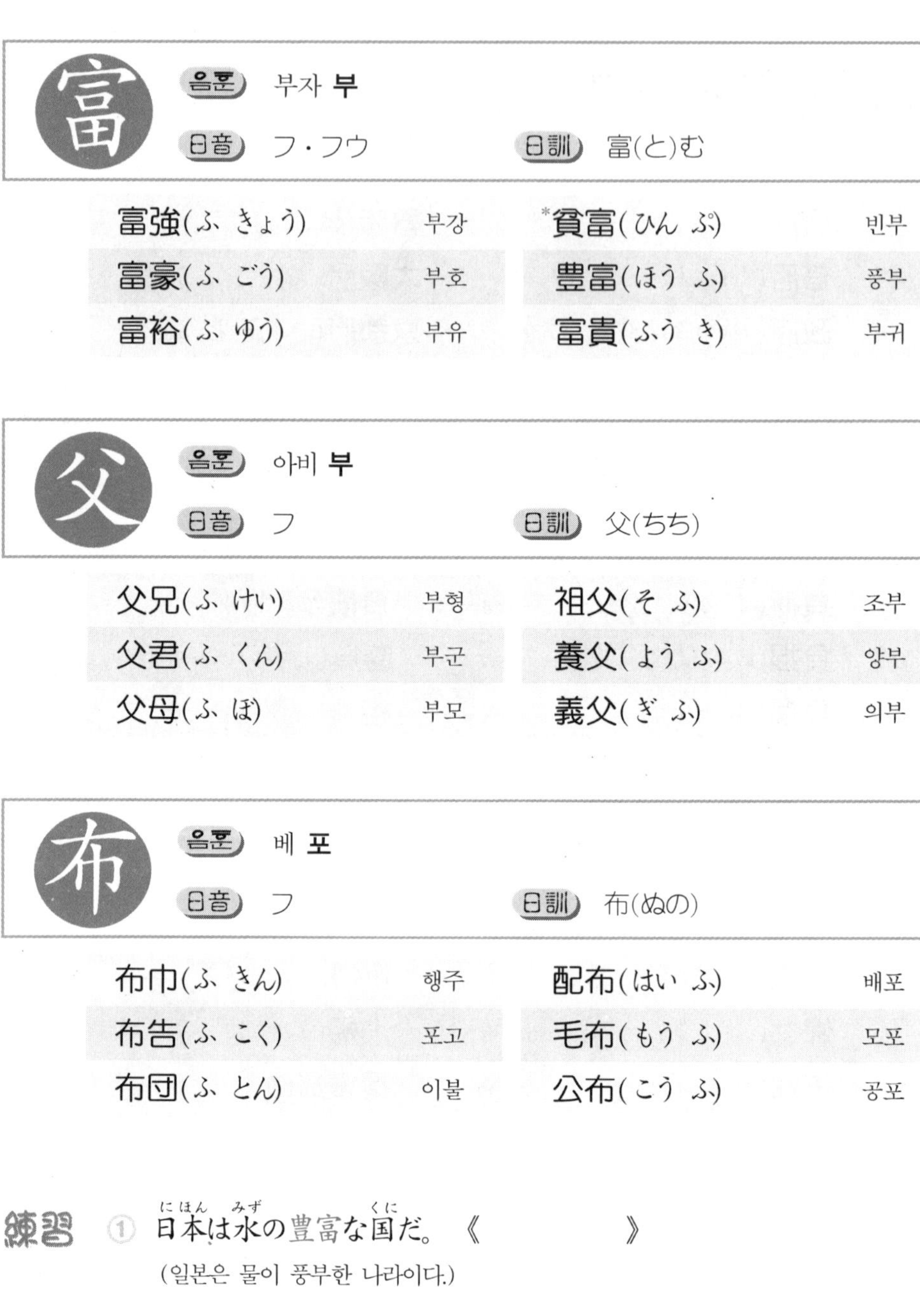

富

음훈 부자 **부**

日音 フ・フウ　　　**日訓** 富(と)む

富強(ふ きょう)	부강	*貧富(ひん ぷ)	빈부
富豪(ふ ごう)	부호	豊富(ほう ふ)	풍부
富裕(ふ ゆう)	부유	富貴(ふう き)	부귀

父

음훈 아비 **부**

日音 フ　　　**日訓** 父(ちち)

父兄(ふ けい)	부형	祖父(そ ふ)	조부
父君(ふ くん)	부군	養父(よう ふ)	양부
父母(ふ ぼ)	부모	義父(ぎ ふ)	의부

布

음훈 베 **포**

日音 フ　　　**日訓** 布(ぬの)

布巾(ふ きん)	행주	配布(はい ふ)	배포
布告(ふ こく)	포고	毛布(もう ふ)	모포
布団(ふ とん)	이불	公布(こう ふ)	공포

練習

① 日本は水の豊富な国だ。　《　　　》

（일본은 물이 풍부한 나라이다.）

② 学校の父兄会でいろいろ話し合った。　《　　　》

（학부모회에서 여러 가지 이야기를 나누었다.）

③ 寒いので毛布を二枚かけて寝ました。　《　　　》

（추워서 모포를 두 장 덮고 잤습니다.）

音訓	넓을 **보**
日音	フ
日訓	―

| 普通(ふ つう) | 보통 | 普段(ふ だん) | 평소 |
| 普及(ふ きゅう) | 보급 | 普遍(ふ へん) | 보편 |

音訓	굳셀 **무**
日音	ブ・ム
日訓	―

武器(ぶ き)	무기	武士(ぶ し)	무사
武装(ぶ そう)	무장	武力(ぶ りょく)	무력
武芸(ぶ げい)	무예	武者(む しゃ)	무사

音訓	떼 **부**
日音	ブ
日訓	―

部署(ぶ しょ)	부서	幹部(かん ぶ)	간부
部品(ぶ ひん)	부품	全部(ぜん ぶ)	전부
部分(ぶ ぶん)	부분	細部(さい ぶ)	세부

練習

① 普通、朝はパンを食べます。 《　　　　》
(보통 아침은 빵을 먹습니다.)

② 武装した兵隊が戦場へ向った。 《　　　　》.
(무장한 군대가 전장으로 향했다.)

③ 宿題は一晩で全部やってしまった。 《　　　　》
(숙제는 하룻밤에 전부 해버렸다.)

	음훈	춤출 **무**		
舞	日音 ブ		日訓 舞(ま)う	

舞曲(ぶ きょく)	무곡	歌舞(か ぶ)	가무
舞台(ぶ たい)	무대	鼓舞(こ ぶ)	고무
舞踊(ぶ よう)	무용	乱舞(らん ぶ)	난무

	음훈	바람 **풍**		
風	日音 フウ		日訓 風(かぜ)	

風景(ふう けい)	풍경	台風(たい ふう)	태풍
風速(ふう そく)	풍속	家風(か ふう)	가풍
風習(ふう しゅう)	풍습	強風(きょう ふう)	강풍

	음훈	옷 **복**		
服	日音 フク		日訓 —	

服飾(ふく しょく)	복식	服従(ふく じゅう)	복종
服装(ふく そう)	복장	制服(せい ふく)	제복
服用(ふく よう)	복용	洋服(よう ふく)	양복

練習

① ダンスパーティーは舞踊会（かい）ともいう。《　　　　　》
　　(댄스 파티는 무용회라고도 한다.)

② あの画家（が か）は人物（じんぶつ）は描（か）かず、風景ばかり描（か）いた。《　　　　　》
　　(저 화가는 인물은 그리지 않고 풍경만 그렸다.)

③ 普段（ふ だん）は和服（わ ふく）より洋服を着（き）る。《　　　　　》
　　(평소에는 전통옷보다 (서)양복을 입는다.)

福　음훈 복 복　日音 フク　日訓 ―

福音(ふく いん)	복음	幸福(こう ふく)	행복
福祉(ふく し)	복지	祝福(しゅく ふく)	축복
禍福(か ふく)	화복	冥福(めい ふく)	명복

副　음훈 버금 부　日音 フク　日訓 ―

副業(ふく ぎょう)	부업	副食(ふく しょく)	부식
副詞(ふく し)	부사	副作用(ふく さ よう)	부작용
副賞(ふく しょう)	부상	副社長(ふく しゃ ちょう)	부사장

復　음훈 다시 부, 돌아올 복　日音 フク　日訓 ―

復元(ふく げん)	복원	回復(かい ふく)	회복
復習(ふく しゅう)	복습	往復(おう ふく)	왕복
*復活(ふっ かつ)	부활	*復旧(ふっ きゅう)	복구

練習

① スウェーデンは福祉が進んだ国だ。《　　　　　》
(스웨덴은 복지가 발달한 나라이다.)

② 今は社長のかわりに副社長が担当しています。《　　　　　》
(지금은 사장 대신에 부사장이 담당하고 있습니다.)

③ 軍国主義が復活しはじめた。《　　　　　》
(군국주의가 부활하기 시작했다.)

複	음훈	겹칠 **복**		
	日音	フク	日訓	—

複雑(ふく ざつ)	복잡	複製(ふく せい)	복제
複写(ふく しゃ)	복사	複線(ふく せん)	복선
複数(ふく すう)	복수	重複(じゅう ふく)	중복

物	음훈	물건 **물**		
	日音	ブツ・モツ	日訓	物(もの)

*物価(ぶっ か)	물가	事物(じ ぶつ)	사물
*物体(ぶっ たい)	물체	動物(どう ぶつ)	동물
人物(じん ぶつ)	인물	貨物(か もつ)	화물

仏	음훈	부처 **불**	佛
	日音	ブツ	日訓 仏(ほとけ)

仏前(ぶつ ぜん)	불전	成仏(じょう ぶつ)	성불
仏像(ぶつ ぞう)	불상	大仏(だい ぶつ)	대불
*仏教(ぶっ きょう)	불교	念仏(ねん ぶつ)	염불

練習

① この機械の使い方はなかなか複雑だ。《　　　》
(이 기계의 사용법은 상당히 복잡하다.)

② 物価が上がったので、生活が苦しい。《　　　》
(물가가 올라서 생활이 힘들다.)

③ アジアには仏教を信じている人が多い。《　　　》
(아시아에는 불교를 믿고 있는 사람이 많다.)

음훈	나눌 **분**		
日音	フン・ブン	日訓	分(わ)かれる

*何分(なん ぷん)	몇분		処分(しょ ぶん)	처분
自分(じ ぶん)	자신		分譲(ぶん じょう)	분양
部分(ぶ ぶん)	부분		分校(ぶん こう)	분교

음훈	어지러울 **분**		
日音	フン	日訓	紛(まぎ)れる

紛争(ふん そう)	분쟁		紛失(ふん しつ)	분실
紛糾(ふん きゅう)	분규		内紛(ない ふん)	내분

음훈	글월 **문**		
日音	ブン・モ	日訓	文(ふみ)

文化(ぶん か)	문화		論文(ろん ぶん)	논문
文学(ぶん がく)	문학		作文(さく ぶん)	작문
文章(ぶん しょう)	문장		文字(も じ)	문자

練習

① この絵は空の部分が特にいいですね。《　　　　　》

(이 그림은 하늘 부분이 특히 좋군요)

② 各地の大学で学内紛争が起こった。《　　　　　》

(각지의 대학에서 학내분쟁이 일어났다.)

③ 卒業論文のテーマは何ですか。《　　　　　》

(졸업논문 주제는 무엇입니까?)

聞　음훈 들을 **문**　日音 ブン・モン　日訓 聞(き)く

見聞(けん ぶん)	견문	伝聞(でん ぶん)	전문
醜聞(しゅう ぶん)	추문	風聞(ふう ぶん)	풍문
新聞(しん ぶん)	신문	聴聞(ちょう もん)	청문

兵　음훈 군사 **병**　日音 ヘイ　日訓 ―

兵器(へい き)	병기	兵役(へい えき)	병역
兵士(へい し)	병사	衛兵(えい へい)	위병
兵隊(へい たい)	병대	将兵(しょう へい)	장병

併　음훈 아우를 **병**　併　日音 ヘイ　日訓 併(あわ)せる

併記(へい き)	병기	併存(へい ぞん)	병존
併合(へい ごう)	병합	併設(へい せつ)	병설
併用(へい よう)	병용	*合併(がっ ぺい)	병합

練習

① 朝日・読売・毎日を三大新聞という。《　　　　》
（아사히・요미우리・마이니치를 3대신문이라고 한다.）

② この頃の戦争には新しい兵器が使われる。《　　　　》
（요즘 전쟁에는 새로운 무기가 쓰인다.）

③ 二つの銀行が合併して大手銀行になった。《　　　　》
（두 개의 은행이 합병하여 대은행이 되었다.）

並		
음훈	나란할 **병**	
日音	ヘイ	立 日訓 並(なら)べる

並行(へい こう)	병행	並列(へい れつ)	병렬
並立(へい りつ)	병립	並称(へい しょう)	병칭

平		
음훈	평평할 **평**	
日音	ヘイ・ビョウ	日訓 平(たい)らな

平均(へい きん)	평균	平日(へい じつ)	평일
平和(へい わ)	평화	不平(ふ へい)	불평
平方(へい ほう)	평방	平等(びょう どう)	평등

米		
음훈	쌀 **미**	
日音	ベイ	日訓 ―

米価(べい か)	미가	欧米(おう べい)	구미
米食(べい しょく)	미식	南米(なん べい)	남미
米国(べい こく)	미국	北米(ほく べい)	북미

練習

① 電車のレールは並行して走っている。《　　　　》
（전차 레일은 병행하여 뻗어 있다.）

② 国民は戦争より平和を願っている。《　　　　》
（국민은 전쟁보다 평화를 원하고 있다.）

③ 政府が買い上げる今年の米価が決まった。《　　　　》
（정부가 사들이는 올해 쌀값이 정해졌다.）

別

음훈	다를 **별**		
日音	ベツ	日訓	別(わか)れる

差別(さ べつ)	차별	識別(しき べつ)	식별
特別(とく べつ)	특별	惜別(せき べつ)	석별
離別(り べつ)	이별	分別(ぶん べつ)	분별

変　變

음훈	변할 **변**		
日音	ヘン	日訓	変(か)わる

変化(へん か)	변화	変質(へん しつ)	변질
変更(へん こう)	변경	大変(たい へん)	대변
変形(へん けい)	변형	不変(ふ へん)	불변

編

음훈	엮을 **편**		
日音	ヘン	日訓	編(あ)む

編曲(へん きょく)	편곡	改編(かい へん)	개편
編成(へん せい)	편성	再編(さい へん)	재편
編集(へん しゅう)	편집	長編(ちょう へん)	장편

練習

① 特別に学習の指導を受ける。《　　　　》
　（특별히 학습 지도를 받다.）

② 大変だ、財布を落としてしまった。《　　　　》
　（큰일이다, 지갑을 잃어 버렸다.）

③ 彼は新聞社の編集の仕事をやっている。《　　　　》
　（그는 신문사의 편집 일을 하고 있다.）

片

음훈 조각 **편**

日音 ヘン　　　　日訓 片(かた)

片雲(へん うん)	편운	破片(は へん)	파편
片言(へん げん)	편언	*断片(だん ぺん)	단편
紙片(し へん)	지편		

辺

음훈 가 **변**　　　　邊

日音 ヘン　　　　日訓 辺(あた)り・辺(べ)

辺境(へん きょう)	변경	*身辺(しん ぺん)	신변
周辺(しゅう へん)	주변	底辺(てい へん)	저변
*近辺(きん ぺん)	근변	海辺(うみ べ)	해변

返

음훈 돌이킬 **반**

日音 ヘン　　　　日訓 返(かえ)す

返還(へん かん)	반환	返却(へん きゃく)	반환
返事(へん じ)	대답	返信(へん しん)	반신
返済(へん さい)	변제	返答(へん とう)	응답

練習

① 廊下にガラスの破片が落ちている。《　　　　　》

　（복도에 유리 파편이 떨어져 있다.）

② 駅の周辺には商店がたくさんある。《　　　　　》

　（역 주변에는 상점이 많이 있다.）

③ 名前を読んだらすぐ返事をしてください。《　　　　　》

　（이름을 부르면 즉시 대답을 해 주세요）

| 음훈 | 말잘할 **변**, 분별할 **변** |   |
| 日音 | ベン | 日訓 — |

弁護(べん ご)	변호	弁明(べん めい)	변명
弁償(べん しょう)	변상	弁論(べん ろん)	변론
弁当(べん とう)	도시락	答弁(とう べん)	답변

| 음훈 | 편할 **편** | |
| 日音 | ベン・ビン | 日訓 便(たよ)り |

便宜(べん ぎ)	편의	小便(しょう べん)	소변
便利(べん り)	편리	不便(ふ べん)	불편
簡便(かん べん)	간편	郵便(ゆう びん)	우편

| 음훈 | 힘쓸 **면** | |
| 日音 | ベン | 日訓 — |

| 勉学(べん がく) | 면학 | 勉励(べん れい) | 면려 |
| 勉強(べん きょう) | 공부 | 勤勉(きん べん) | 근면 |

練習

① 彼は社会に出て弁護士になった。 《　　　　》

（그는 사회에 나와 변호사가 되었다.）

② ここは駅から近くて交通が便利だ。 《　　　　》

（여기는 역에서 가까워 교통이 편리하다.）

③ 毎日、学校で数学を一時間ずつ勉強する。 《　　　　》

（매일 학교에서 수학을 1시간씩 공부한다.）

음훈 걸음 **보**	**步**
日音 ホ・ブ	**日訓** 歩(ある)く

歩行(ほ こう)	보행	*散歩(さん ぽ)	산보
歩道(ほ どう)	보도	*進歩(しん ぽ)	진보
初歩(しょ ほ)	초보	歩合(ぶ あい)	보합

음훈 보호할 **보**	
日音 ホ	**日訓** 保(たも)つ

保安(ほ あん)	보안	保証(ほ しょう)	보증
保険(ほ けん)	보험	保存(ほ ぞん)	보존
保護(ほ ご)	보호	確保(かく ほ)	확보

음훈 잡을 **포**	
日音 ホ	**日訓** 捕(つか)まえる

捕獲(ほ かく)	포획	捕鯨(ほ げい)	포경
捕手(ほ しゅ)	포수	捕球(ほ きゅう)	포구
捕虜(ほ りょ)	포로	逮捕(たい ほ)	체포

練習

① 彼は進歩的な考えを持っている。《　　　》
　（그는 진보적인 생각을 가지고 있다.）

② ダムを作って、町で使う水を確保したい。《　　　》
　（댐을 만들어 도시에서 사용할 물을 확보하고 싶다.）

③ 戦争が終わって、両国は捕虜を返した。《　　　》
　（전쟁이 끝나고 양국은 포로를 돌려보냈다.）

음훈 기울 **보**				
日音 ホ		**日訓** 補(おぎな)う		

補給(ほ きゅう)	보급	補充(ほ じゅう)	보충
補欠(ほ けつ)	보결	補佐(ほ さ)	보좌
補助(ほ じょ)	보조	候補(こう ほ)	후보

음훈 어미 **모**				
日音 ボ		**日訓** 母(はは)		

母校(ぼ こう)	모교	母性(ぼ せい)	모성
母子(ぼ し)	모자	母乳(ぼ にゅう)	모유
母国(ぼ こく)	모국	父母(ふ ぼ)	부모

음훈 모을 **모**				
日音 ボ		**日訓** 募(つの)る		

募金(ぼ きん)	모금	急募(きゅう ぼ)	급모
募集(ぼ しゅう)	모집	公募(こう ぼ)	공모
応募(おう ぼ)	응모		

練習

① 今度の選挙に彼は立候補するそうだ。《　　　　　》

（이번 선거에 그는 입후보한다고 한다.）

② あの子供はお父さんがいない母子家庭の子供です。《　　　》

（저 아이는 아버지가 없는 모자가정의 아입니다.）

③ あの会社では社員を募集している。《　　　　　》

（저 회사에서는 사원을 모집하고 있다.）

暮	음훈	저물 **모**		
	日音	ボ	日訓	暮(く)れる

暮春(ぼ しゅん)	모춘	薄暮(はく ぼ)	박모
暮色(ぼ しょく)	모색	朝令暮改(ちょう れい ぼ かい)	
歳暮(せい ぼ)	세모		조령모개

方	음훈	모 **방**		
	日音	ホウ	日訓	方(かた)

方針(ほう しん)	방침	方面(ほう めん)	방면
方法(ほう ほう)	방법	後方(こう ほう)	후방
方向(ほう こう)	방향	地方(ち ほう)	지방

放	음훈	놓을 **방**		
	日音	ホウ	日訓	放(はな)す

放水(ほう すい)	방수	解放(かい ほう)	해방
放送(ほう そう)	방송	追放(つい ほう)	추방
放任(ほう にん)	방임	釈放(しゃく ほう)	석방

練習

① 知人から今年もお歳暮が送られてきた。《　　　　　》

(아는 사람이 올해도 세모 선물을 보내왔다.)

② 東京地方は今日も一日じゅう雨が降ります。《　　　　　》

(도쿄 지방은 오늘도 하루종일 비가 내립니다.)

③ この町から麻薬や暴力を追放しよう。《　　　　　》

(이 도시에서 마약과 폭력을 추방하자.)

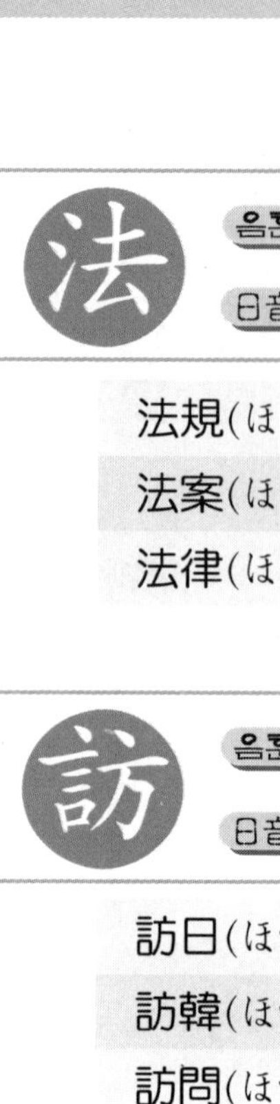

法

음훈　법 **법**

日音　ホウ・ハッ　　　日訓　—

法規(ほう　き)	법규	違法(い　ほう)	위법
法案(ほう　あん)	법안	*憲法(けん　ぽう)	헌법
法律(ほう　りつ)	법률	法度(はっ　と)	법도

訪

음훈　찾을 **방**

日音　ホウ　　　日訓　訪(たず)ねる

訪日(ほう　にち)	방일	*探訪(たん　ぽう)	탐방
訪韓(ほう　かん)	방한	来訪(らい　ほう)	내방
訪問(ほう　もん)	방문	歴訪(れき　ほう)	순방

報

음훈　갚을 **보**

日音　ホウ　　　日訓　報(むく)いる

報告(ほう　こく)	보고	通報(つう　ほう)	통보
報道(ほう　どう)	보도	情報(じょう　ほう)	정보
報復(ほう　ふく)	보복	予報(よ　ほう)	예보

① 国会で法案が通過した。　《　　　　》

（국회에서 법안이 통과되었다.）

② アメリカの大統領があす訪日する。　《　　　　　》

（미국 대통령이 내일 방일한다.）

③ インターネットは情報の海と言われる。　《　　　　　》

（인터넷은 정보의 바다라고 불리운다.）

음훈	보배 **보**		寶	
日音	ホウ		日訓	宝(たから)

宝石(ほう せき)	보석	国宝(こく ほう)	국보
宝物(ほう ぶつ)	보물	財宝(ざい ほう)	재보
家宝(か ほう)	가보	秘宝(ひ ほう)	비보

음훈	풍성할 **풍**		
日音	ホウ	日訓	豊(ゆた)かな

豊作(ほう さく)	풍작	豊富(ほう ふ)	풍부
豊年(ほう ねん)	풍년	豊満(ほう まん)	풍만

음훈	막을 **방**		
日音	ボウ	日訓	防(ふせ)ぐ

防衛(ぼう えい)	방위	防止(ぼう し)	방지
防火(ぼう か)	방화	消防(しょう ぼう)	소방
防犯(ぼう はん)	방범	予防(よ ぼう)	예방

練習

① 宝石箱にたくさんの金銀が入っている。《　　　　》
　　(보석상자에 많은 금은이 들어있다.)

② 豊富な地下資源を充分活用する。《　　　　》
　　(풍부한 지하자원을 충분히 활용하다.)

③ 安全運転をして、交通事故を防止しよう。《　　　　》
　　(안전운전을 하여 교통사고를 방지하자.)

望	음훈 바랄 **망**		
	日音 ボウ	日訓 望(のぞ)む	

望遠(ぼう えん)	망원	絶望(ぜつ ぼう)	절망
展望(てん ぼう)	전망	要望(よう ぼう)	요망
希望(き ぼう)	희망	失望(しつ ぼう)	실망

亡	음훈 망할 **망**		
	日音 ボウ	日訓 亡(な)く	

亡国(ぼう こく)	망국	興亡(こう ぼう)	흥망
亡命(ぼう めい)	망명	滅亡(めつ ぼう)	멸망
亡霊(ぼう れい)	망령	死亡(し ぼう)	사망

房	음훈 방 **방**		
	日音 ボウ	日訓 —	

独房(どく ぼう)	독방	冷房(れい ぼう)	냉방
僧房(そう ぼう)	승방	文房具(ぶん ぼう ぐ)	문방구
暖房(だん ぼう)	난방	女房(にょう ぼう)	마누라

練習

① 学生の要望で経済の講座が開かれた。《　　　》
(학생의 요망으로 경제 강좌가 열렸다.)

② 安全ベルトを締めると死亡事故が減る。《　　　》
(안전 벨트를 매면 사망사고가 줄어든다.)

③ この部屋は冷房が効きすぎていて寒いくらいだ。《　　　》
(이 방은 냉방이 너무 잘 들어 추울 정도이다.)

음훈 무역할 **무**		
日音 ボウ	**日訓** —	

貿易(ぼう えき)	무역

음훈 사나울 **폭**		
日音 ボウ	**日訓** 暴(あば)く	

暴言(ぼう げん)	폭언	暴落(ぼう らく)	폭락
暴動(ぼう どう)	폭동	狂暴(きょう ぼう)	광폭
暴力(ぼう りょく)	폭력	乱暴(らん ぼう)	난폭

음훈 북녘 **북**, 패할 **배**		
日音 ホク・ボク	**日訓** 北(きた)	

北緯(ほく い)	북위	*北方(ほっ ぽう)	북방
*北極(ほっ きょく)	북극	*南北(なん ぼく)	남북
北西(ほく せい)	북서	敗北(はい ぼく)	패배

練習

① 父は貿易会社の社長です。《　　　　》

（아버지는 무역회사 사장입니다.）

② 喧嘩の時にも暴力を振るうのはよくない。《　　　　》

（싸움을 할 때도 폭력을 휘두르는 것은 좋지 않다.）

③ 日本では冬は北西の季節風が吹く。《　　　　》

（일본에서는 겨울은 북서계절풍이 분다.）

木

음훈 나무 **목**

日音 ボク・モク   日訓 木(き)

木石(ぼく せき)	목석	木造(もく ぞう)	목조
木刀(ぼく とう)	목도	木曜(もく よう)	목요
土木(ど ぼく)	토목	草木(そう もく)	초목

牧

음훈 칠 **목**

日音 ボク   日訓 牧(まき)

牧師(ぼく し)	목사	*牧歌(ぼっ か)	목가
牧畜(ぼく ちく)	목축	放牧(ほう ぼく)	방목
牧場(ぼく じょう)	목장	遊牧(ゆう ぼく)	유목

本

음훈 근본 **본**

日音 ホン   日訓 本(もと)

本質(ほん しつ)	본질	基本(き ほん)	기본
本能(ほん のう)	본능	見本(み ほん)	견본
本部(ほん ぶ)	본부	資本(し ほん)	자본

練習

① 法隆寺は世界で一番古い木造の建物だ。 《   》

(호류지는 세계에서 가장 오래된 목조 건물이다.)

② 父は田舎で牧畜業に携わっている。 《   》

(아버지는 시골에서 목축업에 종사하고 있다.)

③ 資本主義と社会主義の二つの体制がある。 《   》

(자본주의와 사회주의의 두 개의 체제가 있다.)

ま行

<table>
<tr><td colspan="2" align="center">白 眉</td></tr>
<tr><td colspan="2" align="center">はくび</td></tr>
<tr><td>出典</td><td>「蜀志・馬良伝」</td></tr>
<tr><td>場面</td><td>蜀に仕えた馬良は郷人から、「馬氏五常、白眉最も良し」と言われた。馬良は字を季常といい、馬氏五兄弟はすべて字に「常」の文字が入っていたので、五兄弟の中では馬良が一番優れているという意味で使われていた。若いときから馬良は眉毛が白かったので白眉と呼ばれていた。</td></tr>
</table>

解　説
意味は、数ある中で最も優れているものという意味です。人だけでなく、物に対して言ってもＯＫです。ちなみに馬良は五兄弟の四男で、馬謖は字を幼常といい五男です。馬氏五常は全て優れていたと言われていますが、残りの兄弟のことは、何一つ伝わっていません。何してたんでしょうね？

用　例
太郎部長　うーん。次のプロジェクトリーダー、誰に頼もうかな？ 一郎係長　ははははっ。同期の白眉と称される私にお任せ下さい。 太郎部長　どこがや！おまいは馬謖になるわい。 　　　　　（この後、泣いて馬謖を斬るにつづく）

毎 / 每

음훈	매양 **매**
日音	マイ
日訓	―

毎週(まい しゅう)	매주	毎度(まい ど)	매번
毎月(まい げつ)	매월	毎回(まい かい)	매회
毎日(まい にち)	매일	毎年(まい ねん)	매년

末

음훈	끝 **말**
日音	マツ
日訓	末(すえ)

末日(まつ じつ)	매일	結末(けつ まつ)	결말
*末端(まっ たん)	말단	本末(ほん まつ)	본말
期末(き まつ)	말기	始末(し まつ)	시말

万 / 萬

음훈	일만 **만**
日音	マン・バン
日訓	―

万一(まん いち)	만일	巨万(きょ まん)	거만
万病(まん びょう)	만병	千万(せん まん)	천만
億万(おく まん)	억만	万歳(ばん ざい)	만세

練習

① 毎週日曜日には公園へ行って遊びます。《　　　》
(매주 일요일에는 공원에 가서 놉니다.)

② 火の始末をよくしてから寝てください。《　　　》
(불 단속을 잘 하고 나서 자세요)

③ 万一、地震が起こったらまず火を消しなさい。《　　　》
(만일, 지진이 일어나면 먼저 불을 끄거라.)

	음훈 찰 **만**	滿	
	日音 マン	日訓 満(み)ちる	

満員(まん いん)	만원	未満(み まん)	미만
満期(まん き)	만기	充満(じゅう まん)	충만
満足(まん ぞく)	만족	不満(ふ まん)	불만

	음훈 아닐 **미**		
	日音 ミ	日訓 ―	

未完(み かん)	미완	未明(み めい)	미명
未熟(み じゅく)	미숙	未遂(み すい)	미수
未来(み らい)	미래	未満(み まん)	미만

	음훈 맛 **미**		
	日音 ミ	日訓 味(あじ)	

味覚(み かく)	미각	意味(い み)	의미
興味(きょう み)	흥미	調味(ちょう み)	조미
趣味(しゅ み)	취미	妙味(みょう み)	묘미

練習

① 現在の生活にあまり不満を持っていない。《　　　　》
(현재 생활에 별로 불만을 가지고 있지 않다.)

② あの人は殺人未遂の現行犯で捕まった。《　　　　》
(저 사람은 살인미수 현행범으로 잡혔다.)

③ その言葉の意味を辞書で調べよう。《　　　　》
(그 말의 의미를 사전으로 찾아보자.)

密	음훈	빽빽할 **밀**		
	日音	ミツ	日訓	—

密談(みつ だん)	밀담	精密(せい みつ)	정밀
*密航(みっ こう)	밀항	秘密(ひ みつ)	비밀
密輸(みつ ゆ)	밀수	過密(か みつ)	과밀

妙	음훈	묘할 **묘**		
	日音	ミョウ	日訓	—

妙案(みょう あん)	묘안	巧妙(こう みょう)	교묘
妙技(みょう ぎ)	묘기	絶妙(ぜつ みょう)	절묘
妙齢(みょう れい)	묘령	微妙(び みょう)	미묘

民	음훈	백성 **민**		
	日音	ミン	日訓	民(たみ)

民間(みん かん)	민간	国民(こく みん)	국민
民放(みん ぽう)	민방	人民(じん みん)	인민
民主(みん しゅ)	민주	庶民(しょ みん)	서민

練習

① これは秘密だから、他の人に話さないでよ。《　　　》
(이것은 비밀이니까 다른 사람에게 말하지 말아요.)

② この二つには微妙な違いがある。《　　　》
(이 두 개에는 미묘한 차이가 있다.)

③ 人民の、人民による、人民のための政治。《　　　》
(국민의, 국민에 의한, 국민을 위한 정치.)

務	음훈	힘쓸 **무**		
	日音 ム		日訓 務(つと)める	

義務(ぎ む)	의무	公務(こう む)	공무
事務(じ む)	사무	雑務(ざつ む)	잡무
業務(ぎょう む)	업무	職務(しょく む)	직무

無	음훈	없을 **무**		
	日音 ム・ブ		日訓 無(な)い	

無理(む り)	무리	無限(む げん)	무한
無料(む りょう)	무료	有無(う む)	유무
無職(む しょく)	무직	無礼(ぶ れい)	무례

夢	음훈	꿈 **몽**		
	日音 ム		日訓 夢(ゆめ)	

夢幻(む げん)	몽환	悪夢(あく む)	악몽
夢想(む そう)	몽상	夢遊病(む ゆう びょう)	몽유병
夢中(む ちゅう)	꿈속		

練習

① 彼は今公務で出張している。《　　　　　》

（그는 지금 공무로 출장하고 있다.）

② 小さい靴を無理にはいても痛くて歩けない。《　　　　　》

（작은 구두를 무리하게 신어도 아파서 걸을 수 없다.）

③ 火事だと分かったので夢中で逃げた。《　　　　　》

（불이 났다는 것을 알고 무심결에 도망쳤다.）

	음훈	이름 **명**		
名	日音	メイ・ミョウ	日訓	名(な)

名人(めい じん)	명인	有名(ゆう めい)	유명
名刺(めい し)	명함	氏名(し めい)	씨명
名誉(めい よ)	명예	名字(みょう じ)	성씨

	음훈	목숨 **명**		
命	日音	メイ・ミョウ	日訓	命(いのち)

命令(めい れい)	명령	革命(かく めい)	혁명
命名(めい めい)	명명	生命(せい めい)	생명
運命(うん めい)	운명	寿命(じゅ みょう)	수명

	음훈	밝을 **명**		
明	日音	メイ・ミョウ	日訓	明(あか)るい

明暗(めい あん)	명암	鮮明(せん めい)	선명
明確(めい かく)	명확	透明(とう めい)	투명
証明(しょう めい)	증명	明年(みょう ねん)	명년

練習

① 名人が作ったバイオリンは非常にいい音がする。《　　　》
　(명인이 만든 바이올린은 대단히 좋은 소리가 난다.)

② 地震でたくさんの人の生命と財産が失われた。《　　　》
　(지진으로 많은 사람의 생명과 재산을 잃었다.)

③ テロリストが犯行声明を出した。《　　　》
　(테러리스트가 범행 성명을 냈다.)

盟

음훈	맹세할 **맹**		
日音	メイ	日訓	―

盟主(めい しゅ)	맹주	加盟(か めい)	가맹
盟友(めい ゆう)	맹우	同盟(どう めい)	동맹
盟約(めい やく)	맹약	連盟(れん めい)	연맹

面

음훈	낯 **면**		
日音	メン	日訓	面(おもて)

面会(めん かい)	면회	前面(ぜん めん)	전면
面接(めん せつ)	면접	当面(とう めん)	당면
正面(しょう めん)	정면	方面(ほう めん)	방면

免

음훈	면할 **면**		
日音	メン	日訓	免(まぬか)れる

免許(めん きょ)	면허	免税(めん ぜい)	면세
免除(めん じょ)	면제	赦免(しゃ めん)	사면
免状(めん じょう)	면장	罷免(ひ めん)	파면

練習

① 韓国は国際連盟に加盟している。《　　　　》
　（한국은 국제연맹에 가맹되어 있다.）

② 雑誌の全面に広告を載せる。《　　　　》
　（잡지 전면에 광고를 싣다.）

③ 運転免許はまだ取っていない。《　　　　》
　（운전면허는 아직 못 땄다.）

綿	음훈 솜 면	
	日音 メン	日訓 綿(わた)

綿花(めん か)	면화	純綿(じゅん めん)	순면
綿糸(めん し)	면사	脱脂綿(だっ し めん)	탈지면
綿密(めん みつ)	면밀		

模	음훈 법 모	
	日音 モ・ボ	日訓 —

模型(も けい)	모형	模範(も はん)	모범
模様(も よう)	모양	模倣(も ほう)	모방
模索(も さく)	모색	規模(き ぼ)	규모

毛	음훈 터럭 모	
	日音 モウ	日訓 毛(け)

毛頭(もう とう)	모두	脱毛(だつ もう)	탈모
毛髪(もう はつ)	모발	羊毛(よう もう)	양모
毛筆(もう ひつ)	모필	純毛(じゅん もう)	순모

練習

① 綿織物や綿の原料は綿花です。《　　　》

（면직물이나 솜의 원료는 면화입니다.）

② こんな空模様だと、すぐ雨が振り出すだろう。《　　　》

（이런 하늘 모양이라면 곧 비가 내리기 시작할 것이다.）

③ このセーターは純毛だから暖かい。《　　　》

（이 스웨터는 순모라서 따뜻하다.）

음훈	눈 목		
日音	モク	日訓	目(め)

目的(もく てき)	목적	耳目(じ もく)	이목
目標(もく ひょう)	목표	注目(ちゅう もく)	주목
目撃(もく げき)	목격	品目(ひん もく)	품목

음훈	문 문		
日音	モン	日訓	門(かど)

門前(もん ぜん)	문전	同門(どう もん)	동문
正門(せい もん)	정문	部門(ぶ もん)	부문
専門(せん もん)	전문	門外漢(もん がい かん)	문외한

음훈	물을 문		
日音	モン	日訓	問(と)う

問題(もん だい)	문제	疑問(ぎ もん)	의문
問答(もん どう)	문답	質問(しつ もん)	질문
学問(がく もん)	학문	訪問(ほう もん)	방문

練習

① その事件に世界の人が注目している。《　　　》
(그 사건은 세계인이 주목하고 있다.)

② 大学で法学を専門に勉強している。《　　　》
(대학에서 법학을 전문으로 공부하고 있다.)

③ この文の意味が分からない人は質問しなさい。《　　　》
(이 문의 의미를 모르는 사람은 질문하거라.)

雨　雨　雨　雨
月　月
電　電　雷
雲　電
水　林　竹　丘　森
川
稲　稲
田　田　麥
米　苗
派　草
州

や行

破竹の勢い

はちくのいきおい

出典	「晋書・杜預伝」
場面	呉を攻める晋将・杜預は武昌平定後、作戦会議の上で同僚胡奮らが「春の大水の時期を避け、冬の待ち建業を攻略すべし。」と言うのに対し「我が軍の士気は盛んである。今攻め込めば竹を破るように数節のうちに敵は皆降伏するであろう。」と言って呉を攻めたてた。結局、呉はこの大攻勢の前に滅びることになる。

解　説

竹を縦に割るような猛烈な勢いのことを指す。竹の節（ふし）と、数節（1年＝24節、1節＝15日）の節が掛詞になっている。現在でも非常によく使われる言葉で、ただ単に「破竹」と言ったりもする。

用　例

一郎　おや、太郎さんえらい上機嫌ですな。
太郎　わははは。秋のGⅠシリーズ破竹の５連勝♪
一郎　マジですか？こっちは博打で５連敗っていうのに…（泣）

夜	음훈	밤 야		
	日音	ヤ	日訓	夜(よる)

夜間(や かん)	야간	今夜(こん や)	오늘밤
夜景(や けい)	야경	昼夜(ちゅう や)	주야
夜光(や こう)	야광	深夜(しん や)	심야

野	음훈	들 야		
	日音	ヤ	日訓	野(の)

夜営(や えい)	야영	野菜(や さい)	야채
野外(や がい)	야외	野党(や とう)	야당
野球(や きゅう)	야구	分野(ぶん や)	분야

役	음훈	부릴 역		
	日音	ヤク・エキ	日訓	―

役員(やく いん)	담당자	役人(やく にん)	공무원
役所(やく しょ)	관청	主役(しゅ やく)	주역
役割(やく わり)	역할	苦役(く えき)	고역

練習

① ラジオの深夜放送を聞きながら勉強する。《　　　　》
(라디오 심야방송을 들으면서 공부하다.)

② 日本人は高校野球やプロ野球が好きだ。《　　　　》
(일본인은 고교야구나 프로야구를 좋아한다.)

③ 会社の株主総会で役員を選挙した。《　　　　》
(회사의 주주총회에서 간부를 선거했다.)

約	**음훈** 대략 **약**		
	日音 ヤク	**日訓** —	

約束(やく そく)	약속	契約(けい やく)	계약
解約(かい やく)	해약	条約(じょう やく)	조약
規約(き やく)	규약	要約(よう やく)	요약

薬	**음훈** 약 **약**	藥	
	日音 ヤク	**日訓** 薬(くすり)	

薬剤(やく ざい)	약재	医薬(い やく)	의약
薬局(やっ きょく)	약국	製薬(せい やく)	제약
薬効(やっ こう)	약효	爆薬(ばく やく)	폭약

訳	**음훈** 통변할 **역**	譯	
	日音 ヤク	**日訓** 訳(わけ)	

訳文(やく ぶん)	역문	通訳(つう やく)	통역
訳書(やく しょ)	역서	翻訳(ほん やく)	번역
英訳(えい やく)	영역	最新訳(さい しん やく)	최신역

練習

① 第一世界大戦の後で、ベルサイユ条約が結ばれた。《　　　》
　（제1차세계대전 후에 베르사이유 조약이 맺어졌다.）

② 薬局へ行って風邪薬を買って飲む。《　　　》
　（약국에 가서 감기 약을 사서 먹다.）

③ この小説は木村さんが翻訳したものです。《　　　》
　（이 소설은 기무라 씨가 번역한 것입니다.）

躍	음훈 뛸 **약**		
	日音 ヤク	日訓 躍(おど)る	

躍進(やく しん)	약진	跳躍(ちょう やく)	도약
躍動(やく どう)	약동	飛躍(ひ やく)	비약
活躍(かつ やく)	활약		

由	음훈 말미암을 **유**		
	日音 ユ・ユイ・ユウ	日訓 由(よし)	

由縁(ゆ えん)	유연	由緒(ゆい しょ)	유서
由来(ゆ らい)	유래	自由(じ ゆう)	자유
経由(けい ゆ)	경유	理由(り ゆう)	이유

輸	음훈 실어낼 **수**		
	日音 ユ	日訓 —	

輸出(ゆ しゅつ)	수출	輸入(ゆ にゅう)	수입
輸血(ゆ けつ)	수혈	運輸(うん ゆ)	운수
輸送(ゆ そう)	수송	密輸(みつ ゆ)	밀수

練習

① 今後のご活躍を期待しております。《　　　　　》

　(앞으로의 활약을 기대하겠습니다.)

② 会社を辞める理由をはっきり言ってください。《　　　　　》

　(회사를 그만둘 이유를 분명히 말해 주세요.)

③ 日本ではカメラ・自動車などを輸出している。《　　　　　》

　(일본에서는 카메라・자동차 등을 수출하고 있다.)

	음훈	기름 **유**			
油	日音	ユ	日訓	油(あぶら)	

油脂(ゆ し)	유지	給油(きゅう ゆ)	급유
油田(ゆ でん)	유전	原油(げん ゆ)	원유
石油(せき ゆ)	석유	灯油(とう ゆ)	등유

	음훈	벗 **우**			
友	日音	ユウ	日訓	友(とも)	

友愛(ゆう あい)	우애	学友(がく ゆう)	학우
友人(ゆう じん)	친구	級友(きゅう ゆう)	급우
友情(ゆう じょう)	우정	親友(しん ゆう)	친우

	음훈	있을 **유**			
有	日音	ユウ・ウ	日訓	有(あ)る	

有名(ゆう めい)	유명	所有(しょ ゆう)	소유
有効(ゆう こう)	유효	保有(ほ ゆう)	보유
有利(ゆう り)	유리	有無(う む)	유무

練習

① 海底（かいてい）から石油を掘（ほ）る。《　　　》

（해저에서 석유를 파다.）

② 二人（ふたり）の友情はいつまでも変（か）わらない。《　　　》

（두 사람의 우정은 언제까지나 변하지 않을 것이다.）

③ この切符（きっぷ）は一週間（いっしゅうかん）有効です。《　　　》

（이 표는 1주일 유효합니다.）

음훈	넉넉할 **우**		
日音	ユウ	日訓	優(すぐ)れる

優越(ゆう えつ)	우월	優待(ゆう たい)	우대
優雅(ゆう が)	우아	俳優(はい ゆう)	배우
優勢(ゆう せい)	우세	女優(じょ ゆう)	여우

음훈	놀 **유**		
日音	ユウ	日訓	遊(あそ)ぶ

遊戯(ゆう ぎ)	유희	遊牧(ゆう ぼく)	유목
遊興(ゆう きょう)	유흥	周遊(しゅう ゆう)	주유
遊説(ゆう ぜい)	유세	遊園地(ゆう えん ち)	유원지

음훈	녹을 **융**		
日音	ユウ	日訓	―

融解(ゆう かい)	융해	融和(ゆう わ)	융화
融資(ゆう し)	융자	金融(きん ゆう)	금융
融通(ゆう ずう)	융통		

練習

① 彼は大学を優秀な成績で卒業した。《　　　　　》

（그는 대학을 우수한 성적으로 졸업했다.）

② 日曜日には遊園地は子供でいっぱいだ。《　　　　　》

（일요일에는 유원지는 아이들로 가득하다.）

③ 銀行は金融機関である。《　　　　　》

（은행은 금융기관이다.）

与	음훈 줄 여		與	
	日音 ヨ		日訓 与(あた)える	
与党(よ とう)	여당		参与(さん よ)	참여
関与(かん よ)	관여		授与(じゅ よ)	수여
給与(きゅう よ)	급여		贈与(ぞう よ)	증여

予	음훈 먼저 예		豫	
	日音 ヨ		日訓 予(あらかじ)め	
予告(よ こく)	예고		予備(よ び)	예비
予想(よ そう)	예상		予防(よ ぼう)	예방
予定(よ てい)	예정		猶予(ゆう よ)	유예

余	음훈 남을 여		餘	
	日音 ヨ		日訓 余(あま)る	
余剰(よ じょう)	여잉		余地(よ ち)	여지
余生(よ せい)	여생		残余(ざん よ)	잔여
余裕(よ ゆう)	여유		剰余(じょう よ)	잉여

練習

① 政治は与党と野党が交代でする方がいい。《　　　　》

（정치는 여당과 야당이 교대로 하는 것이 좋다.)

② 選挙の結果がどうなるか予想がつかない。《　　　　》

（선거 결과가 어떻게 될지 예상이 안 간다.)

③ 忙しくて映画を見る余裕がありません。《　　　　》

（바빠서 영화를 볼 여유가 없습니다.)

	음훈	미리 **예**
	日音 ヨ	日訓 預(あず)ける

預金(よ きん)　　　예금　　　預託(よ たく)　　　예탁

	음훈	쓸 **용**
	日音 ヨウ	日訓 用(もち)いる

用具(よう ぐ)　　　용구　　　愛用(あい よう)　　　애용
用品(よう ひん)　　용품　　　雇用(こ よう)　　　고용
用法(よう ほう)　　용법　　　利用(り よう)　　　이용

	음훈	큰바다 **양**
	日音 ヨウ	日訓 —

洋酒(よう しゅ)　　양주　　　遠洋(えん よう)　　　원양
洋食(よう しょく)　　양식　　　海洋(かい よう)　　　해양
洋服(よう ふく)　　양복　　　太平洋(たい へい よう)　　태평양

練習

① お金が要る時は、銀行から預金を下ろして使う。《　　　》
（돈이 필요할 때는 은행에서 예금을 찾아서 쓴다.）

② 日曜日を利用して農業をやっています。《　　　》
（일요일을 이용하여 농사를 짓고 있습니다.）

③ 太平洋は世界でいちばん大きな海だ。《　　　》
（태평양은 세계에서 가장 큰 바다이다.）

要		
음훈	구할 **요**	
日音 ヨウ	日訓 要(い)る	

要求(よう きゅう)	요구	需要(じゅ よう)	수요
要点(よう てん)	요점	必要(ひつ よう)	필요
要望(よう ぼう)	요망	重要(じゅう よう)	중요

容		
음훈	얼굴 **용**	
日音 ヨウ	日訓 —	

容疑(よう ぎ)	용의	内容(ない よう)	내용
容器(よう き)	용기	収容(しゅう よう)	수용
容量(よう りょう)	용량	美容(び よう)	미용

様		様
음훈	모양 **양**	
日音 ヨウ	日訓 様(さま)	

様子(よう す)	모습	模様(も よう)	모양
様式(よう しき)	양식	同様(どう よう)	동양
様相(よう そう)	양상	多様(た よう)	다양

練習

① 今日は重要な会議だから欠席しないでよ。《　　　》
(오늘은 중요한 회의이니까 결석하지 말아요)

② 昨日の手紙、どんな内容でしたか。《　　　》
(어제 편지 어떤 내용이었습니까?)

③ 行きたくないのは私も同様だ。《　　　》
(가고 싶지 않는 것은 나도 마찬가지다.)

曜 음훈 빛날 **요**　日音 ヨウ　　日訓 ―

日曜日(にち よう び)	일요일	水曜日(すい よう び)	수요일
月曜日(げつ よう び)	월요일	木曜日(もく よう び)	목요일
火曜日(か よう び)	화요일	土曜日(ど よう び)	토요일

幼 음훈 어릴 **유**　日音 ヨウ　　日訓 幼(おさな)い

幼児(よう じ)	유아	幼虫(よう ちゅう)	유충
幼少(よう しょう)	유소	幼年(よう ねん)	유년
幼稚(よう ち)	유치	長幼(ちょう よう)	장유

陽 음훈 볕 **양**　日音 ヨウ　　日訓 ―

陽気(よう き)	양기	陽性(よう せい)	양성
陽極(よう きょく)	양극	陰陽(いん よう)	음양
陽光(よう こう)	양광	太陽(たい よう)	태양

練習

① 日曜日に遊びすぎると、月曜の朝は眠い。《　　　》

(일요일에 지나치게 놀면 월요일 아침은 졸린다.)

② 年の割りに考え方が幼稚だ。《　　　》

(나이에 비해 사고방식이 유치하다.)

③ 陽気のせいか眠たい。《　　　》

(따뜻한 날씨 탓인지 졸리다.)

음훈	기를 **양**		
日音	ヨウ	日訓	養(やしな)う

養育(よう いく)	양육	栄養(えい よう)	영양
養成(よう せい)	양성	教養(きょう よう)	교양
養殖(よう しょく)	양식	休養(きゅう よう)	휴양

음훈	욕심낼 **욕**		
日音	ヨク	日訓	欲(ほ)しい

欲情(よく じょう)	욕정	意欲(い よく)	의욕
欲望(よく ぼう)	욕망	食欲(しょく よく)	식욕
欲求(よっ きゅう)	욕구	禁欲(きん よく)	금욕

음훈	날개 **익**		
日音	ヨク	日訓	翼(つばさ)

右翼(う よく)	우익	尾翼(び よく)	미익
左翼(さ よく)	좌익	翼賛(よく さん)	익찬
主翼(しゅ よく)	주익		

練習

① 高(たか)い教養を身(み)につける。《　　　　》
   (많은 교양을 습득하다.)

② さっきご飯(はん)を食(た)べたばかりだから、食欲がない。《　　　　》
   (아까 막 밥을 먹어서 식욕이 없다.)

③ デモに集(あつ)まった人(ひと)はほとんど右翼の人(ひと)たちだ。《　　　　》
   (데모에 모인 사람은 거의 우익 사람들이다.)

蛇
亀
易
龍—竜
魚・鮮・鯉
魚
鳥
（鶴・鶏・鳴）
雀
中国では、むかし四つの動物の神さまが、東西南北の四方をつかさどると考えました。また四方を四つの色にわりあてました。
青龍
朱雀
玄武

らわ行

<table>
<tr><td colspan="2" align="center">髀肉の嘆</td></tr>
<tr><td colspan="2" align="center">ひにくのたん</td></tr>
<tr><td>出典</td><td>「蜀志・先主伝」</td></tr>
<tr><td>場面</td><td>建安六年（201）から7年もの間、劉備は劉表の食客になっていた。身の回りは平和ではあるが天下は混沌としており、自分の本来の力も発揮できずにただ太ももに肉がついていくのを嘆くばかりであった。</td></tr>
</table>

<table>
<tr><td align="center">解説</td></tr>
<tr><td>まぁ、よくあることです。意味は自分本来の力を発揮するチャンスに恵まれないことを言います。髀は太もものことですね。</td></tr>
</table>

<table>
<tr><td align="center">用例</td></tr>
<tr><td>
一郎　ああ、カリスマ美容師と言われた俺がどこにも雇ってもらえないとは…。
太郎　おやおや？　髀肉の嘆をかこっているのかい？
一郎　こんな俺を心配してくれているのかい。
太郎　うんにゃ。俺はもう配属する美容室決まったしな。ふん。かーっ！ぺっ！
一郎　それって皮肉のタンですやん！
</td></tr>
</table>

	음훈 올 래	來	
	日音 ライ	日訓 来(く)る	

来客(らい きゃく)	내객	以来(い らい)	이래
来賓(らい ひん)	내빈	将来(しょう らい)	장래
来歴(らい れき)	내력	来年(らい ねん)	내년

	음훈 힘입을 뢰		
	日音 ライ	日訓 頼(たの)む	

依頼(い らい)	의뢰	頼信紙(らい しん し)	뇌신지
信頼(しん らい)	신뢰		

	음훈 이을 락		
	日音 ラク	日訓 絡(から)む	

短絡(たん らく)	단락	連絡(れん らく)	연락
脈絡(みゃく らく)	맥락		

練習

① 来年のことを言うと鬼が笑う。《　　　》
(내년 일을 말하면 도깨비가 웃는다.)

② あの医者を信頼して手術してもらいます。《　　　》
(저 의사를 신뢰하고 수술을 받겠습니다.)

③ 連絡が遅くなって申し訳ございません。《　　　》
(연락이 늦어져서 죄송합니다.)

落	음훈	떨어질 **락**		
	日音 ラク		日訓 落(お)ちる	

落差(らく さ)	낙차	転落(てん らく)	전락
落選(らく せん)	낙선	墜落(つい らく)	추락
落第(らく だい)	낙제	没落(ぼつ らく)	몰락

乱	음훈	어지러울 **란**	亂	
	日音 ラン		日訓 乱(みだ)れる	

乱雑(らん ざつ)	난잡	混乱(こん らん)	혼란
乱暴(らん ぼう)	난폭	波乱(は らん)	파란
乱立(らん りつ)	난립	反乱(はん らん)	반란

利	음훈	이로울 **리**		
	日音 リ		日訓 利(き)く	

利害(り がい)	이해	便利(べん り)	편리
利用(り よう)	이용	営利(えい り)	영리
利益(り えき)	이익	有利(ゆう り)	유리

練習

① 飛行機が墜落して、乗客全員が死んだ。《　　　　》
(비행기가 추락하여 승객 전원이 죽었다.)

② 彼は波乱にとんだ一生を送った。《　　　　》
(그는 파란만장한 일생을 보냈다.)

③ この建物は太陽電池を利用している。《　　　　》
(이 건물은 태양전지를 이용하고 있다.))

里	음훈 마을 **리**		
	日音 リ	日訓 里(さと)	

里程(り てい)	이정	一里(いち り)	일리
郷里(きょう り)	향리	千里眼(せん り がん)	천리안

離	음훈 떠날 **리**		
	日音 リ	日訓 離(はな)れる	

離婚(り こん)	이혼	距離(きょ り)	거리
離脱(り だつ)	이탈	分離(ぶん り)	분리
離陸(り りく)	이륙	隔離(かく り)	격리

陸	음훈 뭍 **륙**		
	日音 リク	日訓 —	

陸上(りく じょう)	육상	大陸(たい りく)	대륙
陸地(りく ち)	육지	着陸(ちゃく りく)	착륙
*陸橋(りっ きょう)	육교	離陸(り りく)	이륙

練習

① 夏休みには両親のいる郷里へ帰ります。 《　　　　　》
(여름방학에는 부모가 있는 고향에 갑니다.)

② 油と水はいっしょにしても分離する。 《　　　　　》
(기름과 물은 섞어도 분리된다.)

③ 台風は海上から陸上に上陸すると弱くなる。 《　　　　　》
(태풍은 해상에서 육상으로 상륙하면 약해진다.)

음훈	설 립		
日音	リツ・リュウ	日訓	立(た)つ

立案(りつ あん)	입안	対立(たい りつ)	대립
*立法(りっ ぽう)	입법	独立(どく りつ)	독립
国立(こく りつ)	국립	建立(こん りゅう)	건립

음훈	법 률		
日音	リツ	日訓	—

律動(りつ どう)	율동	規律(き りつ)	규율
音律(おん りつ)	음률	旋律(せん りつ)	선율
法律(ほう りつ)	법률	調律(ちょう りつ)	조율

음훈	간략할 략		
日音	リャク	日訓	—

略図(りゃく ず)	약도	侵略(しん りゃく)	침략
略称(りゃく しょう)	약칭	省略(しょう りゃく)	생략
計略(けい りゃく)	계략	策略(さく りゃく)	책략

練習

① 意見が対立してなかなか結論が出ない。《　　　　　》
（의견이 대립되어 좀처럼 결론이 안 난다.）

② 未成年の飲酒や喫煙は法律で禁じられている。《　　　　　》
（미성년의 음주나 흡연은 법률로 금지되어 있다.）

③ あの国は外国に侵略されて、植民だった。《　　　　　》
（저 나라는 외국에 침략당해 식민이었다.）

| 음훈 | 흐를 **류** | | |
| 日音 | リュウ・ル | 日訓 | 流(なが)れる |

流行(りゅう こう)	유행	交流(こう りゅう)	교류
流失(りゅう しつ)	유실	主流(しゅ りゅう)	주류
流暢(りゅう ちょう)	유창	流転(る てん)	유전

| 음훈 | 머무를 **류** | | |
| 日音 | リュウ・ル | 日訓 | 留(と)まる |

留学(りゅう がく)	유학	残留(ざん りゅう)	잔류
留置(りゅう ち)	유치	駐留(ちゅう りゅう)	주류
留任(りゅう にん)	유임	留守(る す)	부재

| 음훈 | 나그네 **려** | | |
| 日音 | リョ | 日訓 | 旅(たび) |

旅行(りょ こう)	여행	旅情(りょ じょう)	여정
旅券(りょ けん)	여권	旅程(りょ てい)	여정
旅館(りょ かん)	여관	旅費(りょ ひ)	여비

練習

① シルクロードを通（とお）って、東西（とうざい）の文化（ぶんか）が交流した。《　　　　》
(실크로드를 통해서 동서문화가 교류했다.)

② 国境（こっきょう）には国連軍（こくれんぐん）が駐留している。《　　　　》
(국경에는 유엔군이 주류하고 있다.)

③ 東京（とうきょう）へ旅行したいので、旅館（りょかん）の予約（よやく）をした。《　　　　》
(도쿄에 여행하고 싶어서 여관 예약을 했다.)

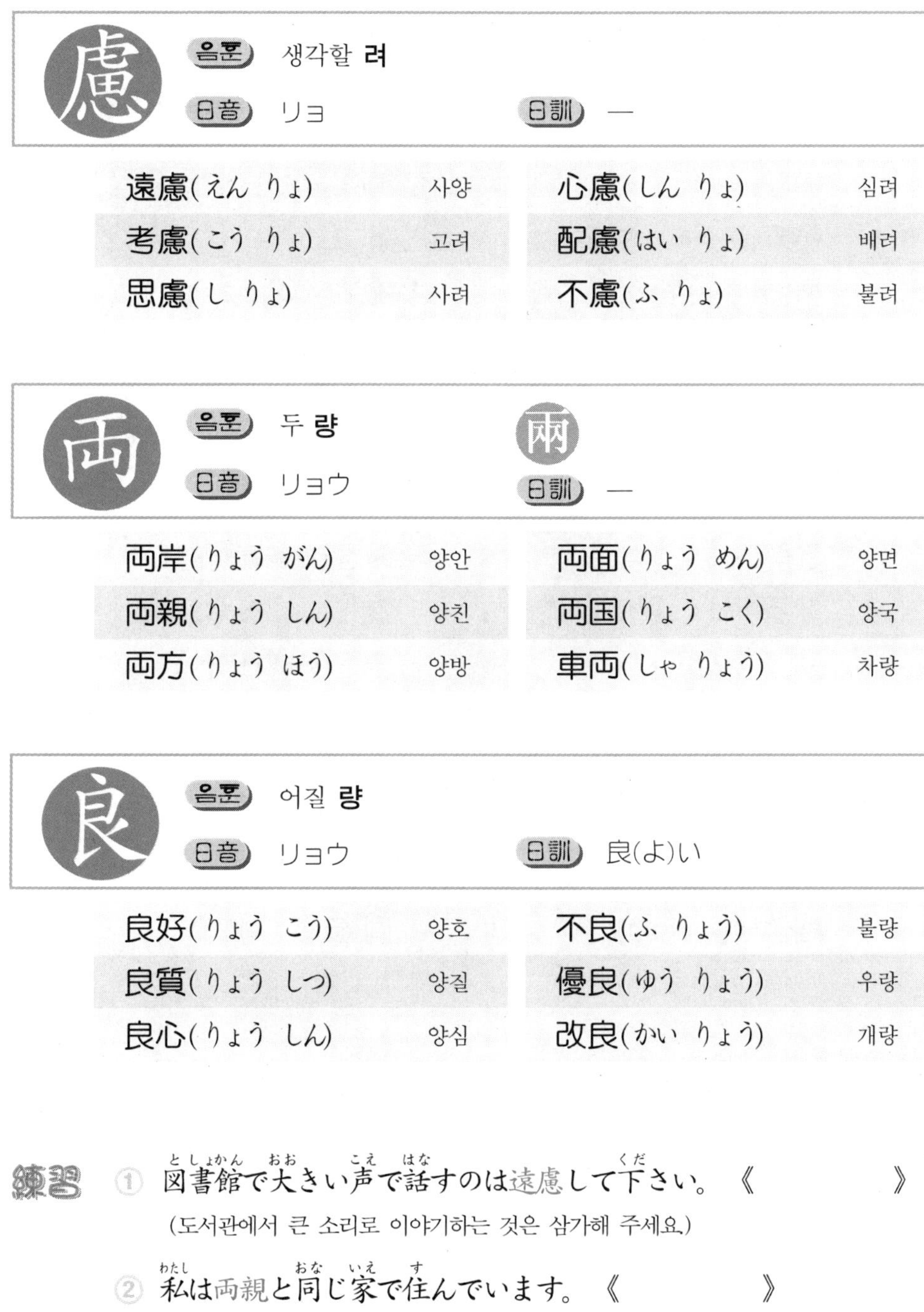

慮 음훈 생각할 **려**　日音 リョ　日訓 —

遠慮(えん りょ)	사양	心慮(しん りょ)	심려
考慮(こう りょ)	고려	配慮(はい りょ)	배려
思慮(し りょ)	사려	不慮(ふ りょ)	불려

両 음훈 두 **량**　日音 リョウ　**兩**　日訓 —

両岸(りょう がん)	양안	両面(りょう めん)	양면
両親(りょう しん)	양친	両国(りょう こく)	양국
両方(りょう ほう)	양방	車両(しゃ りょう)	차량

良 음훈 어질 **량**　日音 リョウ　日訓 良(よ)い

良好(りょう こう)	양호	不良(ふ りょう)	불량
良質(りょう しつ)	양질	優良(ゆう りょう)	우량
良心(りょう しん)	양심	改良(かい りょう)	개량

練習

① 図書館で大きい声で話すのは遠慮して下さい。《　　　》
(도서관에서 큰 소리로 이야기하는 것은 삼가해 주세요)

② 私は両親と同じ家で住んでいます。《　　　》
(나는 부모와 같은 집에서 살고 있습니다.)

③ この会社では成績が優良な人しか採りません。《　　　》
(이 회사에서는 성적이 좋은 사람밖에 뽑지 않습니다.)

음훈	거느릴 **령**		
日音	リョウ	日訓	—

領収(りょう しゅう)	영수	受領(じゅ りょう)	수령
領事(りょう じ)	영사	占領(せん りょう)	점령
横領(おう りょう)	횡령	大統領(だい とう りょう)	대통령

음훈	마칠 **료**		
日音	リョウ	日訓	—

了解(りょう かい)	양해	終了(しゅう りょう)	종료
了承(りょう しょう)	승낙	魅了(み りょう)	매료
完了(かん りょう)	완료	未了(み りょう)	미료

음훈	동료 **료**		
日音	リョウ	日訓	—

閣僚(かく りょう)	각료	同僚(どう りょう)	동료
官僚(かん りょう)	관료		

練習

① あの方は新しく来た日本の領事です。《　　　　》
　(저 분은 새로 온 일본 영사입니다.)

② 本人の了解が必要だ。《　　　　》
　(본인의 양해가 필요하다.)

③ 閣僚の過半数は国会議員から選ばれる。《　　　　》
　(각료 과반수는 국회의원에서 선출된다.)

| 療 | 음훈 병고칠 **료** |
| | 日音 リョウ　　　日訓 — |

療養(りょう よう)	요양	治療(ち りょう)	치료
療法(りょう ほう)	요법	診療(しん りょう)	진료
医療(い りょう)	의료		

| 力 | 음훈 힘 **력** |
| | 日音 リョク・リキ　　　日訓 力(ちから) |

権力(けん りょく)	권력	協力(きょう りょく)	협력
速力(そく りょく)	속력	強力(きょう りょく)	강력
努力(ど りょく)	노력	馬力(ば りき)	마력

| 林 | 음훈 수풀 **림** |
| | 日音 リン　　　日訓 林(はやし) |

林業(りん ぎょう)	임업	密林(みつ りん)	밀림
山林(さん りん)	산림	農林(のう りん)	농림
森林(しん りん)	삼림	原始林(げん し りん)	원시림

練習

① 夏休みに歯の治療をしました。《　　　　》

(여름방학 때 이빨 치료를 했습니다.)

② 強力なエンジンを開発する。《　　　　》

(강력한 엔진을 개발하다.)

③ うっそうした森林で覆われている。《　　　　》

(울창한 삼림으로 덮여 있다.)

隣

음훈	이웃 **린**		
日音	リン	日訓	鄰(となり)

鄰家(りん か)	옆집	鄰席(りん せき)	옆자리
鄰室(りん しつ)	옆방	鄰接(りん せつ)	인접
鄰人(りん じん)	옆사람	近鄰(きん りん)	근린

臨

음훈	임할 **림**		
日音	リン	日訓	臨(のぞ)む

臨海(りん かい)	임해	臨床(りん しょう)	임상
臨機(りん き)	임기	臨終(りん じゅう)	임종
臨時(りん じ)	임시	君臨(くん りん)	군림

累

음훈	묶을 **루**		
日音	ルイ	日訓	—

累加(るい か)	누가	累進(るい しん)	누진
累計(るい けい)	누계	係累(けい るい)	계루
累積(るい せき)	누적	連累(れん るい)	연루

練習

① 空港との鄰接地帯は騒音が激しい。《　　　　　》

（공항과의 인접지대는 소음이 심하다.）

② 臨時収入のおかげで借金を返済した。《　　　　　》

（임시수입 덕분에 빚을 변제했다.）

③ 当面の問題が累積した。《　　　　　》

（당면 문제가 누적되었다.）

類	음훈	무리 **류**	類		
	日音	ルイ		日訓	類(たぐ)い

類型(るい けい)	유형	種類(しゅ るい)	종류
類似(るい じ)	유사	書類(しょ るい)	서류
親類(しん るい)	친척	人類(じん るい)	인류

例	음훈	법식 **례**			
	日音	レイ		日訓	例(たと)える

例外(れい がい)	예외	例年(れい ねん)	예년
例示(れい じ)	예시	条例(じょう れい)	조례
例文(れい ぶん)	예문	異例(い れい)	이례

令	음훈	명령할 **령**			
	日音	レイ		日訓	—

令状(れい じょう)	영장	命令(めい れい)	명령
号令(ごう れい)	호령	法令(ほう れい)	법령
指令(し れい)	지령	司令官(し れい かん)	사령관

練習

① 核戦争が起これば、人類は滅びるかもしれない。《　　　》
(핵전쟁이 일어나면 인류는 멸망할지도 모른다.)

② それが許可されるのは異例のことです。《　　　》
(그것이 허가받는 것은 이례적인 일입니다.)

③ 兵隊は上の人の命令に従わなければならない。《　　　》
(군대는 윗사람의 명령을 따르지 않으면 안 된다.)

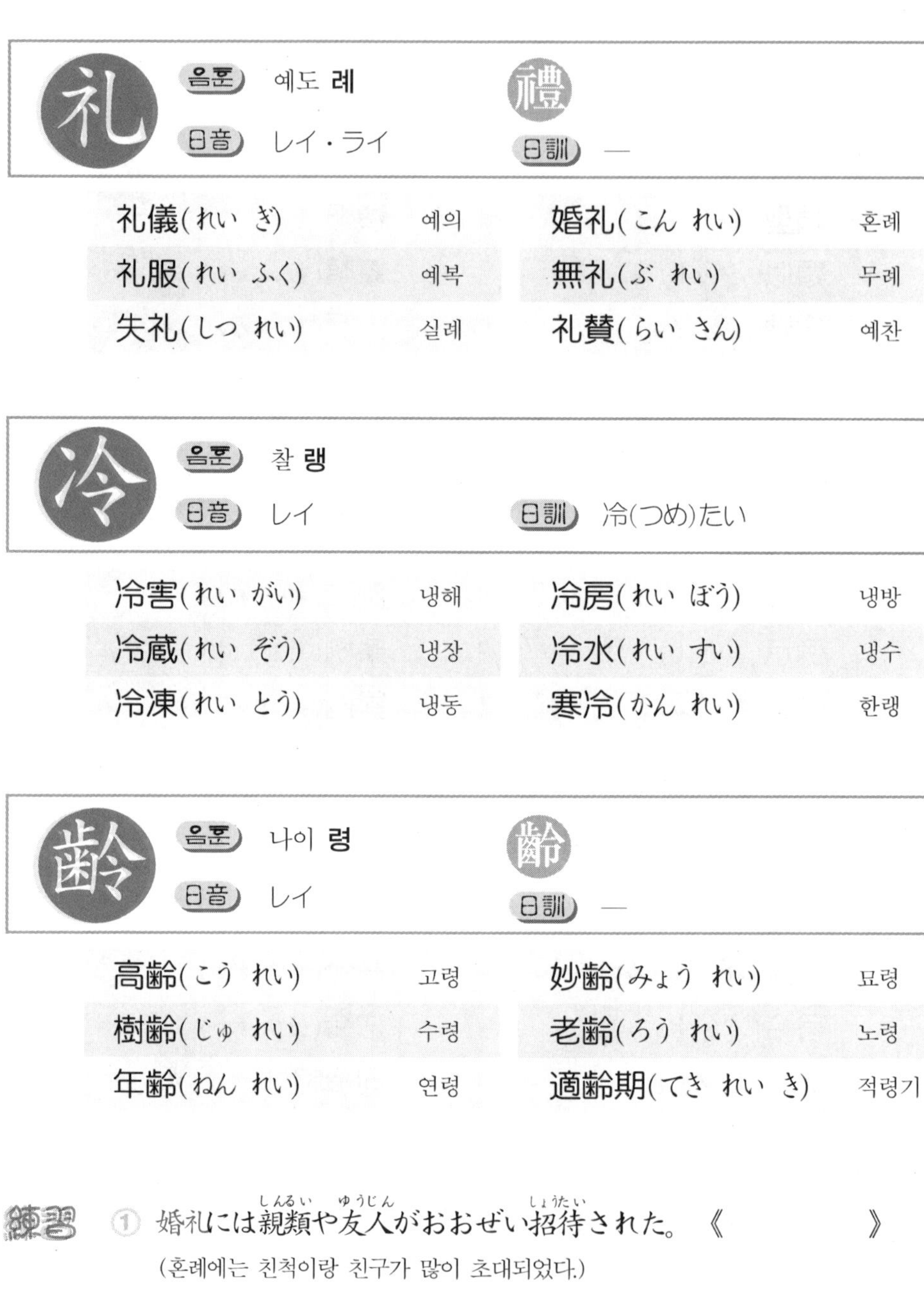

| 礼 | 음훈 예도 례 | | 禮 |
| | 日音 レイ・ライ | 日訓 — | |

礼儀(れい ぎ)	예의	婚礼(こん れい)	혼례
礼服(れい ふく)	예복	無礼(ぶ れい)	무례
失礼(しつ れい)	실례	礼賛(らい さん)	예찬

| 冷 | 음훈 찰 랭 | | |
| | 日音 レイ | 日訓 冷(つめ)たい | |

冷害(れい がい)	냉해	冷房(れい ぼう)	냉방
冷蔵(れい ぞう)	냉장	冷水(れい すい)	냉수
冷凍(れい とう)	냉동	寒冷(かん れい)	한랭

| 齢 | 음훈 나이 령 | | 齡 |
| | 日音 レイ | 日訓 — | |

高齢(こう れい)	고령	妙齢(みょう れい)	묘령
樹齢(じゅ れい)	수령	老齢(ろう れい)	노령
年齢(ねん れい)	연령	適齢期(てき れい き)	적령기

練習

① 婚礼には親類や友人がおおぜい招待された。《　　　》
(혼례에는 친척이랑 친구가 많이 초대되었다.)

② バターは食べたら、すぐ冷蔵庫に入れなさい。《　　　》
(버터는 먹으면 곧 냉장고에 넣거라.)

③ 戦後、日本では満で年齢を数えるようになった。《　　　》
(전후 일본에서는 만으로 연령을 헤아리게 되었다.)

列	음훈	벌일 **열**			
	日音	レツ	日訓	—	

*列挙(れっ きょ)	열거	行列(ぎょう れつ)	행렬
*列強(れっ きょう)	열강	序列(じょ れつ)	서열
*列車(れっ しゃ)	열차	陳列(ちん れつ)	진열

練	음훈	누일 **련**	練		
	日音	レン	日訓	練(ね)る	

練習(れん しゅう)	연습	修練(しゅう れん)	수련
練炭(れん たん)	연탄	訓練(くん れん)	훈련
練磨(れん ま)	연마	洗練(せん れん)	세련

連	음훈	이을 **련**			
	日音	レン	日訓	連(つ)れる	

連休(れん きゅう)	연휴	連続(れん ぞく)	연속
連合(れん ごう)	연합	連日(れん じつ)	연일
連絡(れん らく)	연락	関連(かん れん)	관련

練習

① 博物館には古いお金が陳列してある。《　　　　》

（박물관에는 옛날 돈이 진열되어 있다.）

② ピアノは毎日練習しています。《　　　　》

（피아노는 매일 연습하고 있습니다.）

③ 第二次世界大戦は連合軍が勝った。《　　　　》

（제2차세계대전은 연합군이 이겼다.）

路	음훈 길 로		
	日音 ロ	日訓 路(じ)	

路線(ろ せん)	노선	帰路(き ろ)	귀로
路上(ろ じょう)	노상	経路(けい ろ)	경로
路面(ろ めん)	노면	道路(どう ろ)	도로

労	음훈 수고할 로	勞	
	日音 ロウ	日訓 —	

労働(ろう どう)	노동	苦労(く ろう)	고생
慰労(い ろう)	위로	疲労(ひ ろう)	피로
過労(か ろう)	과로	勤労(きん ろう)	근로

老	음훈 늙을 로		
	日音 ロウ	日訓 老(お)いる	

老後(ろう ご)	노후	老練(ろう れん)	노련
老弱(ろう じゃく)	노약	敬老(けい ろう)	경로
老人(ろう じん)	노인	長老(ちょう ろう)	장로

練習

① バスが高速道路を走る。《　　　　》
(버스가 고속도로를 달리다.)

② 労働して汗を流す。《　　　　》
(노동하며 땀을 흘리다.)

③ 老人問題は日本の大きな社会問題だ。《　　　　》
(노인문제는 일본의 커다란 사회문제이다.)

郎

음훈	사내 **랑**
日音	ロウ
日訓	—

新郎(しん ろう)	신랑	太郎(た ろう)	장남
下郎(げ ろう)	하인	次郎(じ ろう)	차남
野郎(や ろう)	녀석	三郎(さぶ ろう)	삼남

録 録

음훈	기록할 **록**
日音	ロク
日訓	—

録音(ろく おん)	녹음	登録(とう ろく)	등록
録画(ろく が)	녹화	目録(もく ろく)	목록
記録(き ろく)	기록	備忘録(び ぼう ろく)	비망록

論

음훈	말씀 **론**
日音	ロン
日訓	—

論証(ろん しょう)	논증	結論(けつ ろん)	결론
論議(ろん ぎ)	논의	正論(せい ろん)	정론
論争(ろん そう)	논쟁	評論(ひょう ろん)	평론

練習

① 新郎新婦が式場に入場する。《　　　》

(신랑신부가 식장에 입장하다.)

② 水泳でまた新記録が生まれた。《　　　》

(수영에서 또 신기록이 탄생했다.)

③ みんなの意見が分かれて、結論が出ない。《　　　》

(모두 의견이 나뉘어져 결론이 나지 않는다.)

| 음훈 | 화목할 **화** | | |
| 日音 | ワ・オ | 日訓 | 和(やわ)らぐ |

和解(わ かい)	화해	平和(へい わ)	평화
和合(わ ごう)	화합	調和(ちょう わ)	조화
緩和(かん わ)	완화	和尚(お しょう)	화상

| 음훈 | 말씀 **화** | | |
| 日音 | ワ | 日訓 | 話(はな)す |

話題(わ だい)	화제	対話(たい わ)	대화
話術(わ じゅつ)	화술	電話(でん わ)	전화
会話(かい わ)	회화	談話(だん わ)	담화

| 음훈 | 물굽이 **만** | 灣 | |
| 日音 | ワン | 日訓 | — |

湾岸(わん がん)	만안	港湾(こう わん)	항만
湾曲(わん きょく)	만곡	台湾(たい わん)	대만
湾内(わん ない)	만내	東京湾(とう きょう わん)	도쿄만

練習

① 戦争(せんそう)が終(お)わって、やっと平和になった。《　　　》
(전쟁이 끝나고 겨우 평화로워졌다.)

② その人(ひと)は話題が豊富(ほうふ)だ。《　　　》
(그 사람은 화제가 풍부하다.)

③ 東京湾の中(なか)に夢(ゆめ)の島(しま)という人工(じんこう)の島(しま)がある。《　　　》
(도쿄만 안에 꿈의 섬이라는 인공 섬이 있다.)

加島(かじま)　　　菊池(きくち)　　　鈴木(すずき)
加藤(かとう)　　　堀口(ほりぐち)　　滝沢(たきざわ)
加茂(かも)　　　　宮本(みやもと)　　柳(やなぎ)
角田(つのだ)　　　宮沢(みやざわ)　　柳田(やなぎだ)
角谷(かくたに)　　宮崎(みやざき)　　柳沢(やなぎざわ)
江島(えじま)　　　宮城(みやぎ)　　　柳瀬(やなせ)
岡本(おかもと)　　亀山(かめやま)　　林(はやし)
岡田(おかだ)　　　近藤(こんどう)　　笠井(かさい)
岡崎(おかざき)　　今川(いまがわ)　　木下(きのした)
芥川(あくたがわ)　金田(きんだ)　　　木村(きむら)
建部(たけべ)　　　吉田(よしだ)　　　竹部(たけべ)
犬塚(いぬづか)　　吉村(よしむら)　　尾崎(おざき)
景山(かげやま)　　吉野(よしの)　　　梶原(かじわら)
古田(ふるた)　　　南(みなみ)　　　　飯塚(いいづか)
高木(たかぎ)　　　内山(うちやま)　　福井(ふくい)
高村(たかむら)　　大久保(おおくぼ)　福島(ふくしま)
高島(たかしま)　　大木(おおき)　　　本木(もとき)
谷崎(たにざき)　　大田(おおた)　　　富田(とみた)
菅原(すがわら)　　大村(おおむら)　　北沢(きたざわ)
関口(せきぐち)　　大倉(おおくら)　　北村(きたむら)
広田(ひろた)　　　大野(おおの)　　　北条(きたじょう)
光明(こうみょう)　徳川(とくがわ)　　北原(きたはら)
橋本(はしもと)　　渡辺(わたなべ)　　飛鳥(あすか)
九条(くじょう)　　渡部(わたべ)　　　浜田(はまだ)
久保田(くぼた)　　島田(しまだ)　　　寺内(てらうち)
久野(くの)　　　　島崎(しまざき)　　寺村(てらむら)
鳩山(はとやま)　　藤本(ふじもと)　　山下(やました)
国木田(くにきだ)　藤岡(ふじおか)　　山口(やまぐち)
国本(くにもと)　　藤森(ふじもり)　　山代(やましろ)
国安(くにやす)　　藤原(ふじわら)　　山本(やまもと)

山田(やまだ)　神保(じんぼ)　斎藤(さいとう)
山村(やまむら)　阿部(あべ)　朝倉(あさくら)
山崎(やまざき)　岩波(いわなみ)　足利(あしかが)
三条(さんじょう)　野口(のぐち)　佐々木(ささき)
三島(みしま)　野村(のむら)　佐藤(さとう)
三浦(みうら)　若山(わかやま)　住友(すみとも)
森(もり)　若松(わかまつ)　住吉(すみよし)
杉山(すぎやま)　与謝野(よさの)　竹内(たけうち)
杉原(すぎはら)　永井(ながい)　竹田(たけだ)
上田(うえだ)　影山(かげやま)　中山(なかやま)
上杉(うえすぎ)　奥田(おくだ)　中田(なかだ)
上原(うえはら)　奥寺(おくでら)　中村(なかむら)
西山(にしやま)　窪田(くぼた)　中野(なかの)
西村(にしむら)　宇野(うの)　中島(なかじま)
石川(いしかわ)　宇治(うじ)　重光(しげみつ)
石田(いしだ)　熊本(くまもと)　池田(いけだ)
石原(いしはら)　原(はら)　志賀(しが)
星野(ほしの)　源頼(みなもと)　織田(おだ)
細川(ほそかわ)　遠藤(えんどう)　倉本(くらもと)
笹森(ささもり)　有島(ありしま)　川上(かわかみ)
小川(おがわ)　伊原(いはら)　川口(かわぐち)
小田(おだ)　伊藤(いとう)　川崎(かわさき)
小西(こにし)　一条(いちじょう)　川端(かわばた)
小野(おの)　長谷川(はせがわ)　天野(あまの)
松下(まつした)　長尾(ながお)　浅井(あさい)
松永(まつなが)　田中(たなか)　浅野(あさの)
松岡(まつおか)　田辺(たなべ)　泉(いずみ)
松尾(まつお)　田村(たむら)　青山(あおやま)
水野(みずの)　前田(まえだ)　青木(あおき)
矢内(やない)　前原(まえばら)　清原(きよはら)
市川(いちかわ)　井上(いのうえ)　村山(むらやま)
柴田(しばた)　伊原(いはら)　村上(むらかみ)
植木(うえき)　正宗(まさむね)　塚本(つかもと)

北海道地方（ほっかいどう）

北海道(ほっかいどう)

東北地方（とうほく）

青森(あおもり)
秋田(あきた)
岩手(いわて)
山形(やまがた)
宮城(みやぎ)
福島(ふくしま)

関東地方（かんとう）

茨城(いばらき)
栃木(とちぎ)
群馬(ぐんま)
埼玉(さいたま)
東京(とうきょう)
神奈川(かながわ)
千葉(ちば)

中部地方（ちゅうぶ）

新潟(にいがた)
富山(とやま)
石川(いしかわ)
福井(ふくい)
岐阜(ぎふ)
長野(ながの)
山梨(やまなし)

静岡(しずおか)
愛知(あいち)

近畿地方（きんき）

滋賀(しが)
京都(きょうと)
兵庫(ひょうご)
大阪(おおさか)
奈良(なら)
三重(みえ)
和歌山(わかやま)

中国地方（ちゅうごく）

鳥取(とっとり)
島根(しまね)
山口(やまぐち)
広島(ひろしま)
岡山(おかやま)

九州地方（きゅうしゅう）

大分(おおいた)
福岡(ふくおか)
佐賀(さが)
長崎(ながさき)
熊本(くまもと)
宮崎(みやざき)
鹿児島(かごしま)
沖縄(おきなわ)

어휘력을 10배로 늘려주는 **파워 일본어 한자 900**

- 초판 발행 /2000년 3월 15일
- 3 판 발행 /2002년 1월 20일
- 4 판 발행 /2003년 9월 30일

- 지은이 / 송 상 엽
- 펴낸이 / 이 순 희
- 펴낸곳 / **제일법규** (제일어학)

- 등록 / 1993년 4월 1일 제21-429호
- 주소 / 서울시 서초구 방배동 537-39
- 전화 / (02) 523-1657, 597-1088
- 팩스 / (02) 597-6464

값 10,000 원

∴ 잘못 만들어진 책은 바꿔드립니다.